问道乡村和美

刘 奇 ◎ 著

中国农业出版社

北京

图书在版编目（CIP）数据

问道乡村和美 / 刘奇著. —北京：中国农业出版社，2024.2

ISBN 978-7-109-31716-1

Ⅰ.①问…　Ⅱ.①刘…　Ⅲ.①农村文化－研究－中国　Ⅳ.①G12

中国国家版本馆 CIP 数据核字（2024）第 038574 号

中国农业出版社出版

地址：北京市朝阳区麦子店街 18 号楼
邮编：100125
责任编辑：闫保荣
版式设计：小荷博睿　　责任校对：吴丽婷
印刷：北京中兴印刷有限公司
版次：2024 年 2 月第 1 版
印次：2024 年 2 月北京第 1 次印刷
发行：新华书店北京发行所
开本：700mm×1000mm　1/16
印张：14.25
字数：205 千字
定价：68.00 元

　　在中国农业大学国家农业农村发展研究院、中国农业出版社有限公司的大力支持下，本书得以顺利出版，在此表示衷心的感谢！

序

实现"两个一百年"奋斗目标，是中国共产党向全世界的庄严承诺，第二个百年奋斗目标的短腿在"三农"，乡村振兴的总方针就是优先发展农业农村，总目标就是加快推进农业农村现代化。

现在世界上已经实现现代化的国家不到40个，而这其中有不少是没有农业，或者农业农村占比很小的国家，真正称得上实现了农业农村现代化的国家不到20个。与这些国家相比，我国农业农村现代化面临一些全新的挑战。

一是要彻底打破实行了半个多世纪的城乡二元制度。这个根深蒂固的制度孕育出了一个二元社会，进而衍生出一种二元文化，要消除二元文化的影响不是一件轻而易举的事情。二是要赓续传统文化。中华文明的源头在乡村，中华五千年文明史，主体是乡村文化，载体是村庄，要在保护中建设、在传承中发展。三是要在农村集体和农户承包经营统分结合的双层经营体制下建设现代化，国与家、公与私利益交织，国家粮食安全这个"大公"的利益、村级集体经济这个"小公"的利益和农户稳步增收这个个体利益三者如何兼顾，是一个极其复杂、需要不断探索的大课题。四是要利用工业化、信息化、城镇化的成果并联、叠加、迭代的方式同步推进农业农村现代化；而国外已有的经验是工业化、城镇化、农业农村现代化、信息化串联式的顺序推进；时间的浓缩、进程的加速、路径的选择、方法的探索都是一场史无前例的考验。五是要在农业经营主体数量巨大的场景下展开。我国有2.3亿承包耕地的农户，美国的农业经营主体是230万，英国是23万，我国的农业经营主体是美国的100倍，是英国的1 000倍。要把这样一个庞大的群体带入现代化，谈何容易！在推进城镇化进程中减少农民，是现代化国家共同的选择，私有制国家农民进城，大多是失去土地、失去家园，从此与乡村彻底了断；当今的中国农民则与土地及乡土社会有着千丝万缕的联系，不仅根在乡村扎得既深且广，而且在城乡二元体制下要想转为真正的市民也并不容易；是兼当农民还是专当农民或者不当农民，在现实背景下，想做出选择比较困难。

身处百年未有之大变局的时代，又面临诸多世无先例、史无前例的复杂挑战，每位"三农"领域的研究者和实践者都需要以敏锐的眼光、立体的视角、创新的思维深刻、全面、系统地领悟中央的战略部署，对一些重大问题，从理论和实践层面不断探索，做出回答。例如：城乡发展差距大、农村发展不充分是当今社会的主要矛盾，如何重塑城乡关系，解决好城乡发展不平衡、农村发展不充分这一民之所盼的共同富裕问题；食物保障、生态保育、文化传承是乡村独有、城市没有、未来必有的三大功能。如何发挥好乡村独特功能，确保三大安全这一国之所安的底线思维问题；粮食安全是国之大者，如何内外兼修，用好两种资源、两个市场，强化粮食安全这个事关生命安全、生存安全和国家安全的头等大事，增强我国在国际风云变幻中的自主、自立、自强，确保我国现代化事业持续推进的"压舱石"问题；乡村是生态文明的主战场，如何树立正确的生态价值观、生态发展观、生态消费观和生态道德观、实施山水林田湖草沙一体化保护、综合治理的环境绿色化问题；农业农村现代化，实质上是以县域为城、乡、村全域现代化的切入口。如何实施县域空间重构，通过城乡融合发展和推进"千万工程"，缩小城乡之间的纵向差距和村庄之间的横向差距的全域现代化问题；农耕文明是中华文明之根、之魂，如何在乡村振兴中既塑形又铸魂，使物质文明与精神文明协调推进中"两手都要硬"；乡村振兴，关键在人，一是农民二是干部。乡村是农民的乡村，乡村振兴，农民既是受益者，也是参与者、建设者、创造者，如何调动农民参与的积极性、主动性，让农民成为主体主力的关键动能问题；习近平总书记指出，

"'三农'领域工作的领导干部要抓紧提高'三农'工作本领",如何抓紧提高?提高哪些本领和怎样提高领导能力、领导方法。

探索农业农村现代化的"中国方案",是时代的使命,是历史的重托,我们欣喜地看到众多有识之士"吾心归处是'三农'",长期投身于"三农"事业,执着于"三农"的理论研究与实践探索。

记得十年前(2013年),国务院发展研究中心《中国发展观察》杂志社在北京召开"刘奇三农观察"专题座谈会,国务院原副总理回良玉致信祝贺,座谈会云集了数十位"三农"领域的领导和专家,我因随领导出差未能到会,仅做了书面发言。这次座谈会还推出了《刘奇文丛》六卷系列丛书。十年后的今天,中国农业出版社又编辑出版了刘奇同志的《问道乡村振兴》《问道乡村文化》《问道乡村和美》《问道乡村治理》《问道乡村产业》五本系列丛书,收录了刘奇同志近年来撰写的200多篇研究文章,出版社邀我为这套丛书作序,我欣然应允,翻阅上一次座谈会上我书面发言中的一段话,放在这里作为序的一部分还很合适,兹录于此。

"刘奇是我的老朋友。在三十年的交往中,刘奇同志给我留下了深刻印象。他非常勤奋,非常务实;他很少嗜好,就是持续不断地思考问题。他几十年如一日,笔耕不辍,写出了大量有思想、有见地、有分量的好文章。最近又结集出版了一套厚重的丛书,这是他长期付出心血和汗水的结晶。这些文章我大多读过,从中得到很多启发,其中有些具体见解和建议得到领导同志的首肯或成为相关文件起草时的参考。刘奇同志是我国'三农'战线一位颇有建树的研究者,他的勤奋,他的治学精神值得我们学习;他的'三农'情结和研究'三农'问题的方法值得我们敬重。

刘奇同志的文风活泼,写的东西可看性、可读性很强,观点鲜明,深入浅出;他研究的都是大问题,讲的都是大道理、大思路。刘奇的研究视野开阔,角度新颖独特,贴近基层,深入实践,善于总结概括。他的不少研究成果都是既有思想性、理论性,又有针对性、可操作性。不少中央领导同志对他的研究报告都有过重要批示。

作为一位在地方从事'三农'领导工作的同志来说，确实很不容易。"

　　改革开放四十多年来，"三农"领域已经有了不少从 0 到 1 的实践创新，但还缺乏从 0 到 1 的理论升华，让我们在探索农业农村现代化"中国方案"的进程中，携手共勉，努力弥补这一缺憾。

第十三届全国人大常委会委员、　　陈锡文
农业与农村委员会主任委员

目录
CONTENTS

共同富裕的人本逻辑

我们一切工作的出发点和落脚点，都应建立在以人为本的基础之上。改革开放以来，中国改革的人本逻辑已经推进到5.0版。在笔者看来，1.0版就是让一部分人先富起来，2.0版就是脱贫攻坚、全面建成小康社会，3.0版就是乡村振兴、解决城乡的差距问题，4.0版就是共同富裕，5.0版就是构建人类命运共同体。党的十九届五中全会对推进共同富裕作出重大部署，提出到2035年"全体人民共同富裕取得更为明显的实质性进展"的远景目标。实现共同富裕首先需要深刻认识共同富裕的人本逻辑，它体现七个"人"的特征。

第一，从范围上看，是全体人。共同富裕既包括城市，也包括乡村；既包括发达地区，也包括欠发达地区；既包括社会精英，也包括普通民众；既包括有劳动能力的人，也包括无劳动能力的人。也就是说，只要是中国国民，不分城乡、不分地域、不分行业，都应实现同步增长的生活富裕。当前距离这一目标还有较长的路要走，根据国际标准，收入相对合理的基尼系数是0.3～0.4之间，而我国始终处于0.46以上，仍属于收入差距较大范围。2020年，我国20%高收入组家庭人均可支配收入为80 294元，是20%低收入组的10倍以上，如果计入灰色收入，这个差距可能还会更大。因此，社会经济的发展必须做到区域兼顾、城乡一体、业态均衡、统筹推进。尤其要彰显劳动的价值，及时剥离资本的不当得利，不论是扫大街的，还是搞金融的，都能实现共同富裕。就空间格局看，从宏观战略上应高度关注两条线，一是秦岭淮河的南北气候分界线，南方农业生产条件好，但多发展工商业，农业渐衰；

二是从黑河到腾冲的"胡焕庸线",线东 36% 的面积居住着 96% 的人口,线西 64% 的面积居住着 4% 的人口,贫富差距东西十分显著。统筹协调南方北方、东部西部实现均衡发展、共同富裕是我国面临的一个长期、艰巨的大挑战。

第二,从内涵上看,是多种需求的人。不断满足人民群众日益增长的物质文化需求,是共产党人追求的根本目标。当柴米油盐酱醋茶的物质需求满足之后,琴棋歌舞诗书画的精神需求便提上议事日程。对物质的需求属于最初级的需求,而精神需求是最高级的需求。我国城乡之间、东西之间差的不只是物质上的富有和欠缺,还有精神上的富足和匮乏。与东部、与城市中的无量前途和热闹繁华相比,西部、农村的就业机会少、精神文化生活匮乏,为了谋求更好的发展机会,全国有 2.86亿农民外出打工,其中更有 1.7 亿背井离乡异地打拼。新时代的主要矛盾是人民日益增长的美好生活需要和不平衡不充分的发展之间的矛盾。新时代的共同富裕,不能只局限于满足物质供给均衡,还要满足精神文化生活可获得的均衡,左手"烟火",右手"诗意";既要"富口袋",又要"富脑袋";既要"柴米油盐",又要"诗和远方"。人民群众的物质需求和精神需求会随着生活水平的提高而不断增长,只有盯紧这些不断增长的多层次需求,挖掘不同地域、不同地区、不同阶层,尤其是农村地区的潜力资源,均衡政策供给,才能确保共同富裕实至名归。

第三,从时间上看,是多代人。共同富裕不仅要从横向上考虑覆盖的全面性,还要从纵向上看持续的长远性;不仅要实现当代人的共同富裕,还要让未来子孙也享受发展的成果。要解决这个问题就要建成资源节约型和环境友好型社会,这种社会形态就是我们现在追求的最高境界——生态文明社会。实现生态文明的核心就是要克服农业文明的被动和工业文明的盲动。农业文明时代生产力低下,人在自然灾害面前完全处于被动状态,今天发达的科技正在许多方面让人类变被动为主动。工业文明的盲动就是破坏资源、污染环境,所以要克服这种盲动。近年来,随着政策的高位推动和社会思想认识的逐步转变,可持续发展理念已经深入人心,一些相应的举措也相继出台,但成果刚刚显现,举措尚不成体系，政策的系统性仍有待提高，距离我们的可持续发展目标还有很长的路要走。例如，目前我国已经实现农药的负增长、化肥的零增长，但这距离绿色化还相去甚远。美国的生物肥已占总用肥量的50%以上，我国仅10%左右。只有克服农业文明的被动，继承农业文明遵循规律、适应自然，克服工业文明的盲动，继承工业文明的高效、快捷，才能实现生态文明。这其中有个度的把握问题，那就是生态限度。人对自然消耗到什么水平，要看自然生态的容忍度、承受力和平衡态，不能超越它的容忍度和承受力，底线就是要适应它的平衡态，即须始终保持自然生态具有自我修复的能力。要把握好这个度，首先要有与之相关的评判指标和对污染程度的精准测算，但现在还远不到位。尤其是在农业领域，农业排放具有点多面广的特征，分散多点式排放导致减排核算难度很大。如果没有精准的测算，碳达峰、碳中和的实现就没有依据，更不用说进行碳交易。因此，要抓紧启动农业碳排放核算的方法学研究，形成一套管理部门、生产主体、碳交易主体公认的核算方法体系，为后续碳排放的管控、交易等工作奠定基础。

第四，从目标上看，是具体人。首先，共同富裕的对象不是一个抽象概念。"人"这个概念不能被抽象，"人"一旦被抽象，就会出大问题，历史的教训已经很多。共同富裕的制度设计必须具体到各类不同群体的人，因人施策，让每个人都能真真切切受益、实实在在获得。其次，共同富裕不是平均数掩盖下的人。有个顺口溜儿叫"张村有个张千万，九个邻居穷光蛋，平均起来算一算，个个都是张百万"。平均数只是一个综合后的统计数据，从中看不到居民收入上的差距，无法体现低收入群体的存在，并不是衡量共同富裕的最佳指标。更何况，相比较于中位数来说，平均数并不能代表大多数居民的收入状况。全国居民人均年可支配收入已经超过3万元，但仍然有过亿人月收入在1 000元以下。一些人常常抱怨自己"又拖了后腿"，这些吐槽看似风趣或无奈，实则是他们对共同富裕的一种真实诉求。再者，共同富裕不仅要让有增收能力的人实现富裕，还要让没有劳动能力的人提高生活水平，这是社会主义"消除两极分化，最终达到共同富裕"的本质要求。在贫与富的两极中，贫困的一极往往由那些需要兜底的人构成，他们也应该随着社会经济的发展、社会制度的完善一起富裕。因此，还要不断提高低保收入标准，完善社会福利分配制度，根据共同富裕的总体目标要求，制定出一套完整的财富二次分配和三次分配体系，确保"共同富裕的路上一个也不掉队"。

第五，从路径上看，是缩小人的三个差距。一是收入差距。目前区域之间、城乡之间、行业之间的差距十分明显。区域上看，东部人均收入高，中西部和东北部低；南方高，北方低。近年来，东北地区人均可支配收入一直是东部地区的七成左右。城乡居民之间相对收入在缩小，但绝对收入仍在扩大。2020 年城乡居民人均可支配收入绝对差距为 26 703 元，比 2013 年扩大了 9 666 元。行业间收入差距更为明显。2020 年，在规模以上企业就业的人员中，信息传输、软件和信息技术服务业人均年收入达到 175 258 元，而住宿和餐饮业人均只有 46 825 元，相差了近 3 倍。应通过适度的政策调整逐步缩小各类过大的收入差距。二是财富占有差距。目前我国国民财富占有差距较大，地区之间、城乡之间，由于财富占有的不均衡，已形成新的贫富差距。2004 年以来，随着城镇化的加速和地产经济的繁荣，城市住房价格暴涨，北京、上海、深圳等大城市的房价更是上涨十几倍，但乡村的房屋由于缺乏流动性，只具备使用价值和较低的交易价值，没有那么大的升值空间，导致城乡居民之间的财产拥有量差距不断扩大。不同地域之间也是如此。再加上城市居民占有大量优质的无形资产，也在水涨船高，使城乡之间财富占有严重失衡。因此，应千方百计缩小过大的财富占有差距，盘活农村资产，促进农村地区和欠发达地区资产的保值和增值，推动均衡发展。三是消费差距。消费分为公共消费和私人消费，二者在东中西部的差别都不小。个人消费方面，2020 年城镇居民人均消费支出 27 007 元，农村居民人均消费支出 13 713 元，相差将近 1 倍；区域间差异更明显，上海市人均消费支出是贵州省人均消费支出的 3 倍以上。公共消费方面，城乡的基础设施建设、医疗养老卫生等投入差距仍然很大，地区间也明显不同，如浙江省的人口比安徽省少了 1 000 万，但 2019 年地方公共预算支出却是安徽省的 1.36 倍。这些消费的差距也需要通过政策的创设和市场的引导逐步弥合。

第六，从程度上看，是有差别的人。共同富裕不是同等富裕、同样富裕，有人月收入 1 万元，人人都要收入 1 万元；有人财产占有 500 万元，人人都要 500 万元，要求绝对平均的富裕是不现实、不客观的。共同富裕是在辩证法意义上的"有差别的同一"，而不是形而上学意义上的"抽象的同一"。人与人之间闻道有先后、术业有专攻、能力有大小、水平有高低、奋斗有强弱，富裕的程度必然有差距也应该有差距，必须允许一部分人先富起来。地区与地区之间基础不一、条件不一、禀赋不一、环境不一，其富裕程度也肯定不一，不能要求同样的生活标准。促进共同富裕也需要先行示范、重点突破。所以，中央赋予浙江省作为探索共同富裕示范区建设的"排头兵"。事物发展需要势能和动能双向发力，高低落差产生势能，自身运动产生动能。从经济发展规律看，公平而充分的竞争是市场经济的本质特征，只有充分竞争才能释放充分动力，才能持续推动发展。竞争的本质属性就是要打破原有的平衡，真正意义上的共同富裕必然是动态的、有差异的、螺旋式的共同富裕，打破平衡是为了实现更高水平、更高级别的平衡。历史告诉我们，搞平均主义、"吃大锅饭"终将陷于负向激励、共同贫穷。重要的是人与人之间的富裕差距要通过政府调节和社会捐助保持在一个合理区间，构建起两头小中间大的纺锤形社会结构。如果把共同富裕理解成绝对平均的富裕，社会便没了活力，发展就失去动力。

第七，从本质上看，是提升人的能力。人是第一生产力，实现共同富裕的根本就在于提升人的能力。人的能力分三个层面，即，基础能力、思维能力和品质能力。基础能力就是我们日常生产生活所要掌握的基本技能，这个能力随着科技的发展也在水涨船高，40 年前开汽车很神秘，电脑也很神秘，今天已变成很普通的生活技能。思维能力，是人与人的主要差距所在，别人想到了你没想到，所以你和别人差一大截儿，这是差距最重要的一个方面。品质能力就是人要有提升自己品质的本事，品质能力是个人能力的最高境界，国民品质能力的提升，不但有利于公序良俗的养成，还有利于道德情操的培养，促进三次分配。很多人认为农民不需要提升自身的品质，他们也没这个本事提升，这是十分荒唐的。农民也有很多是能做出大事的人。今天的知识结构已经分成三类，一个叫明知识，一个叫默知识，一个叫暗知识。所谓明知识就是可以意会也可以言传的知识，如读书看报、听讲座；所谓默知识，就是只可意会不可言传的知识，像开汽车，像唱歌跳舞，听得再多若不实际操练也学不会；所谓暗知识，就是不可意会也不可言传的知识，像暗物质、黑洞、量子，这些用我们传统思维都无法理解。中科大量子团队2020年研制出九章量子计算机，它的200秒算力相当于当时世界上最先进的计算机6亿年的算力；2021年，他们又宣布九章二号问世，1毫秒的算力已经提高到相当于世界最先进的计算机30万亿年的水平。这些都是我们传统的思维无法理解的，它不可意会也不可言传。知识已经发展到这样的高级水平，所以我们要提高方方面面的能力，需要不断地学习，充实自己，跟上这个时代。能力的提高关键在于奋斗，幸福是奋斗出来的，人的价值的实现是奋斗出来的，财富更是奋斗出来的。

（本文原载于《中国发展观察》2022年1期）

以乡村振兴统筹城乡、工农关系

实现"两个一百年"奋斗目标是中国共产党向人民作出的庄严承诺。第二个百年奋斗目标的短板在乡村,乡村振兴已成为这个时代的最强音,是贯穿"十四五"到"十九五"6个五年规划的主旋律。当务之急,在于以乡村振兴战略总揽全局,统筹工与农、城与乡的关系,从思想理念上升华对乡村振兴战略所处历史方位和时代坐标的认识,构建以适应乡村需求为目标导向的政策体系。

应站在时代的制高点上理解乡村振兴

第一,乡村振兴是中国应对社会主要矛盾的关键战略。改革开放以来,我国经济社会形势已发生深刻变化,总体上已进入工业化的中后期发展阶段。与此同时,城乡之间、工农之间、经济社会之间发展不平衡、不充分、不可持续的矛盾也日益显现。我国社会主要矛盾已经转化为人民日益增长的美好生活需要和不平衡不充分的发展之间的矛盾。当前,我国经济社会发展中最大的不平衡是城乡发展的不平衡、最大的不充分是农村发展的不充分,全面推进乡村振兴是解决这一主要矛盾的关键。

第二,乡村振兴是生成推进中国发展新动能的关键战略。改革开放以来,家庭承包经营的巨大能量、恢复高考的人才储备、对外开放的科技引进、民营经济的市场活力是推进中国经济社会发展威力最强的四台"发动机",乡村振兴将成为继前四台之后的第五台"发动机"。乡村的消费需求一旦被激活,将成为中国在世界上最有竞争力的市场战略储备，其产生的新动能对整个国家经济社会的带动效应也将无与伦比。

第三，乡村振兴是中国实现强富美的关键战略。我国幅员辽阔，农业农村占大头，农民所占比例高，即便将来城镇化达到相当水平，在农村生活的群体也将达几亿人口。我国"三农"问题还普遍面临"农业不强，生产基础依然薄弱""农村不美，发展滞后于城市""农民不富，城乡收入差距大"等现实困境。"中国要强农业必须强、中国要美农村必须美、中国要富农民必须富"，建设富强民主文明和谐美丽的社会主义现代化强国，不应该也不可能落下农业农村这一头。没有"三农"的强富美，就没有中国的强富美。

第四，乡村振兴是中国实现全面现代化的关键战略。据联合国产业分类调查显示，中国是目前世界上唯一一个拥有 41 个大项 207 个中项666 个小项门类的国家，工业体系最为完备。我国城镇化已经超过 60%的水平，信息化已经处于全球领先位置，而农业农村发展是实现全面现代化的最薄弱环节。农业是基础，基础不强，工业化、城镇化水平和质量的提升就会受到严重阻碍，进而影响经济社会发展的整体格局。没有农业农村的现代化，国家的全面现代化就实现不了。

第五，乡村振兴是实现民族复兴的关键战略。中华民族五千年文明史，乡村文化是这一文明史的主体，村庄是这一文明史的载体。中国的乡村与非洲及南美洲的乡村不同，他们是"原始型落后"，中国是"文明型"落后。实现中华民族复兴大业是建立在一个农业大国、农民大国和村庄大国基础上的复兴，只有乡村振兴，中华民族才能复兴，中国才能真正从世界舞台的边缘走进舞台的中央，重新迎来中华民族在世界民族之林中的"高光时代"。

第六，乡村振兴是有效应对新型灾难的关键战略。一场突如其来的新冠肺炎疫情，给全球经济和生产生活带来深刻影响。面对高科技的迅猛发展、人类生存环境的急剧变化、难以应对新型灾难随时突发的残酷现实，需要全面提升防范化解重大风险的能力。而在全面依赖互联网、卫星传输的当下，现代城市应对新型灾难的能力十分脆弱，只有乡村是有效的避难所，它可以形成一个对外隔绝、相对封闭的内循环系统，具有较强的应对新型灾难的韧性。陶渊明《桃花源记》就是明证。全面推进乡村振兴可以提升中国有效应对新型灾难的能力。

城乡融合发展需要校正工与农、城与乡的关系认知

第一，是俯视还是平视。农业文明、工业文明和城市文明是人类文明发展的轨迹，各自在不同历史阶段承载着不同的文明内涵。工业化、城镇化背景下，一些人认为只有工业文明、城市文明才是现代文明的代表，片面地认为农业文明是与自给自足的自然经济相对应的落后、腐朽、应抛弃的文明。在这种思想裹挟下，社会观念发生偏斜，社会患上了"离农越远离现代化越近"的时代病。事实上，农耕文明是根，是人类文明的起点，也是其他一切文明的母体文明。伴随着农业文明的薪火相传，人类才得以从远古走到今天。没有农业文明，一切文明都是空中楼阁。要实现城乡融合发展，首先必须摆正农业文明、工业文明、城市文明之间的关系，决不可以居高临下地以俯视的眼光看待农业文明。

第二，是还债还是恩赐。回顾中国共产党的百年历程，"三农"始终是我国革命、建设和改革的中坚力量。战争年代，农村包围城市，数以千万计的农民在革命战争中牺牲。建设年代，农业支援工业，工农剪刀差为工业发展提供了原始资本积累，成就了中国成为世界上唯一一个工业体系最为完备的国家。改革年代，农民服务市民，2亿多农民工进城务工，承担着城市中最苦最累最脏报酬最低的工作。当前，我们已经到了工业反哺农业、城市支持农村的发展新阶段，我们有条件也有能力回报乡村、回报农业和农民。一些人思想深处认为，中国之所以发展不够快，是因为"农业农村拖后腿""今天振兴乡村是对乡村的恩赐"。事实上，正是因为有了"三农"长时期、大规模、全方位的贡献，中国才发展得这么好、这么快。振兴乡村是还债。

第三，是嵌入还是融入。城镇和乡村是联系紧密的命运共同体，没有乡村也就无所谓城镇，它们对经济社会发展具有各自不同的功能。乡村事关一个国家、一个民族发展的根基，承担着确保粮食和重要农产品供给、提供生态屏障和生态产品、传承国家民族优秀传统文化等功能。

确保食物安全、生态安全和文化安全是乡村对于社会的最高价值体现。全面推进乡村振兴，强化以工补农、以城带乡，不是让工业让城市简单地嵌入乡村，像"打补丁"一样去帮助农村象征性地做点事情，而应将农村的产业发展、乡村的基础设施和公共服务看成是自身的一部分，一体谋划、一体设计、一体实施、一体监督。要一体化，要融入，不要"两张皮"。

第四，是被动还是主动。半个多世纪的城乡二元制度，催生了二元文化，城里人总有高高在上的感觉，乡下人常有低人一等的自卑。农民几代人进城办事遇到的大都是"门难进、脸难看、话难听、事难办"的尴尬。乡村振兴，乡村的命运不是掌握在乡村人自己的手里，其资源掌控者和制度设计者都是城里人。如果城市不放下身段，主动帮助乡村发展，主动根据农民的需求提供服务，还要靠农民去找、去讨、去要、去求，乡村振兴的步子就会慢很多，城乡融合的机制就很难建立。

构建以适应乡村需求为目标导向的政策体系

第一，补短板。农村基础设施条件亟待提档升级，基础设施"最后一公里"的问题十分突出，农村村组道路建设滞后，供水保障能力不高，部分人口还存在饮水安全等问题。农村基本公共服务水平亟待提高，普遍存在覆盖不全、标准偏低的问题，农村教育日渐衰落，硬件不足、学生流失、教师紧缺等问题较为突出；农村基层医疗设施条件和乡村医生明显不足；农村市场化社会化养老服务仍很欠缺。为此，需要加快补齐农村基础设施和公共服务短板。有序推进较大人口规模自然村（组）等通硬化路建设。提高农村供水保障水平，全面完成农村饮水安全巩固提升工程任务。扎实搞好农村人居环境整治，分类推进农村厕所革命。全面推进农村生活垃圾治理，开展就地分类、源头减量试点。提高农村教育质量，统筹乡村小规模学校布局，加强乡村教师队伍建设，重视农村学前教育和加强农村特殊教育。加强农村基层医疗卫生服务，推进标准化乡镇卫生院建设，改造提升村卫生室，加强乡村医生队伍建设。

第二，强弱项。乡村二三产业发展不到位，存在产业层次较低、产业链条较短、经济效益相对低下、资源利用较为粗放等问题。乡村文化建设滞后，一些人错误地认为"乡村文化建设是虚的空的东西，没有实际价值"，事实上，乡村文化建设是乡村振兴的灵魂工程，做任何事情都需要一股精气神，而精气神的动力源来自乡村文化建设。为此，需要全面加强农村二三产业发展和乡村文化建设。各地要立足资源优势，打造各具特色的农业全产业链，建立健全农民分享产业链增值收益机制，推动一二三产业融合发展，加快发展富民乡村产业。让种地的农民在农闲的空档就近就地兼业，增加种地之外的收入。发展乡村二三产业的出发点和立足点不在于提高GDP比重，而在于让种地的农民能够兼业增收，安心务农，心无旁骛，不致远走他乡，种不好地，也安不好家。准确把握乡村文化建设的时代内涵，弘扬和践行社会主义核心价值观，持续推进农村移风易俗，深入挖掘、继承和创新优秀的传统乡土文化，千方百计活跃乡村文化，丰富农民的精神生活。

第三，解难题。城乡经济社会的二元体制是造成我国农业农村发展滞后的根源，突出表现在土地、资金、劳动力等资源要素的城乡不平等交换。为此，需要破除城乡二元体制形成的思维定式，创新制度和政策设计，下决心推动城乡资源要素自由流动、平等交换。优化农村生产、生活、生态空间布局，重点保障乡村产业发展用地，破解乡村发展用地难题，出台支持农村一二三产业融合发展用地的政策意见。建立健全激励和约束并重的金融支农机制，完善适合农业、农村、农民特点的信贷服务体系，加快扭转农村资金长期净流出的趋势。加快推进乡村人才振兴，深化乡村人才培养、引进、管理、使用、流动、激励等制度改革，促进各类人才投身乡村建设。

第四，破困局。推进乡村振兴普遍面临农业供给侧结构性改革、乡村治理有效、人口老龄化等发展困局。农业供给侧结构性改革的困局，根源在于农产品质量跟不上，缺乏竞争力，难以实现适销对路。为此，需要提高农业质量和竞争力，关键是要变只开发植物、动物的"二物思维"为开发植物、动物、微生物的"三物思维"。当前实施国家黑土地保护工程、推广保护性耕作模式就是最好的举措，应深入贯彻落实。同时应加大高标准农田建设投入，加强土壤改良力度，加快绿色有机循环农业建设步伐。破解乡村治理有效的困局，核心是要用自治、法治、德治相结合的办法，建立一个纵向上下通达、横向左右和谐的政治生态和社会生态，对此，安徽省亳州市的"邻长制"做了十分有益的探索，值得学习借鉴。破解人口老龄化的困局，需要适应未来乡村人口快速老龄化的形势发展需要，提前谋划布局，在一些适应养生养老的地方，充分发挥政府市场社会三位一体的力量，加强软硬件建设，打造一批康养示范基地。

（本文原载于《中国发展观察》2021 年 15 期）

九园之乡：中国乡村的未来

　　建设什么样的乡村，是乡村振兴的元问题。中国的乡村与非洲及南美洲的乡村不同，他们是"原始型落后"，我们是"文明型落后"。有着五千年文化积淀的中国乡村，在漫长的岁月磨洗中，逐渐生成了各自独特稳定的居住环境、社会结构、风俗习惯、人际关系及运行机制等。复杂多元深厚的历史背景昭示我们，实施乡村振兴战略，不是像在一张白纸上作画，可以随意挥洒，而应立足原风貌、原生态，做好传统与现代的衔接，古典与时尚的互融，传承与创新的契合。中国乡村的变迁，是迭代而不是换代，要宜居还需要宜业，保障食物更应有多种功能。因此，精准把握未来乡村建设的发展走向、功能定位、价值逻辑及思维方式，是乡村振兴稳步推进的关键。"产业兴旺、生态宜居、乡风文明、治理有效、生活富裕"是中央乡村振兴的宏观大政，要将这五大目标任务细化、实化、具体化，应以"九园之乡"的价值追求和思维逻辑，设计架构，定位功能，引领走势。

　　一是农民宜居宜业的家园。给农民一个既宜居又宜业的家园，这是乡村振兴最重要最核心的内容。宜居宜业关键在于两个方面：一方面是生产、生活、生态、生意"四生契合"。有些地方进行村庄大规模整合，把老百姓安置到一个新地方集中居住，农民生活质量提高了，但种自己的田要跑十几甚至几十公里，骑摩托或开车的油钱比卖农产品的钱还多，农民不满意。不仅要生产、生活契合，还要和生态、生意相契合。要创造"身在青山绿水间，心在唐诗宋词里"这样一个宜居的环境，同时还要做好市场开发，有好产品，能卖得出去，卖个好价钱；有好景点，能引来游客，让风景产生价值。不然，再好的生产生活生态条件，市场不活跃，也是死水一潭。另一方面是"三产融合"。中国人多地少，小农户需要兼业，应在发展粮食和特色种养业的同时，大力发展乡村的二、三产业。新鲜农产品采摘后，最好马上装进冷库。很多农产品加工应在乡村完成，如果把工厂建到城里，不仅成本高而且不合理。农业服务业，尤其是生产型服务业，是当前我国农业最短的短板，美国农民300多万，但美国为农业服务的从业人员却占美国总人口的17%以上。应破除"谈农色变"的旧观念，大力发展农业服务业，为农民开拓"离土不离乡"的第三就业空间，为兼业者减少背井离乡的远征打工。只有"四生契合""三产融合"，农民才能就近就地就业、宜居宜业、安居乐业。尤其需要关注的是，宜居宜业是当地农民的宜居宜业，不是外地人、城里人的宜居宜业。鞋子合不合脚，只有穿鞋子的人自己知道。因此，乡村振兴一定要突出农民的主体地位，让农民说了算，不能只顾宜居不顾宜业，更不能以旁观者的眼光去定位是否宜居宜业，这是我们未来乡村建设的大逻辑、关键点、要害处。

二是农品高效生态的田园。高效、生态是未来农业发展的方向。现代科技的植入，使农业生产效率大大提高，而农业的生态化远未成形。要实现农业的高效生态目标，应坚持以低端传统产业对接高端现代需求的发展理念。中高端现代需求就是有机、健康、绿色产品，目前我国的有机农业只占世界的6%，美国占47%。我国的有机肥施用占比不到10%，美国占比已高达50%以上。一亩*高标准土壤，应有16万条蚯蚓，300千克的真菌细菌，5%～12%的有机质含量。好土壤才能产出好产品。我国推行"减肥增绿"计划大见成效，但是和社会的实际需求差距还远，化肥、农药施用量依然很大。目前世界上农药有3万多种，食品添加剂也有3万多种。乌克兰人体清理专家做了一个实验，将死人身体上有毒的垃圾清理出来，平均3～5千克，占人身体重量的4%～6%。另据我国科学家研究，使用化肥生产的小麦，与使用有机肥生产

---

* 1亩＝1/15 公顷。

的小麦相比，钙含量减少 76%。100 年前，美国农业部土壤所专家写了一本《四千年农夫》，记载了中国、日本、朝鲜的农民如何运作循环农业、生态农业，认为这是东亚地区农业的奥秘。这本书现在还被美国农民当作"圣经"来读。而我们却把祖先创造的"天人合一"哲学思想和有机农业经验扔在一边，大学特学连美国农民都认为过时了的所谓现代农业，这是从学术界到政策界都应认真反思的大问题。从有利于人的健康视角看，生态农业也是高效农业，世卫组织研究表明，现在全世界有30 多亿人吃不起营养平衡的健康饮食，我国就有 3 亿多人处在"隐形饥饿"状态，表面上吃得很好，但食物中缺乏必需的营养成分。要把"病从口入"变成"病从口出"，让人们吃出健康来，最简便廉价的办法就是变开发植物动物的"二物思维"为开发植物动物微生物的"三物思维"，发展生态有机健康农业，直接通过饮食调节营养平衡。坚持以低端传统产业对接高端现代需求的发展思路，也是提高农产品价值的最佳捷径，中高端现代需求的农产品价格必然高于一般农产品。中央提出农业供给侧结构性改革，就是要求发展既讲高产又讲高质的生态有机绿色农业，只有高产高质，才能高效。

三是市民休闲养生的逸园。纵观历史，人类财富积累的演进分为五个阶段：第一阶段是土地，第二阶段是机器，第三阶段是金融，第四阶段是教育，第五阶段是康养。如今人类正处于第五阶段，有人戏称现在是"忙人进城，闲人下乡；穷人进城，富人下乡；为生存的人进城，为生活的人下乡"，虽为戏言，但却折射出休闲养生已成为人们对于高品质生活的追求。有关资料表明，中国人均每日休闲娱乐时间约为 2.2 个小时，而欧美国家约为 5 小时，这表明我国的康养产业拥有巨大的上升空间。而且，如今的消费结构与以往有很大不同，物质奢侈消费已逐步减少，健康养生消费比重正稳步增加。未来到乡村休闲养生的人群主要有四类：富人、老人、闲人以及高智商的人，其中老人为主要群体。我国"未富先老"的状态已经呈现，农村老龄化进程比城镇更快。德国哲学家海德格尔将人类理想的生活环境概括为"诗意的栖居"，富有诗意的环境，能够点燃激情、激发活力，让人产生诗情画意的美感，比如看到一片荷塘，马上就有"接天莲叶无穷碧，映日荷花别样红"这样的诗句呈现出来。这种"诗意的栖居"才会让人产生和美恬静、舒适安逸的幸福感，才是适合人类休闲养生的理想状态。人类已经进入"大（大数据）、云（云计算）、移（移动互联网）、物（物联网）、智（人工智能）"时代，未来乡村建设，既要尽力而为，又要量力而行，因地因时制宜加强现代化基础设施配套建设，让"逸园"中人跟上时代，"逸"得现代。

四是人与自然和谐的乐园。人与自然的不和谐始于工业革命。工业文明理念追求"人定胜天"，笃信人是自然的主宰，人可以改造自然；而生态文明认为"人是自然中的一员"，应与自然和谐共处。未来乡村建设要从根本上解决人与自然不和谐的问题，就必须破除"驾驭规律""人定胜天"的旧理念，树立遵循规律、天人合一的新思维。规律只能被认识而不能被打破，只有尊重规律，才不会被规律惩罚。我们现在面临的水、土、空气污染等问题，就是不尊重规律的后果。工业革命超越限度，即成危害，塑料问世曾被认为是最伟大的发明，今天已经成为最严重的公害，科学家研究表明，我们每人每天都在吃塑料微粒，每人每周平均要吃进5克，相当于一张信用卡（的重量），这对人体会造成多大危害尚不得而知。塑料残留在土壤里会改变土壤性状和土壤结构，导致农作物减产。更严重的是，土壤里的塑料，可能几百年都降解不了。水多、水少、水脏，是人与水关系越来越僵的矛盾点，很大程度上源于人与水争空间。有调查显示，我国改革开放以来70%的城市化都是建在跟洪水争空间的区域。生态恶化，河水断流，2013年，流域100平方公里的河流2.3万条，20世纪50年代是5万多条，半个多世纪减少一半多。乡村振兴在生态环境问题上，最紧要的是做好三件事：改土、治水、净化空气，使动物、植物各安其家，快乐生长；让人与自然各美其美，和谐相处，创造一个山水田林河湖草、鸟兽虫鱼微生物共生共荣的生态环境。

五是游子寄托乡愁的留园。乡愁是中国人对家乡的特有感情。游子"落叶归根"，商人"衣锦还乡"，官员"告老还乡"。泱泱大国，中华儿女，对于家乡的情感关系可以用两个"真好"概括，年轻时终于离乡出游，"真好"！年老时终于归乡安居，"真好"！南怀瑾"三千年读史，不外功名利禄；八万里悟道，终究诗酒田园"是他的人生心得。纵观历史，古往今来，从贩夫走卒到文人雅士，从乡野渔樵到庙堂乌纱，他们的心路历程都表明"吾心归处是故乡"。今天我国正在高速推进城镇化，新中国成立伊始城镇化率仅约为 16%，发展到今天已经超过 60%。自20 世纪 40 年代到 80 年代，跨越半个世纪，从乡村走进城市的几代人是一个庞大的群体，很多人还长期处于"一脚城里一脚乡"的两栖状态，他们对乡村的记忆和怀念深深地刻在脑海里，乡愁也是这几代人特有的情感，是属于他们的集体记忆。留住乡愁，就是为他们留下那段挥之不去的集体记忆，让他们在人生的后半场能够找寻到"于我心有戚戚焉"的场景缅怀。因此，乡村建设，必须坚守"迭代"而非"换代"的理念。"迭代"即在原有的基础上进行改造，绝不可推倒重来，务必尽可能多地保持当地特有的原生态格局、原乡土风貌、原民俗韵味。传统村落是中华传统文化的基因宝库，中国的自然村落从改革开放前的 400多万个已经减少到目前的 200 多万个，每个村落都蕴藏一种独特的文化基因，一个传统村落的消失也将意味着一种传统文化基因的消亡。保护传统，留住乡愁，并非排斥现代，尤其民房的改造，应遵循"外面五千年"（保持传统）、"内里五星级"（追求现代）的理念，让传统与现代融为一体。

　　六是农耕文化传承的故园。乡村文化是中华民族文明史的主体村庄，是中华民族文明的载体。在高科技迅猛发展的今天，传统农耕文化正遭遇断崖式沉没。随着人们认识的深化，对传统农耕文化的保护呼声渐高，重视程度渐深，但在具体保护与传承的过程中更多关注的是其表象，如传统的生产生活用具、工艺品、木雕、戏曲、刺绣等的收集、整理，这些都是我们迫切需要做好的工作，但更为重要的是对传统文化中思想理念、思维方式以及制度建设的传承。例如，"天时、地利、人和"是中国农民经过长期实践总结出来的农业哲学思想，它是中国农民对人类文明做出的巨大贡献，被国外学者称之为放之四海而皆准的"人类文明的黄金定律"。遵循自然规律是中国农业得以万年传承、生生不息的根本，中国农民想问题、办事情从来都按照这一思维方式谨言慎行，不越雷池。这些思想的精华、思维的逻辑，应成为我们乡村建设必须继承和发扬的核心。历经成百上千年积淀，一些切实可行、长盛不衰的乡里制度，耕读传家的家风、家训、家教等优秀传统文化，都有着极大的现实意义和历史价值，需要我们收集、整理、传承、活化。总之，传承农耕文化不可只重表象，丢弃本质；只重形式，失去精髓。

七是缓解社会压力的后园。民谚云"小乱避城，大乱避乡"。这是因为乡村可以长期与外界隔绝，自我形成一个封闭的内循环系统，一代人甚至几代人都能够在那里繁衍生息。陶渊明笔下"不知有汉、无论魏晋"的桃花源便是明证。新冠肺炎疫情防控期间，一些人便搬离城市，到乡间别墅居住躲避疫情。人类正面临诸多难以预测的移动性背景，当突发性新型灾难降临时，人口密集的城市没有退路，乡村的救助疏解功能显而易见。从更宏观的层面看，人与劳动的关系根据时代不同而呈现出不同的特点，农业文明时期，是"人与无偿劳动的抗争"，工业文明时期是"人与无益劳动的抗争"，计划经济时期是"人与无效劳动的抗争"，人类正进入人工智能时代，将出现"人与无处劳动的抗争"。以色列学者赫拉利预测，未来世界是"1％的神人和99％的闲人"组成。如何解决"无处劳动"的矛盾？重要途径之一就是发挥乡村的人口"蓄水池"和内循环作用，让赫拉利笔下的"闲人"到乡村去寻找生活的意义、价值和乐趣，使乡村成为缓解社会压力的后园。在大力推进城镇化进程中，有一种声音认为要"终结村庄"，这是不符合中国国情的论调。有研究表明，我国的城镇化率上限为70％左右，意味着未来将有几亿人仍然生活在乡村，目前世界人口超过一亿的国家也只有13个。只要人类还需要吃饭，就必须有农业，有农业就必须有农民有农村，面对一个14亿张口的庞大群体，吃饭永远是头等大事。中国的村庄不会消失，因此，不可盲目终结村庄。城与乡就像一对夫妻，各有功能，谁也不能取代谁。

八是民间矛盾调处的谐园。中国农民聚族而居，世代沿袭，形成村落。经过漫长的历史积淀，社会关系相对稳定。大规模撤村并居，一旦打破这种稳定与平衡，就会产生新的社会矛盾，乡村就会面临更多新的挑战。中国乡村的治理，历来依靠的是正式制度和非正式制度共同作用形成的合力，被称之为"第三领域"。自古以来，遇到兵荒马乱，王朝更替，只要某地有一位德高望重者利用这种力量鼎力维护，就能稳住一方，偏安一隅，待到新的王朝建立，便又马上和新生力量对接。城里人发生矛盾，靠的就是利用正规制度打官司，乡村如果单靠正规制度解决问题，恐怕一村设一个法庭，天天开庭都解决不完。乡村调处矛盾绝大多数靠的就是一些德高望重者出面调停，上升到法律层面的十分有限。他们可以说是国与家、上与下、官与民、公与私的对接枢纽，是乡村各种矛盾的缓冲带。中央提倡自治、法治、德治的三治结合，把自治放在首位，就是对乡村这一传统治理精神的发扬光大。有学者指出，新乡贤通过调解民间纠纷、评判是非获得权威，通过参与村庄公共事务提供公共产品获得声望，通过维护村庄共同利益获得地位，在村庄治理方面发挥了重要作用。这正是当下需要挖掘培育的乡村治理新动能。"乡村落后，需要按照城市文明的思维加以改造"，这是西方人的逻辑，是一种野蛮文明，在中国水土不服。地相近，人相亲，心相通，情相牵，邻里和睦，乡风文明，才是乡土中国的特色，才是治理有效的社会生态。

　　九是累积家园红利的福园。中国乡村是一个熟人社会，"远亲不如近邻"，邻里在长期相处中建立起彼此信任、互帮互助的紧密关系，这是乡土中国的宝贵资源，它像是一座无形的"村庄银行"，诚信就是一个人、一个家庭的"存款"。在这个熟人环境里只要讲承诺守信用，严格用熟人社会的游戏规则约束自己，就会积累成一种取之不尽、用之不竭的社会福利，即"家园红利"。这个看不见、摸不着，却又无时不在、无处不在的"家园红利"，在资源配置、矛盾调处、邻里互助、临时救危等诸多方面都发挥着不可替代的重要作用，而且代际传承，福荫子孙。遇到急难险事，不须号召动员，邻里就会立即伸出援手。乡里乡亲，急需用钱，"家园红利"积累丰厚的人家不需要写借条、找抵押、付利息，马上伸手可得。反之，一旦在这个熟人圈子里失信，他将被熟人社会的成员集体抛弃，甚至祸及子孙。一般没有人敢用"诚信"作为抵押物，做一些违背公序良俗的勾当。这种熟人环境积淀的社会福利，是乡村社会自我平衡、自我净化、自我发展的有效机制，是乡村德治的重要内容，对于完善乡村治理价值巨大、意义深远。在乡村人口大流动的背景下，熟人社会建立在诚信基础上的"家园红利"逐步弱化，校正乡村迷茫的世界观、人生观、价值观，已成当务之急。当前，在开展社会主义核心价值观教育的同时，应充分挖掘这一世代积聚的宝贵资源，大力弘扬这种诚信为本的传承精神，重构乡规民约，加强乡村的信用体系建设，让"家园红利"成为打造幸福乡村价值链的重要环链。

（本文原载于《中国发展观察》2021 年 1 期）

时、度、效：乡村建设的
"定海神针"

全面推进乡村振兴是党中央立足于我国国情、世情、时情作出的战略部署，在实施过程中需要准确把握传统文化与现代文明的有机衔接、国家愿景与农民需求的上下对接、城市发展与乡村建设的融合联接，以及各类要素资源因时、因地的合理、协调、均衡配置。

当前，一些地方对中央实施乡村振兴的战略意图领会得不够深透，在战术战法上或操之过急，盲目冒进；或不切实际，超越现实；或方法简单、行为失当，引起一些社会反响。乡村振兴是全面的、全局的、全新的战略，建设乡村，慢不得，也急不得，需要以"时"的把握、"度"的掌控和"效"的求取这一创新思维方式，平稳健康有序推进。

所谓"时"，即乡村建设应把握住时机、时间和时代三要素。一应把握时机，抢抓稍纵即逝的机遇。国家支持"三农"发展的宏观政策大多分阶段突出重点，应在重点阶段用足用好用活政策，一旦时过境迁，势必难度加大。党的十九届五中全会通过的"十四五"规划和《二〇三五年远景目标》建议用一个章节阐述"优先发展农业农村，全面推进乡村振兴"，其政策含金量大，应深入研究对本地的影响效应，充分发掘政策红利。一县一乡一村，随着乡村基础设施和公共服务的改变，对当地农业产业结构和社会消费结构都将产生巨大影响，应敏感观察本地这些经济社会变化，随时发现机遇。在一段时间内，群众对某个问题反应强烈，越是农民群众反应强烈的事情，越好趁热打铁、及时发动，解决起来就没有阻力，比较容易。二应把控时间，有条不紊地推进。到

2050 年，还有六个五年计划，各个阶段都应突出不同主题，不能眉毛胡子一把抓，各项工作一刀切地齐头并进。人居环境差的，应先美化环境；社会风气不好的，应先整治社会风气；基层组织软弱涣散的，应先加强队伍建设等。中国目前有 200 多万个自然村落，情况千差万别，应因村施策，遵循发展规律，分出轻重缓急，控制好节奏。三应把准时代，让乡村在"蝶变"中留住乡愁。中国村落格局的形成有着历史的积淀、文化的记忆、情感的认同。尽管城镇化的高速发展驱使许许多多的年轻人从村庄走出，但他们所保留的深刻的村庄记忆却是极速城镇化所无法消解的。中国乡村社会的熟人伦理其实质是根亲文化，这是维系五千年中华文明的血脉，不可能一下子被根除。对乡村的改造不能搞彻底地推倒重来、大拆大建，这样不仅耗时耗力耗财，还将摧残乡村文化，摧残几代人的集体记忆。乡村文化是中华五千年文明史的主体，村庄是乡村文化的载体，推倒一座村庄就是灭失一种文化。应清醒地认识到，这个时代的村庄蜕变是"迭代"而不是"换代"，只能是原生态改造，原风貌建设。

所谓"度"，即乡村建设应把握好尺度、向度和进度三个方面。一应掌控尺度。乡村建设应拿捏好火候，掌握好尺度，不能统统用顶格管理的方式推进。顶格管理指的是以"最全事项、最高标准、最严要求、最快速度"实施管理。顶格管理需要具备最优条件、能够承受最大代价。乡村建设起步阶段旨在从根本上扭转农业农村发展的颓势和落后，不是为了打造形象工程，不能脱离农村经济社会发展水平，如果一开始就用最高标准去要求，远超农村实际需求进行投入、建设，不现实、不可能、更没有必要，极有可能欲速则不达，甚至造成难以挽回的损失。一些地方推倒一个破败的空心村，建起一个豪华的空心村，社会反响强烈。二应测控向度。乡村建设应具备多方位、多角度、多层次的向度思维，科学把握整体与个体、全局与局部、长远与眼前、表象与本质的辩证关系。一些地方在村庄整治中，不顾实际搞合村并居，农民居住条件虽然有了改善，但远离生产场所，造成了生产上的不便，使农民生产与生活脱节，没有处理好整体与个体的关系。一些地方在制定乡村振兴规划时县搞县的、乡搞乡的、村搞村的、部门搞部门的，多头指挥，点多面散，统筹谋划不足，布局谋篇凌乱，没有处理好全局与局部的关系。有的地方只顾眼前、不管长远，项目一哄而上，指标一次性用完，没有为未来发展预留空间，把现实与长远割裂开来。一些地方热衷于堆盆景、造景观，做表面文章，村一级广场甚至搞"曲水流觞"，超越村民生活的实际需求，见物不见人，没有处理好表象与本质的关系。三应调控进度。乡村建设是一个长期战略，过去那种片面求快的思维必须克服。从现在起到 2050 年要划出清晰的时段。"十四五"时期是全面实施乡村振兴的第一个五年，到 2035 年基本实现社会主义现代化，再到 2050 年建成富强民主文明和谐美丽的社会主义现代化强国，乡村建设必须每一阶段与国家总体发展的进程相一致。总体谋划，分步推进，既不能急于求成，也不能老牛拉破车、半天迈一步，更不能在起步阶段就用一套模式、一个标准、一把尺子衡量，只有因地因时制宜，循序循规渐进，才能事半功倍。

所谓"效"，即乡村建设应重视效率、效益和效果三因子。一应注重效率。"时间就是金钱、效率就是生命"，当年深圳的口号依然具有很强的生命力。一个项目从申报到落地要过无数关口，耗时数月甚至数年，开建后又形成半拉子工程，这样的现象屡有发生。在社会大变革、信息大爆炸、科技大飞跃的当今时代，容不得效率低下。在乡村建设中，一件事情一个项目的拖沓，很可能拖垮一个企业、一个行业乃至一个地方的发展。"放管服"改革在路上，思想观念的变革也永远在路上。快节奏的时代，没有效率，死路一条。二应讲究效益。农村产业发展必须按市场规律办事，不能由政府包办替代，只有产生效益才能可持续发展。近些年各地在脱贫攻坚中大力发展扶贫产业，一些帮扶措施具有很强的突击性，这些政府主导的项目一旦失去扶持，扶贫成果可能难以稳固，由此还会带来一定的负面影响。还有一些地方政府对种什么、养什么大包大揽，免费送苗、高额补贴，不考虑市场需求，漠视农业风险，结果造成农产品同质化严重，收购、加工、冷链、仓储、销售等环节又跟不上去，以至农民辛苦种养的农产品卖不掉，谷贱伤农，不仅伤了农民的钱和心，也伤了政府的信誉和威望。三应务求效果。乡村建设的措施和方法要经得起实践检验、经得起社会评判、经得起历史考验。经得起实践检验，即在当前这个历史交汇期和改革深化期，须把握各种社会矛盾交错交织背后的本质，推行改革举措或创新项目之前，应全面考虑利弊得失，对拿不准的，可先试再推，切不可不经实践检验就盲目上马。经得起社会评判，即尊重农民的主体地位，把听取百姓心声和反映百姓意愿作为处理农业农村问题的基本准则，乡村建设的每一件事都应征得广大村民同意、吸引村民参与并得到村民拥护和支持。经得起历史考验，即每一位乡村建设者须具备洞察、研判、分析和行动等多种能力，放长眼光，放宽视野，所谋之事应具有可持续性，所上项目都不是花架子摆设，以农业增效、农村增绿和农民增收的工作实效为乡村振兴的时代命题作出完美答卷。

"时、度、效"思维多视角、全方位、立体化地为乡村建设行为建构起新的坐标体系，是移动性背景下乡村建设实践者价值认知、行为设计、目标追求的评判标准和行动参照。运用"时、度、效"思维是防止乡村建设这一探索性实践出现跑偏变形、脱离现实、低效空转的校正仪，是乡村建设实践者科学决策、精准施策、务求实效，始终保持行为理性的检测仪，是乡村建设得以扬帆远航的"定海神针"！

（本文原载于《中国发展观察》2020年第24期）

别让空心化的村庄"传宗接代"

  2008 年浙江安吉首批建设中国美丽乡村计划实施之后，全国各地纷纷掀起美丽乡村建设热潮。眼下，驱车乡村目力所及，一座座新农村建设典型，不时映入眼帘。这些乡村"新贵"，大都越建越时尚，越建越高档，不光设计前卫、环境优美，而且建筑风格各具特色，基础设施配套齐全，有的甚至超过城市社区，村庄广场不仅装配各种健身器材，还可以玩"曲水流觞"的游戏。但是如果深入这些新村内部，就会发现绝大多数冷冷清清，空空荡荡，缺乏人气。拆除几个破旧的空心村，建起一个豪华的空心村，外在的形象发生了突变，但内在的本质却依然如故，村庄空心化现象正披着华丽的外衣，神不知鬼不觉地悄悄进行着代际传递。

  改革开放以来，中国乡村面貌已经发生了多次蜕变，主要表现是每家每户住房条件的改善，从泥墙草顶到砖墙瓦顶，再到楼房平顶。每次蜕变都是农民根据自身的能力和条件自愿做出的自适性选择，国家和集体没有投入。随着城镇化的推进，原生态的村庄出现空心化，这是自然生成的。而这次美丽乡村建设过程中，有些地方为改善整体大环境，需要支付很高的公共投入，且需要乡村干部说服动员、组织引导，新村庄的空心化是人为制造的。

  依靠外力打破自然演替规律，如果缺乏统筹谋划，没有长远眼光，就会使乡村的建设与发展脱节，进而引发诸多问题。

  一是空心化浪费大量投入。目前，在全国 58 万多个行政村中，年资产经营收入超过 50 万元的只有 10.4%，但建设一个新村庄动辄需要投入几千万元，尽管有上级财政的大量补贴，可依然会给村集体带来严重的经济负担，许多村庄甚至需要举债才搞得起建设。况且，建好之后每年还需要很大一笔资金进行管理和养护。大量资金投入到超越发展阶段的基础设施和公共服务建设，好处只是暂时的外表美，代价却是不光占用大量财政投入，且使村集体负债运转和村级产业发展无米下锅。产业发展不起来，农村外出人口就会更多。久而久之，一些没钱管甚至少人住的村庄最终会变成一处处美丽的"荒村"。用国家之力、倾集体之力建设这样的"荒村"可谓是一种巨大的浪费。

二是一些农民会因此致贫。有的地方搞大拆大建，甚至集体上楼，给农民带来很重的经济负担。农村房产估值低，补偿少，从旧房搬到新房，有的农户需要补贴几万甚至是十几万元，这还不算拆旧建新过程中的租房成本，一些农民的多年积蓄被一次掏空。民谚云：好家三搬折腾穷，更不要说是"拆家"了。农民感叹：城市是一拆富三代，农村是一拆穷十年。赶农民上楼，生活条件是改善了，可生活成本却大大提高了，本来就不富裕的农民承受不起猛增的巨大生活成本，用他们的话说，"早晨起来一泡尿，马桶一按，一角钱就没了。"农村人居环境整治工作很重要也很必要，但一定要同农村经济发展水平相协调，同农民实际需求相适应，否则就可能事倍功半，甚至背道而驰。

三是会助长形式主义。花费大量资金建设空心村实际上是形式主义、政绩工程的"变种"，越建越高档，说明形式主义越来越严重。浙江"千万工程"的一条重要经验在于树立正确的政绩观，循序渐进、坚持不懈、久久为功。但美丽乡村建设过程中一些人的政绩观产生了偏差，不尊重乡村建设规律，只注重表面文章，心血来潮，仓促上马，投入大量资金建设大公园、大广场、大牌坊，还在农民的房前屋后本该用于栽植瓜果蔬菜的地方种上"洋"草皮，围上用城市园艺技术修剪整齐的灌木丛。钱投入进去后既不实用，也非民所需。新典型的政绩搞上去了，老百姓的实惠却搞下去了，这不是美丽乡村建设想要的结果，更违背了农村环境整治的初衷。

四是过早打破村社的平衡。把几个旧村庄合并成一个新村庄，表面上看实现了统一管理，节省了管理成本，但这种合并在经济社会尚处于不太发达的大变革时期，过早过快打破了世世代代聚族而居的熟人环境，放弃了熟人社会的治理优势，带来了新的治理问题。在传统村庄中，大家通过世代熟悉的人际关系和长期积淀的相互信任结成价值共同体和利益共同体，形成了自我保护和自我管理的熟人自治秩序，治理成本低且高效。在新的环境下这个共同体被打破，原村落的社会组织结构、原村民的生产生活方式都要重建，失去了原有的平衡，加上主要劳动力大都外出，新的空心化使乡村治理面临新挑战。

村庄空心化是20世纪90年代以来我国农村逐步出现的一种聚落空间形态，其表现特征为，由"人的空心化"带来"屋的空心化"和"业的空心化"。乡村振兴，从改善人居环境入手，归并改造旧的空心村，无疑是正确的选择，但绝不能让空心化问题再披上华丽的外衣暗中"传宗接代"。

一是分清村庄类型，找准居住对象。有稳定的居住人群，村庄才不至于空心，美丽乡村建设首先应找准方向，根据目标群体设计定位。未来在农村居住的人群主要有三大类：一类为农民，以从事农业为生；二类为老年人，包括一直生活在农村的老年人和到农村养老的城市老年人；三类为精英群体，到农村休闲养生。因此应针对居住群体特征重点建设农庄型村庄、公共社区型村庄和休闲型村庄。农庄型村庄要方便农业生产，重点做好种植、养殖和加工业的组合配套布局；公共社区型村庄重在提供各类综合性公共服务，体现出生活的便利性、舒适性、安全性；休闲型村庄要突出品味，不但要求设计高档，而且要选择在环境优美、空气清新、区位优势突出的地方打造。美丽乡村建设应以县为单位，统筹谋划，综合设计，因地制宜，因时制宜，因人制宜。乡村建设不是垒积木，可以推倒重来，它至少应福荫几代人，不可随心所欲、盲目建设，更不可突发奇想、急于求成。成都市"小规模、组团式、微田园、生态化"的建设理念，值得借鉴。

二是立足长远发展，宜居更要宜业。宜业是宜居可持续的基础，有业就才能留住人。美丽乡村建设既要考虑农民生活条件的改善，更要考虑如何方便就业。人多地少的国情，决定了中国农民在较长的历史阶段需要兼业务农，因此为农民创造第三就业空间，是新村庄建设的重头戏、大文章。应以跨界、迭代、互渗的新理念，推进一二三产融合：一是把一产和二产融合起来，发展好农产品加工业，尤其是精深加工业；二是把一产、二产和三产融合起来，发展好现代农业服务业；三是把一产和三产融合起来，大力发展乡村旅游。只有千方百计打破农村只能搞一产，农民只能干农业的产业和职业壁垒，实现就地就近就业，人空、屋空、业空的村庄空心化问题才能消解。这也是符合中国国情、农民实现生活富裕的最佳途径。

三是脚踏实地，克服顶格管理思维。顶格管理表现为"最全事项、最高标准、最严要求、最快速度"。这种按照上限管理的操作模式能带来最优绩效，但也需要具备最优条件、付出最高代价。美丽乡村建设的初衷既不是为了攀比，也不是为了打造形象工程，而是为了改善农村人居环境，提高农村居民福祉，不应该用这种最高的标准去要求，这不现实、不可能、更没必要。美丽乡村建设必须尊重常识、尊重现实，充分考虑村庄所处区位状况和发展阶段，稳扎稳打、因村施策，否则就会脱离当地农村经济社会发展水平，远超农村基础设施和公共服务的实际需求，造成极大的浪费。

四是彰显主体，发动农民广泛参与。农民是乡村建设的主体，需要一个什么样的农村，他们自己最清楚，美丽乡村建设绝不能让他们缺席。从规划设计到施工建设，从改善环境到培植产业，都要广泛发动引导组织农民参与，这样既可以赋予农民主动权，培养他们的主人翁意识，激活他们的积极性、创造性，又可以为农民提供劳动岗位，实现就地就近就业，还能让农民在建设过程中学习和掌握相关技能和管理知识。同时，在全过程参与中，农民对自己亲手建设的新农村会产生难以割舍的深厚情感，热爱家乡的意识会更加强烈。安徽农道采取"带着农民转，让他们觉悟；做给农民看，让他们信服；领着农民干，让他们参与；陪着农民练，让他们有术；帮助农民赚，让他们增收；引导农民变，让他们现代"的"六让之道"，投身乡村建设，是彰显农民主体地位的成功之道。

（本文原载于《中国发展观察》2020 年 18 期）

乡村振兴的逻辑原点：
缩小源头差距

　　乡村振兴，蓝图既就，目标明确。当务之急重在激发活力，培育动能。而活力与动能的激发培育，关键在于出重拳、给猛药、用实招，下大功夫缩小不断拉大的源头性、基础性诸多差距，这是乡村振兴的逻辑原点。

　　1. 务农与务工的收入差距。10 年来，城乡居民收入的相对差距在缩小，但绝对收入差距在扩大。根据国家统计局数据，城乡居民收入比已经由 2008 年的 3.31：1 缩小到 2019 年的 2.64：1，但人均绝对差距却由 11 020 元/年，扩大到 26 338 元/年。而且，相对收入缩小主要是因为进城务工收入的快速增长，而不是家庭务农收入的增长。根据《中国农业年鉴 2018》中种植业成本与收益数据，2016 年和 2017 年，稻谷、小麦、玉米三大主粮的平均利润为负，即使将成本中的"家庭用工折价"去掉，每亩的收益也只有 328.3 元、381.4 元。相比之下，2019年全国规模以上企业就业人员年平均工资为 75 229 元，一个家庭种一年地的收入，还不如一个人在外面打工一个月的收入多。农业的无利可图导致青壮年劳动力大量务工弃农，以至于第三次全国农业普查时，35岁以下从事农业的劳动力不足 20％（19.2％）。

　　2. 农产品和工业品的价格差距。农业是经济发展、社会安定、国家自立的基础，农产品的提供是人类生存的基本需要和保障。但是，农产品的价值并没有在价格上得到很好的体现，农产品与工业品之间的价格差距依然很大。改革开放 40 多年来，粮食价格上涨不到 10 倍，而不少工业品却上涨了几十倍，高的甚至几百倍。100 斤 * 小麦生产的面粉可以满足 1 个三口之家 1 个月的生活需求，但价格还不足 150 元，连一支上点档次的口红都买不到，也低于一个移动硬盘的价格，只接近 2 包中华烟的市价。

3. 生产者和经营者的收入差距。与西方大农场不同，中国是小农户，只能从事简单的农产品初始生产，高增值的后续产业链是一家一户无力接续的，它需要通过一种组织形式建立起合理的利益联结机制才能实现。当下，中国的小农户大多只是农业生产者，不是经营者，农业的经营是指后面包括加工、储藏、包装、设计、运输、销售等一系列从事全产业链的营销过程。绝大多数中国农民只是出售自己生产的初级产品和原料，收益比例很低。专家测算，生产环节的受益只占 10% 左右，其余约 90% 的收益在后续环节中。在我国，即使最好的稻谷，一斤也很难卖到 10 元钱，但经过加工、包装和品牌塑造后的大米却能卖出一斤几十甚至几百元的高价。通过后续经营可以让初始的农产品价值增加几倍甚至几十倍，但农民只参与了农产品价值实现的最初过程，所得十分有限。统计农民收入，把农业收入作为农民的经营性收入显然欠妥。

4. 粮食主产区与粮食主销区的差距。我国经济已经进入加速发展阶段，但粮食主产区由于承担国家粮食安全的责任，经济开放有限，人均 GDP 与工业发达的省份差距越来越大，陷入"产粮越多财政负担越重""贡献越大义务越多"的不利境地，"粮食大省"往往变成"财政穷省"。统计显示，2018 年，13 个粮食主产区有 9 个省区人均国内生产总值低于全国平均水平。利益和政绩驱使下，许多产粮大省对粮食生产的重视程度越来越低，粮食净调出省越来越少。2003 年，净调出率在 5%以上的省份有 10 个，到 2010 年减少到 8 个，目前只剩下河南、内蒙古、黑龙江、安徽、吉林 5 个，更令人担忧的是 11 个粮食产销平衡省区的粮食自给率也在下滑，产生的缺口需要这 5 个省补给。长此以往，

---

　　* 1 斤＝500 克。

粮食发展的区域矛盾会更加激化，谁来种粮的问题也会更为凸显。

5. 粮食作物和经济作物的收入差距。近年来粮食与经济作物的市场价差越来越大。根据国家统计局公布的农产品价格指数折算，近 10 年（2009—2018 年），粮食作物价格涨幅只有 35% 左右，而 10 年间水果、蔬菜和糖料的价格分别上涨了 55%、73% 和 54%。烟叶的价格，从 2009 年到 2015 年，仅用 7 年时间就上涨了 60%；如今 50 斤饲用玉米（厂家收购价：40～50 元）还不及一包中华烟。粮食安全是国家的重大战略，却不是农民的目标。农民最关心的是如何提高收入，如果种粮不赚钱情况一直持续，市场机制作用下，可能会有越来越多的种粮农户改种经济作物。

6. 农用地和非农用地的价格差距。1998 年的房地产市场化推升了房价，也带动了城市建设用地价格的飞涨，导致房地产市场"王"频现。2016 年，上海静安（原闸北）中兴社区 10.98 万平方米出让面积的土地拍出了成交总价高达 110.1 亿的天价。相比之下，农用地产出价值有限，而且不能随意买卖，一旦转为非农用地价格一般会比原来高出十几倍甚至几十倍，但分给农民的比例却很低。按照以往的补偿标准，最高补偿也只有土地产值的 25 倍，据此推算，如果种植粮食，即使两季，每亩地的补偿款也只有不足 3 万元（根据《国家统计局关于 2019 年粮食产量数据的公告》，全国粮食单季亩产 381 千克）。曾有专家测算，农民的补偿金额仅占土地收益的 5%～10%，村级集体占 25%～30%，政府占 60%～70%。于 2020 年 1 月 1 日开始实施的新的《中华人民共和国土地管理法》有了较大突破，在征地补偿方面，改变了以前以土地年产值为标准进行补偿，实行按照区片综合地价（新的土地管理法要求制定区片综合地价应当综合考虑土地原用途、土地资源条件、土地产值、土地区位、土地供求关系、人口以及经济社会发展水平等因素）进行补偿，并要求各省、自治区、直辖市至少每三年调整或者重新公布一次。但是，新的土地管理法并未对各地的地价给出明确的参考标准。

7. 城乡教育养老医疗的差距。一是城乡教育差距。为减轻农民在教育经费统筹方面的负担，自 2001 年开始在全国大力推行撤点并校，农村学校由原来最多时的 60 多万所减少到 20 多万所，学校布局总体上出现"村空、乡弱、城挤"的现象，农村孩子面临新的上学难，义务教育的"就近、免费"两大特点失灵。全国近 60 万个行政村，大多数"村小"被撤并，孩子只能到乡镇或县城借读，这一折腾的代价是比"就近、免费"要高出几十甚至上百倍的支出。即便没有被撤并的学校，其教学条件、教师水平、教学设施、教育质量与城市相比也是天壤之别。据统计，清华北大的农村生源仅占两成，各省高考状元也多来自城市。此外，在农村还有将近 700 万名的留守儿童，他们不但缺失家庭教育，还容易遭受冷暴力、硬暴力等校园欺凌。有学者曾在川、冀两省的138 所农村寄宿制学校对 17 841 名学生进行样本调查，结果显示遭受校园欺凌的比例高达 16.03%（吴方文等，2016）。不断拉大的城乡教育差距将使乡村振兴的人才需求成为无源之水。二是养老差距。城镇企业职工可以享受到职工养老保险，还有一部分公务员和事业单位的职工可以领取更具保障性的退休金。但在农村从事农业的农民只能缴纳城乡居民养老保险。由于缴纳基数和算法的不同，两种保险的福利差距悬殊。享受职工养老保险的市民在退休时往往能获得每月几千元的养老金，缴纳城乡居民保险的农民在 60 岁后每月最多能领取三四百元。而且，城镇企业职工领取基本养老保险的年龄更灵活，男性分为 60、55、50 周岁，女性分为 55、50、45 周岁，农民却只能从 60岁开始领取保险。此外，农村青壮年外出比例更高，2018 年到乡外就业的外出农民工达到 17 266 万人；乡村老龄化的速度比城市更快，比率更高，谁来养老的问题更加突出。三是医疗差距。根据卫生健康事业发展统计年报，近年来我国医院的数量不断增加，已经从 2012年的 23 170 个增加到 2019 年的 34 354 个，但乡镇卫生院和村卫生室的数量却在下降，分别从 2012 年的 37 097 个、65.34 万个，下降到2019 年的 36 112 个、61.6 万个。农村公共卫生服务与城市的差距越来越大。全国 80% 的医疗资源集中在大城市，其中 30% 又集中在大医院。因此农村看病只能往大城市挤，由此带来看病难、看病贵的问题依然困扰着农民。

8. 耕地质量与过去相比的差距。我国耕地的面积锐减，质量也在退化，化肥、农药、重金属污染愈演愈烈。改革开放以来，有 3 亿多亩耕地被城市与工业侵占。我国耕地面积不足全世界一成，却使用了全世界近四成的化肥，单位面积农药使用量是世界平均水平的 2.5 倍，土地长期高强度、超负荷利用，造成了地力的严重透支。有研究者认为，目前全国耕地面积已有 40％出现退化，东北黑土地有机质含量明显下降，南方部分地区出现土壤酸化。据原国土资源部公报，2015 年我国耕地质量等级中，中等及以下的占到 70.5％。工业污染产生的重金属残留更是不可小视，2018 年，中国科学院地理科学与资源研究所陆地表层格局与模拟重点实验室的抽样调查结果发现，中国粮食主产区耕地土壤重金属点位超标率为 21.49％，其中轻度、中度和重度污染比重分别为13.97％、2.50％和 5.02％。中央提出农业供给侧结构性改革，主要是提高农产品质量。耕地质量是农产品质量的源头，从源头改起才能提高农产品质量。

缩小上述原发性、积累型差距，是缩小城市与农村、市民与农民、工业与农业差距的基础。不把基础性差距从源头阻断，乡村振兴便无从谈起。为此，我们建议：

1. 加大政策供给强度，激发农业农村发展活力。以实施乡村振兴战略为总抓手，对标全面建成小康社会，真正落实重中之重战略要求，强化"优先发展农业农村"的政策供给，保证"生在乡村不低贱、学在乡村不犯难、干在乡村不吃亏、活在乡村不憋屈、病在乡村不惶恐、老在乡村不担心"。坚持把农业农村作为财政优先保障和金融优先服务的第一领域，从政策、人才、资金、医疗、教育、基础设施建设、社会福利保障等方面全方位加大对农业农村的投入，加速打通城乡要素平等交换机制通道，推动更多的资源要素流入农业农村，为农业农村创造平等、开放的良好发展环境。

2. 发挥补贴的杠杆作用，提升农民种粮积极性。继续加大投入，提高对农产品尤其是粮食的补贴力度，增加实施生产者补贴的作物品种，并适度扩大实施范围，提高种粮收入。重点挖掘"绿箱"政策，加大政府对农业科技、水利灌溉、交通道路、生态环保、病虫害防治、自然灾害救助、农业服务及流通设施等基础设施建设的投资力度，改善农业生产和经营的基础条件，降低农业生产成本，提高种粮积极性。

3. 完善利益联结机制，优化生产者收入比例。充分利用区块链技术，将企业、合作社、小农户有机联合。将各级利益主体的基本信息、行为信息、财务信息等纳入联合体系，通过区块链实现全程留痕，促进各环节信息通畅，并保证利益分配的公平合理。同时，以生产技能和经营管理水平提升为重点，对农民开展定向、定岗、订单式转移就业免费培训，提高农民素质，满足利益联结需求，提升农民在利益体系中的价值和地位。

4. 强化行政干预手段，提高农产品区域自给率。严格落实"米袋子"省长负责制和"菜篮子"市长负责制，督促各级政府把保障农产品适度自给放在更加重要的位置上。建议根据资源禀赋和产业特点，设定各省份农产品自给率的基础要求，并将其作为政绩考核的参考标准。粮食主产省要保证当前粮食生产，粮食主销省也要适度提高粮食自给比率，大中城市要有合理的菜地保有量，稳定和提高本地应季蔬菜自给水平。可提倡农产品产销区跨省对接，建立"飞地"，以平衡产销区的利益，保障销区供给。

5. 强调政策落实效果，增加农民土地收益。在最新版土地管理法的基础上，完善区片综合地价的定价细则，建议从中央层面设定各主要城市平均区片综合地价的可浮动参考标准，从省级层面设定省区内其他城市区片综合地价的可浮动参考标准。参考标准也要至少每三年调整或者重新公布一次。

6. 变革农业生态链，开启农业"三物思维"。大力推进农业生态链的变革，让植物、动物、微生物"三物农业"成为全社会普遍遵循的农业发展新理念。改变传统农业发展只注重植物、动物的"二物思维"为综合利用植物、动物、微生物的"三物思维"。遵循植物生产，动物

（包括人）消费，微生物把植物动物残渣废料（包括人畜粪便）分解还原，作为植物肥料进行新一轮生产的自然规律，充分发挥微生物"点草成金""点粪成金""点废成金"的优势。强化政府的主导作用，加强微生物产业的技术基础研究，强力支持微生物在肥料、饲料、能源燃料、食品、药品和环境恢复等方面的研发、推广和应用，构建循环往复、生生不息的农业循环系统，形成经济价值、社会价值、生态价值的三统一。

（本文原载于《中国发展观察》2020 年 12 期）

"乡土中国"的场景转换

　　"乡土中国"是费孝通先生在 20 世纪 40 年代提出的概念，乡土社会是中国的本色特征。纵观近现代以来的中国历史演进，无论时代的大潮多么汹涌澎湃，城市化的呼声多么惊天动地，但以乡为基点的活动空间没有变，以土为基础的生存依托没有变。一个人无论智商多高、能力多强、事业多大，都要吃从土里长出来的五谷杂粮、瓜果蔬菜。这既是常识，也是一个颠扑不破的真理。人之于"土"，就像希腊神话中的安泰之于大地。

　　今天的中国乡村正处于转型期，中国的乡土社会发生着深刻剧烈的变化，这种变化不是自我否定、自我淘汰，而是自我革新、自我发展。在铺天盖地以农业元素为主题的乡土环境里，工业元素、商业元素、科技元素等各类现代元素不断渗透聚合，生成特色各异的不同场景，正在孕育出"商土中国""工土中国""科土中国"。

　　"商土中国"，即基于乡土环境的中国乡村商业。经济学史家德·弗里斯认为，英国之所以能于 18、19 世纪在欧洲诸国竞争中胜出，是因为英国人力资源具有勤奋、重教、善商三大特征，可见具有商业精神是一个国家一个民族在竞争中一骑绝尘的重要因素。"前世不修，生在徽州。十二三岁，往外一丢"，中国的徽商是这样炼成的，被称为"中国银行乡下祖父"的晋商，以及浙商、闽商、粤商、鲁商等各省商帮也大抵如是。自明清以来，中国的商业精神已经根植于乡民之中，租赁、借贷、典当、抵押、承包、契约等商业行为遍及乡里。今天 6 000 万海外华人华侨就是数百年出走经商谋生乡民的后裔。当今世界仍有不少国家的人们不会经商，苏联解体后，把土地分给农民，许多人都不要，因为他们不会经营，而中国家庭承包经营则一举成功。在计划经济时期，供销合作社包揽了中国几亿农民的买与卖，供销社的"金字招牌"无人不晓。偌大的中国农村商贸，靠着供销社的"统购统销"运行了几十年。改革开放后，供销社在农村商贸流通中逐渐丧失话语权、丢失影响力，取而代之的是分散的个体商户、小型商业企业和贩售商，一些大型商户，包括跨国型商业企业也正寻找入驻乡村的路径。我国参与农村商贸流通的企业和个体快速增加，乡村商贸空前繁荣。但是也造成商品流通领域的混乱局面。一是市场需求分散，流通规模较小，且主体多元化，监管困难；二是乡村商品流通无序化，假冒伪劣商品展开了"下乡运动"，严重损害了农民的切身利益；三是在流通体系建设中"重城市、轻农村"，在乡村工作中"重生产、轻流通"的观念还没有从根本上改变，导致产销脱节，农产品进城难。计划经济时期形成的流通格局、管理体系已被打破，市场经济条件下的新型农村商贸流通体系还没有形成。随着我国经济不断发展，农村消费支出不断增加，消费结构由大众消费向多层次的消费升级，农村消费需求多样化不断提高。中国的乡村蕴藏着巨大的消费潜能，一个有着 5 000 万农民的中部省农村消费调查显示，2018 年农民人均消费支出 19 000 多元（其中生活类 12 000 多元，生产及固定资产投资各 3 000 多元），一个 5 000 人的村庄，年消费即可高达上亿元。当前我国城市化率虽然已达 60%，但有关调查显示，其中有 1/3 的城市户籍人口仍生活在乡村环境中。系统性、全方位、立体化构建符合我国国情的新型乡村商品流通网络成为当务之急。首先应加大乡村物流体系现代化的建设力度，将连锁经营、物流配送等现代流通方式扩展到乡村市场；加快打造城乡双向商贸流通平台，促进农产品流通效率，节约农产品运输成本；其次应利用供销社熟悉农村、了解农民，在乡村中具有良好口碑和信誉的优势，发挥供销社作为农村电商国家队与农产品流通主渠道的作用，介入农产品流通、加工、仓储、物流等农业产业链全过程。

"商土中国"将是中国在国际上最具竞争力的市场战略储备。弘扬乡土社会的传统商业精神，引入现代商贸流通要素，构建符合乡村需求的新型乡村商贸流通体系，促进乡村一二三产业融合发展，是打造"商土中国"面临的新课题、新挑战。

"工土中国"，即基于乡土环境的中国乡村工业。在改革开放以前，我国实行了"城市搞工业、农村搞农业"的产业布局政策，工业化以城市为主，乡村工业只有以公社和生产大队经营的小作坊、小水泥、小砖厂、小化工、小煤窑"五小工业"，普遍规模较小，技术水平较低。1978年以后，中国乡村工业发展迅速，在经济增长中扮演了十分重要的角色。20世纪80年代初，我国乡村工业的增长对工业增长的贡献不足20%，到1992年，这一贡献上升到71.15%，成为中国工业生产的重要组成部分。乡村工业是在计划经济体制下轻工业发展不足、乡村的消费需求得不到满足的背景下发展起来的，遵循的是"就地取材、就地生产、就地销售"，主要是面向当地，为农业生产、农民生活提供必需品，这是特定历史环境中的产物。今天在市场经济背景下，乡村工业过去那种遍地开花，乱铺摊子，浪费资源，污染环境的弊端已经彻底改观，正在沿着农产品加工业这一产业比较优势健康发展。农产品具有不宜储存的特点，为保证原料新鲜，避免运输损耗，农产品加工企业最适宜建在就近产地的乡村。进入21世纪以来，我国农产品加工业发展迅速，2016年规模以上农产品加工企业即达8.1万家，主营业务收入达到20万亿元，实现利润总额1.3万亿元。农产品加工业正成为农业现代化的支撑力量，农业农村经济的支柱产业。以三全集团为例，企业农产品年需求量约30万吨，带动了40余万农民增产增收。总体上看，我国农产品加工增值只有两倍多，而发达国家都在四五倍以上，其潜力巨大，精深加工亟待提升。当前农民工返乡创业逐渐成为一种新趋势。数据显示，到2018年7月，全国返乡创业的人数达到740万。针对农民进城意愿减弱，政府应加大对乡镇中小企业的扶持力度，提高乡村工业的产业化程度，推动乡村工业转型升级。还应借鉴德国为振兴乡村、产业发展"逆城市化"的经验，充分发挥"总部经济"效应。德国排名前100位的企业，只有三家总部设在首都柏林，很多都设在乡村小镇。我国央企总部多在首都，省市县国企总部全在中心城市，应充分发挥制度优势，借鉴德国做法，将那些无污染、易生产或直接为乡村提供消费的制造业迁到乡村，既可降低运输、土地、劳动力等各项企业成本，又可促进农民就地就近就业，还能有力推动乡村城市化建设。

打造"工土中国"是农业增效、农民增富、农村增财的关键支撑。在交通通信高度发达的今天，对一些适于在乡村发展的产业实施"逆城市化"策略是建设"工土中国"的好路径。

"科土中国"，即基于乡土环境的中国乡村科技。新中国成立70多年来，我国乡村科技事业发生了翻天覆地的变化。农业优良品种改良、重大栽培技术和病虫害综合防治等一大批科技成果的推广应用，支撑全国粮食单产由1949年的59千克提高到2019年的381千克，粮食总产量从2 263亿斤提高到2019年的13 277亿斤。我国农业科技进步贡献率已达59.2%，农作物良种覆盖率96%以上，实现了从"靠天吃饭"到"旱涝保收"的历史性转变；农作物耕种收综合机械化率69.1%，小麦生产基本实现全程机械化，水稻、玉米耕种收机械化率超过80%，实现了从"人扛牛拉"到"机器换人"的历史性转变，科技已成为我国农业农村经济增长最重要的驱动力。随着互联网、云服务、5G通信技术的发展，遥感、物联网、大数据等现代科学技术与农业生产不断结合，农业信息化、智能化水平不断提高，数字农业大局初现。另外，互联网技术和人工智能加速向农业农村延伸和渗透，在农业技术推广、市场信息服务、农业农村电子商务、精准脱贫等方面已经取得了显著成效，包括阿里巴巴、拼多多、京东等在内的电商企业，持续加大对相关技术的投入，推动农产品流通环节降本增效，在农业科技创新的实践中帮助更多农户实现增收。诸多与乡村发展密切相关的各类先进技术，一经问世，马上就会在乡村身影频现，转化为现实生产力。农民已经前所未有地摆脱繁重的体力劳作，耕、种、收、储机械化、智能化正在全面普及。但与城市相比，现代科技在乡村的发展还差距甚大，以互联网的覆盖率为例即可见一斑。截至2020年3月，中国网民规模达到9.04亿，互联网普及率达64.5%。非网民规模4.96亿，而非网民主要集中在乡村地区，在乡村的非网民占比超过 60％。有相当多的农民依然对互联网从不问津。科学技术是第一生产力，科学技术在乡村的推广应用决定着乡村未来发展的水平，科技助农任重而道远。

"科土中国"是中国建设现代化国家的关键，推动移动互联、云计算、大数据、物联网、人工智能以及区块链等技术在乡村的应用，全面提升农事服务能力，应是"科土中国"的首要工程。

乡谚云：无农不稳、无工不富、无商不活、无科不发。"乡土中国"，只有努力打造"商土中国""工土中国""科土中国"，在乡土环境中构建五彩斑斓的各种现代化场景，才能在时代大潮中完成蜕变、实现涅槃、华丽转身。

（本文原载于《中国发展观察》2020 年 9～10 期）

以深化改革助力脱贫攻坚

——来自农村改革试验区的调查

脱贫攻坚是前无古人的事业，无成规可循，无成例可鉴。前不久我们在对山东、河南、贵州、安徽四省农村改革实验区的调研中发现，各地从不同角度、不同方面积极开拓探索，为脱贫攻坚在思维创新、制度创新、路径创新、方法创新等方面提供了诸多普适性、前瞻性的有益探索。

一、"村民代表提案制"为扶贫对象精准识别筑牢制度基础

习近平总书记提出脱贫攻坚要做到"六个精准"，其中精准识别扶贫对象是头道工序，这是脱贫攻坚的基础，扶贫对象识别是否精准，直接决定扶贫成效。河南省新乡县探索的"村民代表提案制"，核心内容是"五步工作法"，不仅是乡村治理的好形式，也是精准识别扶贫对象的好办法。

所谓"五步工作法"，分别是提案提出、提案协商、提案决策、提案执行和提案监督。每个村民代表每月到所包的 10 个农户家走访，搜集意见整理后作为提案交给党支部，对扶贫等涉及众多群众利益的问题，党支部进一步调研后在村民代表大会上提出正式提案，经过协商形成决策。村支部行使决策权，村委会具体落实，监委会（村民代表大会）进行监督。

"村民代表提案制"的实行，将精准识别扶贫对象工作建立在广泛搜集民意的基础上，有效保证了扶贫对象的精准识别。中国农村是一个

熟人社会，少数基层干部在扶贫中存在优亲厚友、厚此薄彼等不公正现象。村民彼此之间知根知底，村民代表深入联系的农户走访调研，能够了解贫困户的真实情况，为防止出现"漏评""误评"设置了屏障，有效避免了"潜规则"。

农村贫困户势单力薄、话语权弱，一些地方村干部说了算。在"村民代表提案制"下，扶贫对象的确定全程在党支部统一领导下进行，通过自下而上又自上而下的民主协商，是否列为扶贫对象，必须经过90%以上党员、90%以上村民代表同意。这样，决策、提案、监督三个过程"三权分离"，充分保证了所有人都能充分表达意见，避免了少数人决策的弊端，使扶贫对象的识别与退出公开透明，定位精准，经得起实践与时间的检验。且程序简明，操作便利，打牢了脱贫攻坚中"解决好'扶持谁'的问题"的制度基础。

二、"以贫帮困"为小康路上"一个都不能少"开拓了新思路

在脱贫攻坚战役中最难啃的硬骨头，是特困地区和特困群体。特困地区是局部问题，而特困群体是普遍问题。调查山东省德州市时我们发现，在建档立卡贫困户中，失能半失能人口占85%，其中以孤寡独居、残疾、精神疾病、瘫痪、失明人员居多。这些人由于国家采取"兜底"方式解决脱贫问题，经济上有社会保障，但是生活料理、精神慰藉缺失，远离社会。脱贫不易，解困更难。如何解决这类特困人群的需求，提高他们的生活质量，实现习近平总书记提出的"全面建成小康社会一个都不能少"的目标，是扶贫工作眼下最需要关注和最难攻取的"坚中之坚"。

山东省乐陵市探索出"以贫帮困"的路子，破解了这一难题。其做法是设置"村级扶贫专岗"，让合适的人做合适的事，即选聘有一定劳动能力的贫困人员，与特困户自愿结对帮扶，每天为特困户提供力所能及的服务，包括孤寡老人照料、打扫卫生、日用品代购、信息沟通、儿童看护等，一个人可帮助二三个特困户。这样贫困户一年有几千元的收入，不仅脱了贫，自卑感也没有了，特困户需要的服务也解决了，生活质量明显提高。

乐陵市"贫帮残""贫帮病""贫帮弱"的扶贫新模式，解决了脱贫攻坚中攻什么、怎么攻的问题，是一石多鸟、一举多赢的创新创造。它做到了以下几个结合，即：合适的人与适合的事有机结合、脱贫与解困有机结合、扶贫与扶志有机结合、家庭养老与社会养老有机结合、服务他人与提升自身有机结合、花小钱与办大事有机结合、激发个体活力与激发群体活力有机结合、开发就地就业与开发家园红利有机结合、创设公益专岗与弘扬孝善文化有机结合。这几个方面，彰显出极具推广的价值。

新华社报道，我国现有失能失智特困老人约 5 000 万。这一群体不分城乡、不分区域、不分贫富，普遍存在。而且，老弱病残幼孤等特困群体数量还将不断增加。解决好特困群体的特殊需求问题，不但是农村脱贫攻坚难啃的"硬骨头"，也是城市社会治理面临的难点。脱贫攻坚战略实施以来，我国绝大多数地区、各方力量主要聚焦于局部地区的脱贫，而对于整体面上的特殊困难群体的解困问题，尚未引起足够关注。乐陵市"以贫帮困"模式，其重大意义就在于它瞄准了脱贫攻坚中普遍存在的解困难题，以简便易行的方式攻取难中之难、坚中之坚，为破解小康路上"一个都不能少"的难题找到了便于全面推广的新路径。这一成功范例，不仅可在农村复制，也适合在城镇社区推广。

三、"四权分置"为数万亿扶贫资产保值增值做了前瞻大势的准备

自 2016 年实施脱贫攻坚以来，全国已形成高达数万亿的扶贫资产，这一资产的权属是归政府、归集体，还是归扶持对象，尚未引起全社会应有关注。山东省沂水县开展"四权分置"改革，为这一巨额资产的产权归属及如何保值增值做了前瞻性探索。

"四权分置"即扶贫资产所有权归村集体、经营权归新型农业经营主体、受益权归贫困户、监管权归县农业农村局。沂水县实施"四权分置"改革以来，共整合涉农资金 4.6 亿元，统筹扶贫资产 321 项，扶贫资产经营性收益比实施"四权分置"改革前明显提高。

沂水县的"四权分置"改革，是解决当前扶贫资产产权界定模糊和

运营效果欠佳问题的有效举措，不仅保障了扶贫资产安全保值增值，还进一步发展壮大了村集体经济，带动了贫困户受益。贫困户在未脱贫期间享有受益权，一旦脱贫，便不再享有，杜绝一顶帽子戴到底。该县此项改革共带动 879 个村、40 867 户贫困户、69 350 人。这项改革，使集体经济、扶贫事业及乡村建设共享共赢，且长效稳定受益。

目前离中央部署的 2020 年实现全面脱贫，只有不到一年的时间，脱贫攻坚进入攻坚拔寨阶段。数万亿扶贫资产产权不明晰，将会造成管理缺位、资产流失。沂水的扶贫资产"四权分置"改革，找到了建立扶贫资产保值增值的制度路径，也为脱贫攻坚与实施乡村振兴两大战略有机衔接作了前瞻性谋划，这一巨额资产将成为乡村振兴的强大动能。

四、"四确五定"为脱贫攻坚在市场经济背景下找到了集体力量的依托

中国特色社会主义道路在乡村怎么走，关键在于找到市场经济背景下公有制的实现形式。贵州湄潭县在农村集体产权制度改革中，围绕"归属清晰、权责明确、保护严格、流转顺畅"的现代产权制度要求，在全国首创"确员定股东、确权定资产、确股定归属、确管定经营、平台定市场"的"四确五定"改革路径。安徽天长市创造的"十八步工作法"，与湄潭"四确五定"异曲同工。两地在搞活集体经济的同时，积极引导贫困农户以农村承包地折价入股土地股份合作社，合作社再入股龙头企业，实现了"嵌套入股"，做到了集体不是"空壳子"，农民不拿"空本子"。两地农村产权制度改革实践，不仅为市场经济背景下公有制的实现形式探索了新途径，也为依托集体力量脱贫攻坚提供了新方法。

农村集体产权制度改革，按成员量化产权，明晰产权归属是改革的核心；而唤醒农村沉睡的资源资本，不断促进农村集体资产保值增值，让农民更多地分享改革红利，才是改革的最终目的。两地改革聚焦发展农村集体经济，通过放活集体产权权能，激活集体资源资产，实现了村级集体经济组织由虚向实转型，使包括贫困户在内的所有农民都从集体经济中享受到利益，公有制焕发出新活力。

　　两地政府在农村集体产权制度和经营制度改革中注重发挥市场和社会力量，通过建立合理的利益联结机制，使土地折股参加合作社的贫困户得到了土地收益；经营合作社的企业把许多现代化元素注入，使入社农户坐享现代化红利；贫困户进入合作社务工，又获得了劳务收入，贫困户切身感受到合作不是"空牌子"，共享是条"好路子"，增强了共同富裕路上的获得感、幸福感。

（本文原载于《中国发展观察》2020 年 7～8 期）

进城落户：难以了断的五条根脉

所谓城市化，就是把农民化入城市的过程。由于制度设计、文化背景、思想观念、历史沿袭等方面的差异，中国和西方在城市化进程中有很大不同。其根本原因在于西方农民城市化后彻底斩断了和乡村的联系，而中国农民进入城市之后，根脉仍与乡村紧密相连。

一是难以分割的集体利益。在西方私有制国家，农民进城后，将土地一卖了之，与土地的关系就此割断，物质上也不再有任何联系。我国是公有制国家，农民是集体经济组织成员，土地归集体所有，农民只拥有土地的承包权、经营权，没有自由买卖土地的权利，要进城落户可以退出承包地，但退出后村集体要给予合理的补偿。集体经济强、土地价值高的地方，集体组织有能力补偿，但农民不愿意退出，还想从集体获得更多收益；集体经济弱、土地价值低的地方，农民愿意退出，但集体组织又无力补偿。在我国58万多个行政村中，绝大多数是集体经济发展较弱的村，因此，从物质层面看，我国农民在未来很长一段时间内都无法彻底割断与土地和乡村集体经济组织的关系。

二是与生俱来的乡土观念。西方国家大多是移民社会，历史上一直以动态扩张为理念，到处攻城垦地，掠物殖民，缺乏故乡观念，更没有留恋故土的情结。北欧海盗自公元8世纪到11世纪盛行几百年，从北极圈到地中海，从黑海至大西洋，势力遍及西欧、东欧、北非、中东和北美；随后的大航海时代揭开了殖民历史的大幕，直到20世纪中期，英国、法国、荷兰、葡萄牙、西班牙、美国六个国家的殖民地遍布全球。中国从历史上就是农耕社会，寻求稳态的安逸，安土重迁。一方水土养一方人，世世代代聚族而居，"谁不说咱家乡好""月是故乡明"，对故乡的感情十分深厚。穷家难舍，故土难离，背井离乡是万般无奈时的选择，即使远走他乡，也会抱着"树高千丈，落叶归根"的思想，回乡安度晚年。即使生前未能回乡，死后也要"马革裹尸还"，魂归故里，回乡安葬。今天每逢春节期间数十亿人次的人口大流动，就是中国人对家的眷恋、对乡的怀念的生动写照。故乡永远是中国人的情之所系，这是融化在民族血液中的一种文化，是代代相传的民族基因。

三是根深蒂固的乡缘意识。中国人心中对家乡的语言、文化、饮食、生活方式、价值观念、宗教习俗等有着强烈的认同感。一衣带水，桑梓之谊，老乡不仅是一种地理空间上的关系，更是一份情感的联系。亲不亲故乡人，对于长期远离家乡的人来说，老乡如同亲人。农民进城打工，同乡人往往从事相似的行业，也更倾向于同乡聚居。比如浙江人从事服装、制鞋等行业，福建人经营木材生意，广东人经营铝合金、建材等，由此也形成了很多大城市中的"浙江村""福建村""广东村""河南村"等同乡聚居、行业趋同的现象。各地的同乡会、地方商会不仅遍布各大城市，甚至在县城也有分会组织，在海外更是6 000万华人华侨团结的载体。各类以乡缘为纽带发育出的组织也从最初的同乡联谊逐步转变为稳固的商业同盟和利益共同体。"乡缘"在中华儿女的意识里具有独特的认同感、归属感、亲近感，向心力、凝聚力、组织力。

四是约定俗成的社会规则。移民社会是一个一盘散沙的陌生人社会，运行规则只能靠契约。契约是西方社会运行的普遍逻辑。契约关系具有普适性，可以随时终止旧的契约，也可以迅速建立新的契约。靠契约建立的西方社会的团结是外律型机械组合。而中国的乡村是熟人社会，世代聚族而居的邻里关系使得人与人的关系十分密切，形成了一套建立在感情、诚信和互惠基础上的交往规则与行为规范，注重人际关系的协调，讲究人情、关系和面子。以感情生成的人际关系具有独特性，情感的建立与消除也不像契约那样可以立马兑现，它需要一个漫长的过程，因此中国人建立在情感基础上的团结是内生性的有机融合。这也使得中国农民与世代唇齿相依、休戚与共的乡村人际关系很难割舍。

五是历史积淀的价值取向。西方国家崇尚个人主义的价值观决定了他们更看重个体价值，提倡人的自由和个性发展，家族意识相对淡薄。中国人看重族群，重视家庭，崇尚大家族观念。以姓名为例，西方习惯名前姓后，强调个人特性，而中国人则习惯姓前名后，更强调家族传承。梁启超曾说："吾中国社会之组织，以家族为单位，不以个人为单位，所谓家齐而后国治也。"受儒家忠孝、仁义及三纲五常等思想影响，中国乡村形成了以家规、家教、家训为核心的家族文化体系和宗法制度，其传统和精神理念已经渗透到社会的各个领域和层面，植根于每个中国人心中，即使远涉重洋，以姓氏族群为旗帜的寻根问祖仍是 6 000 万华人华侨心中解不开的情结。

　　与拔根就走、彻底了断、无牵无挂的西方农民进城落户不同，中国农民在乡村的根扎得既深又广，且根系发达，千丝万缕，源远流长，既有物质层面的联系，又有精神层面的寄托。这种独特现象决定了中国不能简单照搬西方城市化的模式，而应采用集成改革的方式解决中国城市化问题。

　　一要变革思维方式。首先，应充分考虑公私两种所有制农民选择进城的自由度不同。我国乡村集体经济组织是一个利益共同体，农民个体的自由选择权在某些方面势必受到共同体的约束。其次，应充分考虑两种精神寄托的追求不同。西方移民社会以动态扩张的四海为家为追求，中国安土重迁以落叶归根和乡土乡缘为追求。再者应充分考虑两种人际关系生成的基因不同。陌生人社会以契约为基因生成的机械式组合不需要时间，熟人社会以情感为基因生成的有机性融合则需要过程，爱一个人不容易，忘掉他甚至一生都难。因此，中国城市化的制度设计，必须从不同视角、不同层面弄清"拔根"与"扎根"的区别，从中国的发展现实出发。

　　二要变革城市化理念。中国历史上曾有过三次城市化高潮：第一次是春秋战国时代，旨在建城立邦、巩固政权，建有城池七八百座；第二次是宋代，旨在促进商贸、繁荣经济，仅十万以上人口的城就有四十多座，史书上可见到名字的镇 4 600 多个，首都汴京人口超百万，世界第一；第三次也就是当前正在进行的城市化，主要目的是繁荣经济和宜业宜居。今天的城市化，最重要的是正确理解城市化的内涵。城市化不是把人都集中到大中城市去，也不是一定要有一个聚集居住的"城"或者"镇"，而是居民无论在哪里生活都能享受到与城市相同的基础设施和公共服务。就目前情况看，我国农民进城买房大多集中在县城或集镇，因此只在大中城市下功夫不符合城市化发展规律和现实社会需求，也不是城市化的本意。大多数发达国家承载人口的主体都是小城镇，中国是一个农业大国，中国的城市化还是应以发展小城镇为重点，走费孝通先生20世纪80年代就提出的"小城镇大战略"的路子，让农民就近、就地城市化。

三要变革产业布局。要实现就近、就地城镇化，产业支撑是基础，解决农民就业是关键，要围绕小城镇发展符合农村需要、适合农民就业的二、三产业。应充分发挥制度优势，通过行政干预将国有企业总部及一些大学和科研院所搬迁到小城镇。从世界发达国家城市化进程来看，许多小城镇都是围绕企业和大学发展起来的，如西雅图的林顿镇、旧金山湾区的硅谷、英国的剑桥和牛津等。据了解，德国前100位的企业，只有3家企业总部设在首都，其余均在中小城镇。我国96家央企全挤在首都，每个省几十上百家省级国企也都挤在省会，在交通、通信高度发达的现代社会，这些企业总部完全可以下迁到乡镇去。"总部经济"、大学带城的效应一旦释放，将会极大地促进和带动当地产业和小城镇发展。

四要变革治理思路。城乡两栖、居业分离的生活状态已经成为中国城市化进程中的一道独特风景。采用过去稳态的人口治理方式已经无法满足实际需要，亟须调整路径、创新方法，应探讨无论户口在哪里，居住20天以上的都要在社区进行登记，作为常住人口管理的治理思路。也可以借鉴美国社会安全号码等更加灵活的常住人口管理方式。农忙回乡务农，农闲进城打工，将农业作为副业，将农村作为退路，这可能会成为今后一个相当长的历史时期中国农民的生活常态，城乡统筹治理，变静态的被动跟踪服务为动态的主动超前服务，是适应这一生活新常态的必由之路。

五要变革城乡体制。要从根本上改变资源配置方式，应该按照人口密度和人口集聚程度，而不是按照城乡或行政级别配置资源。一个一万人的村庄，就应该按照一万人的社区去配置资源；一个几千人的集镇，就应该按照几千人的实际需求去配置资源。只有打破按城乡、按级别配置资源的旧思路，才能从源头上杜绝城贵乡贱、重城轻乡、城乡分割的二元体制。

（本文原载于《中国发展观察》2020年5～6期）

别让农民不食人间烟火

乡村治理从整治环境入手，抓住了问题的关键。环境是一个地方的脸面，一乡一村、一家一户，如果环境脏乱差，不要说与现代文明接轨，连古人的传统都没有继承发扬好。"黎明即起，洒扫庭除"，这是先辈们代代相传的每日必修课。眼下，一场旨在提高农民生活品质的环境治理风暴正席卷全国，乡村面貌焕然一新，成效大显。但一些地方脱离现实，为环境而环境，不顾农民的生产生活，强推一些高大上的做法，农民对此很反感，社会上也颇多微词。

"房前屋后，种瓜种豆"，这本是农民祖祖辈辈形成的一种生产生活模式。它的最大好处就是农民利用零碎的空闲时间就近解决自给自足的生活需求。但一些地方却只让种植花草，不许种瓜种豆。农民大把的闲散零碎时间被浪费，却还要花钱去集镇上买各种蔬菜，既要花钱，又不方便。

"采菊东篱下，悠然见南山"，想必陶渊明东篱的篱笆一定是一些废弃的竹木柴草所编，废物利用，整洁美观，古往今来多少文人墨客对那一道篱笆无限倾情。而当下，一些地方对村民院落的篱笆有明确要求，不得使用那些竹木柴草，有碍观瞻，必须使用漆成白色的木条或塑料片。一边是可以利用却不让利用、又无处堆放的废弃物，一边却又要花钱购买别的东西，农民只能叹气摇头。

鸡鸭鹅成群，猪牛羊成圈，曾是体现农民富裕之家的写照，而今的乡村再也见不到这种景象。为了环境，禁养家禽家畜已成了普遍的乡村规则。从生活方式看，农民的肉蛋奶需求就是来自这些自己喂养的畜禽，不让养，农民便断了食用的方便和廉价。从生产方式看，植物是生产者，畜禽和人是消费者，人以消费种子果实为主，畜禽以消费茎叶为主，然后人畜禽粪便再还田作为下一轮生产的肥料，这是一个大自然安排的生态循环规律，没有家家户户养殖畜禽的消费，便打破了这一自然规律。集中养殖是适应现代化工厂化生产的新方式，问题是集中养殖后的粪肥到不了家家户户的田里。化肥农药猛上，土壤质量下降，农产品再无法优质。

世卫组织把厕所定义为："人类最廉价的医药"，厕所改造对于改善卫生条件、提高人的健康水平尤其重要，但必须根据客观条件，以科学适用的方法予以改造，一些吃水像吃油的地方也要求装抽水马桶，一些冬天长达半年滴水成冰的地方也装抽水马桶，这就脱离了实际。即便用水充足的地方，农民也心疼用水，他们幽默地说："早晨起来一泡尿，马桶一按，一角钱没了。"

桃李杏柿枣梅樱，绕村四季花果香。一般农家房前屋后都要栽植多种果树，一是自用方便，二是美化环境。但一些地方却要求整齐划一，要么全村都种常青树，要么全村都种栽一种果树，农民没有选择权，不仅造成景观单调乏味，也使人们多品种多口味的水果需求化为泡影，即采即食，新鲜方便的生活方式烟消云散。

袅袅炊烟，依依乡情。炊烟是乡村的独特景观，一曲经典的《又见炊烟》，勾起无数人的乡恋乡情。但凡人居处，皆有炊烟起，有炊烟就有熟食，而吃熟食是人和其他动物的重要区别。进入农业文明以来，人们以农作物秸秆烧煮食物，然后把焚烧后的灰烬还田做肥料已成习俗。这是处理农作物秸秆除喂养牲畜之外的第二条途径，这种生活方式造成的空气污染，比起压茬秸秆无处堆放带来的环境污染可谓微乎其微。而今一些地方却下令不准烧柴草，只准烧天然气。农民说，这真是不食人间烟火，要成仙了！

改善人居环境，提高生活质量，农民拍手称快，但好事一定得办好，上述种种，究其原因，大体有四个方面：

一是脱离实际的城市思维。制度设计者久居城市，不了解乡村，只以城市人的视角和思维考虑问题，他们不懂得农民和市民不一样。从生活空间看，农民的家里需要放置如铁锹、水桶、绳索、扁担等一些随时备用的简单农具和临时堆放刚刚收获的农产品，大多数人家还要放置如机动三轮等小型农机具，而市民不需要这些，上班一个皮包、一台电脑即可。从生活方式看，市民随时可到遍布市区的超市采买生活用品，但农村各种配套服务设施还很不完善，即便服务齐全，就目前农民的收入水平看，也无力承担超出支付能力范围的费用。对于有些日常消费的生活必需品，如瓜果蔬菜，大多还是在庭院附近自己种植，这样既能利用闲散时间，又可全家男女老少人人参与；既采摘食用方便，又不需额外花钱购买；既能即食即采，吃得新鲜，又无农药化肥污水浇灌之忧，安全放心。他们不知道农业和工业不一样，工业有固定的车间厂房，有完善的管理标准，有稳定的产品生产，而农业生产的对象就是广阔无垠的大地，与泥土打交道，旱涝冰虫，风霜雨雪，都可能随时降临。更何况农产品生产是一个活的生命体，不像工业品那样可以搬移，可以倒序，可以间断，还要遵循自然规律和经济规律两个约束，它的产品也不能像工业品那样可以分段分拆、分别检测，农业生产所有环节的努力，都只能体现在最终一次性显现的产品上。农业生产的季节性，使得它在特定的收种时段，给环境的整洁卫生必然带来临时性的混乱和污染。他们不了解农村和城市不一样。城市是水泥森林之下，不是水泥铺地，便是绿草铺地，没有产生灰尘的空间。而乡村处处与泥土为伴，被泥土包围，一遇风天，尘土飞扬，再密闭的空间都会落满尘埃。更何况维护城市环境卫生，有财政支付报酬的全国 3 000 多万环卫工人日夜守护，他们还有 60% 多的机械化率作支撑，而农村则只能靠农民自身维护。以城市思维设计农村的制度必须改变，把选择权交给农民，让农民为自己谋划，才能使他们在乡村振兴的征程上不断增强获得感、幸福感。

二是追求极致的"仙境"思维。仙境是人类理想的乌托邦，只能见于文学作品中的描写。在那里：山青水碧，地绿天蓝，云蒸霞蔚，清气怡神，玉宇琼楼，纤尘不染。处处泉水叮咚，移步溪流潺潺，无鸡犬之鸣吠，无车马之闹喧。长髯仙人，无家无室，无父无母，无兄无弟，挂杖花间，微微笑，飘飘然，乐陶陶。生活在这样的环境里，不稼不穑，不饲不养，不灌不溉，不饮不食，无温饱之忧，无旱涝之患，无疾病之痛，无灾荒之苦。南宋白玉蟾在《赞历代天师》诗中写道："不食人间烟火气，能传天上电花书。"这便是仙境中的人物。理想不是现实，用理想做标准要求现实注定不会成功，也将遭到社会的诟病。经过举国上下多年的拼搏努力，到 2020 年脱贫攻坚决胜之后，中国农民才刚刚摆脱贫困，在这样的背景下要求建设一个仙境般的新农村，不现实，不可能，更没必要。实实在在、脚踏实地，摒弃子虚乌有的理想梦，尊重常识，尊重现实，因地制宜，循序渐进，因村施策，让乡村充满烟火气，让农民真有幸福感，才是乡村振兴的要义。

三是过重形象的政绩思维。典型引路，我们需要形象的塑造；激励后进，我们需要榜样的力量。但是别有意图地为形象而形象，以不顾民力不惜代价的形象工程去谋取政绩，就另当别论了。贵州省某县不顾县财政年收入不足 10 亿元的现状，盲目举债大造形象工程、政绩工程，使该县债台高筑，负债达 400 亿元之巨，且绝大多数融资成本超过10%，教训深刻。为了探索路子、找出方法、抓出经验，在乡村建设中，我们精雕细刻，培植"盆景"，培植的目的是想让"盆景"能变成遍地开花的"风景"，对大多数地方有借鉴意义，有推广价值。如果打造的"盆景"只具有观赏价值，只适于外人参观，只用于上级评比，只提供领导检查，不可复制、无法学习，这样的"盆景"要不得。为官一任，造福一方，这是每个为政者的追求。在一个地方任职几年，总要弄出点名堂，造出点政绩，于是急功近利者便从人造形象工程打主意。形象工程与政绩工程是一对孪生姊妹。追求政绩是对的，但要树立正确的政绩观，所出政绩要经得起实践的检验、民众的检验、历史的检验。那种不顾群众需要和当地实际，不惜利用手中权力大上劳民伤财、浮华无效工程，好大喜功，纯为自我标榜的政绩，是虚浮的政绩，不光群众反感，也害人害己，多有后患。

四是整齐划一的军事思维。中国的乡村经过数千年的历史积淀，形成了方方面面既丰富多彩又符合规律的自然生态和社会生态两大系统，山水田园、路树沟渠、屋宇院落，都经历了时光的磨洗，环境的考验、习俗的应对、物种的竞择，都具有存在的合理性。为了适应所谓现代文明的生活方式，一些地方强行拆旧村建新村，房屋都盖成一个模式，绿化都栽植一个树种，道路横平竖直，禁养各类畜禽，几千年厚重的历史没了踪迹，多姿的文化淹没于单调的空间，"诗意的栖居"变成了乏味的存在。这种现象不是对传统文明的继承，而是对传统文明的破坏。现代文明必须根植于传统文明之上才有意义。比如在旧村改造中植入现代元素，让人们在旧居中享受现代生活；在新村建设中不千篇一律，符合自然和社会的生态规律，让自然与社会和谐，使古代与现代统一，既有古典美，又具时尚性。经济社会的发展有其自身规律，人们的生活方式有着多种需求，战争年代的军事思维无法解决这些现实问题。

（本文原载于《中国发展观察》2019 年第 20 期）

乡村振兴的四重结构透视

从空间结构的视角看，乡村振兴可分为家户、家园、田园、山水四层肌理。它们的关系就如投向水中一块石子，以家户为核心，依次荡开。位置不同，功能不同，场景不同，着力也各有差异，需要因层施策，突出重点，抓好关键。

山水是乡村振兴的第一层肌理。山水是自然环境的统称，今天应泛指960多万平方公里土地上的自然之物。在古人笔下，山水脱胎于山川，山川脱胎于天地。宇宙万物，早期多以天地概之。魏晋以前，山与水尚未成词，孔子有"智者乐水、仁者乐山"之叹。东晋谢灵运首开山水诗派，自此"山水"作为环境审美的概念开始大行其道，山水诗文，历代盛行。人们之所以钟情山水，是因为山水是人类生存的大环境，大环境的好坏关涉人们的生存状态和生存质量。人与自然的统一、生态与文明的统一是这个大环境生成的根本。乡村振兴，守护好山水是基础。进入工业文明、城市文明以来，乱砍滥伐林木，乱采滥挖矿产，乱堵滥填河塘，乱牧滥开草原，人的主体性充分发挥，而"天人合一""道法自然"的古训被抛在了脑后。以"人定胜天"的勃勃雄心改造自然，受到的惩罚已经历历在目。人类正由原始文明、农业文明、工业文明进入第四种文明形态——生态文明。生态与文明的统一，是尊重自然的主体性与发挥人的主体性相统一的结果。建设生态文明是历史留给人类保持可持续发展的最后机会。乡村之于社会最重要的职能是做好两个保障，一是保障食物供给；二是保障生态环境。实施乡村振兴战略，守护好青山绿水是乡村对于社会的责任，也是自身能否振兴的基础。

如何让 960 多万平方公里土地上的大好河山、自然之物，既能遵循自身的本性，又能兼顾人的利益，是乡村振兴的大课题。建设资源节约型、环境友好型社会，难点在城市，重点却在地域广阔的乡村。"绿水青山就是金山银山"，习近平总书记的两山理论已经家喻户晓，我们也已经建立起古今中外最严厉的制度约束——生态保护责任终身追究制，但要让山常青、水常绿、天常蓝、地常美，还需要每个在乡村生活的人高度自觉，严防城里人、外地人及工业破坏家乡的山山水水，有勇气有能力随时挺身而出，拿出法律的武器坚决捍卫。任何严厉制度的监督落实，最有效的措施就是唤起长年累月生活在那一方土地上的人的自觉意识。同时，乡村还应通过各种方式建构自身的生态道德，在"律他"和"他律"的同时，实现发自内心的"自律"，让保护生态环境的行为变为潜意识，时时接受良心道德的审判。

田园是乡村振兴的第二层肌理。如果说山水是自然生成的环境，那么田园则是人工创造的环境。为人们提供食物的每一寸耕地都是先民们辛勤垦出的荒地。古代文人笔下的田园与山水不分，自陶渊明"采菊东篱下，悠然见南山"开始，才把田园从山水中分离，独树一帜，自成一脉。在经济社会兴旺繁荣，人们生活质量很高的宋代，田园诗盛极一时，"稻花香里说丰年，听取蛙声一片"是古往今来多少人追求的意趣。乡村振兴，守护好田园是关键。

我国现有约 20 亿亩耕地，这是 14 亿人赖以生存的根本。在土地资源越来越紧张，已经无荒可开，增量资源有限的情形下，守住耕地红线，让中国人的饭碗牢牢端在自己手里，同时饭碗里主要装的是自己的粮食，是乡村振兴的底线思维。而要实现这一目标，任务之繁重，问题之复杂，困难之艰巨，难以想象。在城市化、工业化快速推进的背景下，耕地被蚕食的现象十分普遍。全世界城市化进程都是节约土地的，而我国一直在大量浪费土地，有关资料显示，目前我国城市、县城及镇、乡所在地的建成区占地 12.02 万平方公里，按国际标准每平方公里万人，已经可以居住 12 亿人口，但目前这些地方的占地扩张，各地仍在想方设法暗中推进。这种行为对一城一地的发展也许大有好处，但对于国家这个整体就成了经济学上的"合成谬误"。守住耕地，就是守住了自己的根脉，这是乡村必须坚持不懈死看硬守的责任。决不能为了眼前的诱惑丢弃长远利益，为了今天的快发展忘记了子孙的铁饭碗。

对于耕地，需要量的坚守，更需要质的提高。当下，化学农药、化肥、农膜、除草剂滥用带来的耕地质量下降严重影响了农产品的质量和产量。按国际标准，一亩优质土壤应有 16 万条蚯蚓，300 千克真菌细菌，5%～12%的有机质含量。我国许多地方的土壤有机质含量不到1%，有机质含量低，真菌细菌难以繁殖，而没有真菌细菌便不会有蚯蚓，土壤内部的生态循环便不能实现。源于石油农业以来植物动物开发的"二物思维"，今天必须加上微生物，变"二物思维"为"三物思维"，土壤的质量才能提高，生态农业、循环农业、有机农业等农业生产模式才能变成现实，农产品质量才会提高，农业供给侧结构性改革的目标才能实现。

推进土地的适度规模化，是乡村振兴在田园层面需要解决的第三个要害问题。土地的细碎零散化是我国农业实现现代化的最大障碍。而土地适度规模化的两大前提条件是种田能赚钱和有经营管理能力的人。种地赚钱必须不低于外出打工的水平，外出打工的人想把土地转出，必须有能够经营几百几千亩土地的新型现代农民承接。这两个问题的解决都需要在宏观政策层面加大力度，一面利用好国际"三箱"政策；一面调整过大的工农产品价格剪刀差；一面大力培养懂农业爱农村的新一代会经营善管理的农民队伍。

家园是乡村振兴的第三层肌理。家园与田园的不同之处在于田园是生产环境，家园多指生活环境。中国人心中的家园是精神寄托之所，是灵魂与肉体的归宿之地。"月是故乡明""亲不亲、故乡人""落叶归根""告老还乡"都是家园的凝聚力、向心力、归属感使然。家园一般应指人们生活的村社环境。中国目前有 200 多万个自然村落，占地约 13.9 万平方公里，乡村振兴，建设好家园是重点。

产业兴旺、生态宜居、乡风文明、治理有效、生活富裕是乡村振兴的总要求总目标，五项任务的落地场景主要在家园，需要统筹协调，持之以恒，综合推进。当下家园建设应突出抓好三件事：

家园建设在形制上应遵循把村庄建设得更像村庄，小桥流水人家、粉墙黛瓦篱笆的格局不能变。旧村改造应让屋宇院落、路树沟塘各守其位，使村庄不改原生态，村貌却焕新光彩，产生出一种"沧桑依旧在，只是愁人爱"的神韵，以原乡消解乡愁。那种大拆大建、追赶城市高楼洋房的做法就失去了家园的意味。家园建设还应生产、生活、生态、生意"四生"契合。不能为了提高生活质量，而不顾生产要跑十几甚至几十公里集中居住，也不能为了挣钱不惜破坏生态环境，同时还要做好市场开发，打造好村社范围内的十分钟生活圈。

家园红利是中国乡村几千年积淀的社会福利精华，世世代代聚族而居的村落人群在长期相处中建立起彼此信任、互帮互助的紧密关系，这是乡土中国熟人环境最宝贵的资源，它对于乡村社会的资源配置、矛盾的调处、邻里互助以及应急事务的处置等方面价值巨大、意义深远，应充分挖掘、弘扬传承。市场经济两大基石，产权和信用。在乡村人口大流动的背景下，熟人社会建立在诚信基础上的家园红利在弱化，当前，在一面引进现代契约精神的同时，加强乡村的信用体系建设迫在眉睫。同时重构乡规民约、以社会主义核心价值观做引领，校正或走偏或迷茫的世界观、人生观、价值观也是当务之急。

重塑乡村精英是家园建设的新课题。人类农业文明时代的特征是低效平衡，工业文明时代的特征是高效失衡。今天我们要建设的是既高效又平衡的生态文明社会，就需要借鉴工业文明的高效和农业文明的平衡。工业文明的高效主要是各种现代元素的注入，农业文明的平衡重在两个方面，一是遵循自然规律，二是在乡村社会构建官绅民的治理结构。在中国古代社会，乡绅与乡贤大体是重合的，当然也有土豪劣绅，并非贤者，但那只是极少数。乡贤处于国家与社会、公域与私域、官方与民间、上层与底层的缓冲带，既承担国家权力的延伸实施，又体现民间利益的集中，是国家意志和民间意愿交汇、融合、互渗的节点。代表国家权力的官员是流动的，而乡贤则是稳定的，他们生于斯长于斯，熟知乡里，影响力、权威性都根植于乡土社会。不管上层社会如何更替，即使发生战乱甚至改朝换代，乡贤都可以维持一方平安，待到上层社会结构稳定，又可随时与之衔接。乡贤又是乡土社会的标杆，他可以引领乡土社会的道德走向、文明进程。中国古代社会城乡人才一直是对流的，告老还乡或衣锦还乡是绝大多数从故乡走出去的人的追求，他们把人生的追求浓缩成两个"真好"，年轻时能够走出家门、放飞理想，"真好"！年老时，可以落叶归根、重返故里，"真好"！第二个"真好"实现之日，便是他们成为乡人追慕的榜样之时。我国自 1958 年城乡二元制度实行以来，乡村人才单行道流入城市，今天应在制度层面尽快打通互动通道，让从乡村走出去的乡村精英能够回到乡村定居，他们中不少人都有着强烈的为家乡做贡献的意愿，都能成为乡村精英，这应是乡村振兴的一笔宝贵财富。热爱家乡的人建设有毛病的家乡，不爱家乡的人去寻找没毛病的天堂。结果找不到没毛病的天堂，也耽误了建设有毛病的家乡。人人都爱家乡，国家就是天堂。

家户是乡村振兴的第四层肌理。我国有 2.6 亿小农户，从一定意义说，乡村振兴就是小农户的振兴。没有小农户的振兴，乡村振兴便没有意义。乡村振兴，家户全面发展是核心。

一是大力倡导"耕读传家"的优秀家风。这是起于先秦，成于唐宋，盛于晚清的精神传统。耕读传家，耕可以事稼穑、丰五谷、养家室，为了生存；读可以知诗书、修身性、图大业，为了发展。家是浓缩的国，国是放大的家，为家而耕，为国而读，一个"读"字昭示出"读者"心中怀有一个放大的家——国家，这就是中华儿女世代相传的家国情怀。"耕"与"读"透现出"达则兼济天下，穷则独善其身"修齐治平的大格局。目前，乡村自推行撤点并校以来，学校总量已由最高峰的 60 多万所减少到目前的 20 多万所，乡村孩子面临新的"上学难"问题，应下大功夫落实好新近出台的"学生单程不超过半小时的"国家政策。乡村教育应面向乡村，不可"逆乡土化"，只为大城市、发达地区培养人才。既要实施千军万马挤一条独木桥的精英教育，更要推行学一技之长、可安身立命的生存教育。乡村孩子是加长"四化"中农业现代化这条短腿的主力、主体，他们读不好书，这条短腿就只能跛足。"耕读传家"，是家的追求，更是国的责任。

二是探索小农户与现代化的有机衔接。我国 2.6 亿小农户中的 2.3 亿是承包耕地的农户，就农业经营主体而言，美国 230 万户，英国 23 万户，我们是美国的 100 倍，英国的 1 000 倍。要把这样一个庞大群体组织起来与现代化对接，是一个复杂的系统工程。世界上组织农民与现代化有机衔接的成功范例主要有两大类型，一是西方大农的专业合作，二是东亚小农的综合合作。我国是公有制下的小农，需要探索一条政府、市场、社会三位一体的第三种组织形式，充分发挥产权明晰后的集体经济的组织优势。我国乡村集体经济有两根主轴，一条是以村社为单位的社区型横向组织，一条是以供销合作社为单位的层级型纵向组织，供销合作社具有政府、市场、社会三重职能。长期以来，纵横两条线各行其是，应在村一级打通二者的通道，让供销合作社伸延到村，"把社建在村上"，建立起与村级组织、新型经营主体、专业大户、家庭农场等合作的新型合作组织，引导小农户入社，通过政府、市场、社会三方集合发力，让各类现代服务惠及小农户，这应是适合中国国情的新探索，是具有中国特色的提高农民的组织化程度、实现农民与现代化有机衔接、使"农业全面提升、农村全面进步、农民全面发展"的社会主义道路，也是完成乡村振兴五大目标任务的好途径。安徽、山东、贵州等省在这方面已经尝试试验，探索了一些成功经验，应予总结提炼完善推广。

三是家户环境卫生管理。乡村振兴五大目标任务中生态宜居和乡风文明都与环境卫生有关。环境卫生既是一个地方的脸面，也是提高生活品质的重要环节。而环境卫生好坏的决定因素在每家每户。"厕所革命"被世卫组织定义为最廉价的医药，各地都在大力推行。民谚云：物质文明看厨房，精神文明看茅房，不无道理。下一步要下大功夫解决的问题就是垃圾处理问题。随着人们消费水平的提高，垃圾的产出更以惊人的速度在同步增长。据环境科学专家李金惠介绍，太平洋中有一个垃圾塑料岛，相当于 39 个我国台湾岛的面积；中国每天产生的垃圾用汽车装载可以双车道排到距地球 45 万公里的月球；城市垃圾分类已经上升到法律层面推行，上海老头老太正挑灯夜读，恶补垃圾分类知识。让垃圾的制造者都变成管理者，这将是一个全社会观念变革的过程，需要一代人的教育，并且需要全社会成员一起做才能做好。如何让乡村垃圾制造者变成管理者，是当下需要从儿童抓起从家户抓起的新命题。环境已不堪重负，无废社会、无废时代终将来临，让垃圾这个放错地方的资源变废为宝，乡村必须跟上。

（本文原载于《中国发展观察》2019 年第 19 期）

乡村社会的"变"与"不变"

亘古以来，世界唯一不变的就是"变"。语出《礼记·大学》的"日新月异"一词，是古人形容事物变化之快的典型用语。如今事物变化的速度已经远远不能用"日新月异"形容，"时新日异"，甚至"秒新分异"的事情已经层出不穷、屡见不鲜。方方面面纷繁复杂的急剧变化使人们眼花缭乱、手足无措。特别是信息滞后的亿万中国农民，让突如其来的种种变化冲击得晕头转向，常常为之惶惑不安，世界观、人生观、价值观三观模糊，方向感缺失，不知如何应对。新的历史条件下，乡村社会哪些该"变"、哪些不能"变"，是实施乡村振兴战略必须梳理清楚、把握准确的一个重要课题。

一是思想观念要变，但"三农"是重中之重的价值取向不能变。如今，越来越多的农民认识到不能靠"一亩三分地"实现致富和改善生活条件，他们渴望走出农村享受城市生活，他们的就业空间和就业观念也随之改变，这种改变汇聚起古今中外史无前例的人口大迁徙，助推中国经济实现快速崛起。但在加快城镇化进程中，也存在诸多认识上的误区，甚至背离了城镇化的本意。城镇化的本意是你不管在哪里生活，都能享受到和现代城市基本相仿的公共设施和公共服务。历史经验显示，所有发达国家都不是以牺牲农村为代价而实现城镇化的，城乡发展都是一体化的。今天，我们必须回归理性认识，摒弃"唯城镇化"的城镇化，抛弃从事农业就低人一等的传统观念，建设好美丽乡村，真正打破城乡二元制度，实现城乡融合发展，让农村成为令人向往的地方，让农民成为令人羡慕的职业，这才是我们追求的城镇化。在这个过程中，不管农民的就业空间如何转换，"三农"是重中之重的观念都需要坚守，"三农"的巨大价值绝不是用产值、收入这些数字指标所能衡量的。美国前农业部长与环球时报记者的对话，语惊四座：你要吃饭吗？那么农业就很重要。一日三餐，人人需要，这是铁律。农业的重要性是人类永恒的主题，对于中国这样一个人口大国、农民大国、农业大国、农村大国而言，"三农"任何时候都是重中之重。14亿张嘴，不端牢饭碗，随时都会出大事。

二是生产方式要变，但是遵循生态规律的路径不能变。现代科技手段和生产要素在乡村的普及程度越来越高，化肥、农药等现代要素早已在农业生产中广泛应用。近几年，甚至连手机都成了农民的"新农具"，农民用手机可以做很多事情，甚至包括田间管理。但现代要素在深刻改变农业生产方式和农村生活方式的同时，也为"三农"发展带来诸多发展隐忧，对"石油农业"的过度依赖，加剧了土壤退化、环境污染和农业资源的掠夺式开发，这种模式难以为继。现在，中国农业到了必须加快转变生产方式的阶段，到了必须重新思考发展模式的时候，遵循自然生态规律，继承和发扬中国传统的天人合一、道法自然思想，让动物、植物、微生物"三物思维"的理念深入人心，中国的农业才有未来。从逻辑上看，植物是生产者，动物包括人是消费者，微生物是分解还原者，它把动植物的残渣废料包括人畜粪便分解还原再作为植物肥料进行下一轮生产。没有微生物的参与，便没有农业的生态循环。变"二物思维"为"三物思维"，是我们建设绿色农业、有机农业、生态农业、循环农业的关键，也是提高农产品质量，推进农业供给侧结构性改革的关键。

三是生活环境要变，但小桥流水人家的大格局不能变。文明不文明首先看环境，优美整洁的生活环境是现代文明的重要标志。乡村生活环境要变首要一条就是要治理"脏、乱、差"。室内室外，房前屋后，路塘沟渠，村户环境保持整洁、干净、卫生，尤其应大力推动"厕所革命"。厕所虽小却是大民生。纵观全球，厕所问题是大多数发展中国家面临的共同难题。印度有7亿多人没厕所，莫迪在任给全国人民的承诺就是要建 1.1 亿座厕所。世卫组织曾把厕所定义为世界上最廉价的医药。对厕所这一民生难题习近平总书记曾多次提出推进"厕所革命"，足见改变乡村生活环境的重要性。但乡村环境要变，不能一变就变成像城市一样的高楼大厦，而应该突出"小桥流水人家粉墙黛瓦篱笆"的独特个性、独特魅力。乡村就是乡村，生活环境再变，也不能丢掉乡土特色，也要适应生于斯长于斯的农民生产生活需要。乡是城的基础，没了乡也就没了城。城与乡就像一对夫妻，有男有女，各有分工，各司其职，改造乡村绝不可以城市为蓝本完全照搬。

四是生活方式要变，但是勤俭节约的传统美德不能变。年轻一代农民都追求时尚、追求城市的生活方式，曾经的"杀马特"，今天的"漂一代的轻生活"，大多是来自农村的打工青年。这本无可厚非，但对"油腻""佛系""漂一代的轻生活"等城市非主流亚健康生活方式的过度追崇，就需要深刻反思了，将会带来一系列社会问题。因此，跟风、追星、赶时尚的新生代农民，千万不能被城市灯红酒绿的环境迷醉，一味追求"今朝有酒今朝醉"的过度消费、消极生活的浪漫日子。勤俭节约是中华民族世代相传的传统美德，尤其在今天，对于一个有着巨大资源约束的人口大国而言，勤俭节约是每个公民的社会公德，你花的是自己的钱，浪费掉的却是全社会的资源。

五是小农思维要变，但是养老育小的责任义务不能变。小农思维就是自给自足的思维。随着社会分工越来越细，社会化服务也越来越发达多样，自给自足的经济自循环模式不符合市场经济原则，必须打破。但不管服务业如何发达，人们应该担负的教育子女、赡养老人的责任和义务不能全部推给社会，社会也无法代替家庭承担责任。有些农村青年打着外出务工的旗号，长期脱离家庭，上不赡养年老的父母，下不抚育年幼的子女，逃避养育责任，只顾自己潇洒，为社会为家庭为未来留下诸多隐患。无论社会如何发达，养老育小的家庭责任和义务都必须承担，社会只能随着时代的进步多一些分担。家庭是社会最基础的细胞，维持家庭关系稳定的根本就在于上能养老，下能育小，代代传承，连大象等动物家族都能做到这一点，更何况人类。

六是文化传承要变，但传统文明的弘扬不能变。人类有史以来的文化传承方式主要靠先辈的经验积累，一代一代向后人传递，在科技飞速发展、信息大爆炸、技术化社会全覆盖的当下，文化的传承方式已发生逆转，年轻人头脑敏锐，善于接受新事物，首先掌握现代科技知识，然后再传递给老年人。回家问问儿子、问问孙子的事越来越多。虽然文化传承方式被颠覆，但几千年积淀的传统优秀文化依然闪光，不能丢失，必须继承好、发扬好。比如乡村熟人社会世代累积的"家园红利"是我国乡村最有价值的优质文化资源，所谓"家园红利"，即熟人社会长期共同生活积淀的一种社会共济互助福利。它对于资源配置、矛盾调处、邻里互助、应急事务等方面的处置，起到无可替代的作用。随着乡村人口流动的加剧，"家园红利"正在弱化，提倡、保护、支持"家园红利"的巩固，应成为乡村振兴的重要内容。

七是抱残守缺要变，但闪光的人生信条不能变。"父母在，不远游""男女授受不亲""不孝有三，无后为大""三纲五常"等诸多古代人生信条，是在特定历史条件下生成的，只能代表那个时代的文明。例如在交通通信不发达的古代，出远门要花很长时间，也没办法与家人联系，赡养父母就成了问题，今天"千里江陵一日还"已是家常便饭，尽可以远游。诸如此类的古训，放到今天就成了残缺的文明，不可循规蹈矩死守，食古不化。但有些人生信条是必须世代坚守的。如"老吾老以及人之老，幼吾幼以及人之幼""己所不欲，勿施于人"等被国内外称为放之四海而皆准的"人类文明黄金定律"。耕读传家是中国乡村最具代表性的教子方略，世代传承不曾中断的中华民族农业文明，靠的就是耕读并举。但今天不少人被当下物欲横流的现实冲昏了头脑，宁愿跑外卖、送快递，甚至入传销，也不去职业学校学一项技能。云南怒江沿线的乡村前些年到处都有"上了初中，再去打工"的标语，而现在新的读书无用论有所抬头。"知识改变命运"的信条任何时候都应坚守。今天的知识已经演变成为三个层面，可以言传的"明知识"，只可意会不可言传的"默知识"（如骑自行车、音乐舞蹈、书法绘画艺术等），不可言传也不可意会的"暗知识"（如大数据、云计算、人工智能等），如果连"明知识"都不愿多学，注定跟不上这个时代。

八是小富即安要变，但量力而行的方略不能变。吃饱了、穿暖了、口袋里也装满了，于是就整天从酒场到牌场，吃喝玩乐、花天酒地。或安于现状，无所事事；或四方云游，不思进取。幸福是奋斗出来的，不奋斗就不可能有幸福。物质生活富足了并不代表就幸福。奋进开拓，永不停步应是人生的追求。但陪巴菲特吃一顿午餐，陪的人就要花三千多万，世界上只有一个巴菲特；马云在商界是个神话，中国也只有一个马云。一些从乡村走出来的青年，往往找不准标杆，总想着学那些云端里的人物，结果会很惨。生命不息，奋斗不止，但一定要切合实际、量力而行，只要尽力而为就可以了。好高骛远，盲目求大，心有余而力不足，会一事无成。故乡容得下肉身，容不下理想，只好远走他乡；城市容得下理想，容不下肉身，落得无处栖身，这种"灵"与"肉"的撕裂，是当下大多数农村青年的苦痛。在理想与现实中找准自己的人生定位，能干什么，该干什么，适于干什么，要保持清醒的头脑，不可浑浑噩噩。

九是陈规陋习要变，但公序良俗的遵守不能变。物质丰裕了，乡村里的婚丧嫁娶、人情礼分越滚越大，攀比之风，到处弥漫。有的人就变着法子办酒宴掏别人的口袋，如小孩出生、满月、百日、周岁、每年生日、剃发、入学等都要办宴请客。有的家庭一年应付这些五花八门的人情礼份要花几万元。又如盖楼房互相比阔，你盖两层我要盖三层，你盖三层我要盖四层，总想压过别人，盖了房子又没人住，多少年的积蓄都花在房子上，如果用这些钱投资生财岂不更好。乡村脏乱差的环境见怪不怪，你乱扔垃圾他乱放柴草，公共卫生不知维护。这些都需要重构乡规民约，引导改变。但对于国家和社会，在存在与发展过程中所必需的一般秩序不能改变。所谓一般秩序即善良风俗和公共道德。某企业注册"叫个鸭子""招只鸡来"商标，商标局以"格调不高，易产生不良社会影响"为由不予注册，企业上诉，法院判决驳回，因非主流文化中鸭和鸡有性工作者的含义，企业的这种行为就是违反公序良俗。如跳广场舞，应在不影响附近居民生活的前提下进行，强身健体也需要尊重他人。乡村中假冒伪劣产品无孔不入，农民一经发现，应拿起法律武器维护消费者权益，不能听之任之。中国乡村长期生成一个人情社会，情大于法，处理事情的一般规则是"情理法"，为人情做假证的事多有发生。今天是一个法治社会，必须坚守"法理情"的原则才是现代社会公民维护公序良俗的应尽责任和义务。

先人花了一百万年才进入青铜时代，我们只用了几十年就进入了信息时代、人工智能时代，世界还在加速飞旋。理清"变"与"不变"，把准方向，该变的力促其变，不该变的执意坚守，让亿万农民和广大农村基层干部在大变革的时代洪流中始终保持清醒的头脑，是乡村振兴的必修课。

（本文原载于《中国发展观察》2019 年第 13 期）

四十年回眸看小岗

　　四十年多前，小岗村 18 个红手印拉开了中国农村改革的序幕，18 户农民冒着极大的政治风险，签下的"秘密协定"成了中国农村改革的第一份宣言，它改写了中国农村发展史。"敢想敢干，敢为天下先"的小岗精神，也使小岗村由普普通通的小村庄一跃成为中国农村改革标志性村庄。"保证国家的，留足集体的，剩下都是自己的"的分配方式，在中国农村建立家庭联产承包责任制中起了先锋和示范作用。回眸改革开放四十年以来，小岗村为我国农村改革与发展做出的巨大贡献值得我们从更深刻的层面、更广阔的视野深思。

　　一是创建了一座精神高地。中国共产党从成立到今天，已经走过了近百年的历史，其间在不同的时代背景下，党领导全国人民塑造了一个个催人奋进、砥砺前行具有鲜明时代特征的精神高地。如果说革命年代的精神高地是井冈山、延安，建设年代的精神高地是大寨、红旗渠，那么改革年代的精神高地就是小岗村。井冈山、延安彰显的是将个人生死置之度外，为革命抛头颅洒热血的牺牲奉献精神，大寨、红旗渠彰显的是自力更生、艰苦奋斗的创业精神，小岗村彰显的则是敢闯敢试的改革创新精神。在小岗村这块精神高地的激励感召下，中国千千万万个村庄都打造成了"物质高地"。2017 年，中国已有两个村的收入突破千亿元大关，一个是山东的南山村，一个是陕西的东岭村。东岭村是一个只有 800 名原住民的小村子，2017 年收入高达 1 330 亿元。全国目前收入达 500 亿元以上的村约 5 个，收入 50 亿元以上的村多达 200 多个。小岗村虽然没能像那些成为"物质高地"的村一样在市场经济的风浪里一直遥遥领先、走在前列，但小岗村敢闯敢试敢担当的改革创新精神，始终是飘扬在那些物质高地的人们心中的闪光旗帜，始终是激发他们一往无前、奋勇开拓的强劲动力。没有小岗精神的示范效应，就不可能有他们干事的胆略和气魄；没有小岗精神的引领激励，就不可能有他们今天的辉煌成就。小岗的改革创新精神不仅是这个时代的标志，她将永垂史册、永不过时、永远闪光，是我们子孙万代的精神财富。不论是脱贫攻坚，还是实施乡村振兴战略，抑或深化农村各项制度改革，都必须以改革创新的小岗精神为指引，去闯、去试、去探索、去开拓，以"敢为天下先"的气度、胆识和担当开出一条前人没有走过的新路。

二是解决了一个世代难题。在中华民族五千年的历史长河中，农民吃不上饭的时候可以说是几乎年年发生，即使在那"稻米流脂粟米白，公私仓廪俱丰实"的开元盛世，也难以避免。因为自然灾害在那个年代是无可抗拒的，一旦发生，需要救济，由于交通通信的限制，消息传到朝廷要开仓放粮，需要十天半月，再传回又要十天半月，饥民只能引颈以待。因此在几千年的历史上，温饱问题无时无刻不困扰着我们的民族，历朝历代从未走出这个怪圈。即便是新中国成立之初的二十多年里，国家通过各种方式探索，试图结束这种局面，但由于制度设置等原因均未奏效。从 1957 年到 1977 年，农业劳动力人均生产粮食由 1 030 千克下降到 962 千克；到 1978 年，全国 550 多个生产队平均固定资产总额不足万元，有些甚至连简单的再生产都无法维持，农民在长达二十多年的时间里，人均收入仅增长了 60 元左右；从 1952 年到 1978 年，农业全要素生产率下降了 3.4%。在这种背景下，一些地方的农民开始悄无声息地寻找新的出路，小岗村的探索逐步得到中央政府的认可。1980 年底，全国实行包产到户或包干到户的生产队由年初的 1.1% 猛增到 20%，1983 年又猛增到 80%。到 1984 年改革的头六年里，农业总产值年均增长率达到 13.6%，1984 年粮食产量达到 40 731 万吨，基本解决了温饱问题。2018 年全国粮食总产量为 65 789 万吨，中国人今天已经彻底摆脱了几千年来在温饱线上挣扎的困境。我们坚信，只要按照中央部署，始终坚持小岗人探索的这一基本经营制度不变，中国人将永远告别"不足温饱"这个世代难题。

三是探索了一条发展道路。马克思创造了共产主义的公有制理论，在传统观念里，公有制就是计划经济，私有制就是市场经济。其实在私有制国家里也有高度计划的成分，那么公有制国家里当然也可以采取市场经济的手段。邓小平同志高瞻远瞩，一语道破：市场经济是人类共同的文明，社会主义也可以使用。中国特色的社会主义市场经济便由此诞生。小岗村的家庭承包经营，实质上就是在保持集体产权不变的前提下，从所有权中分离出来承包经营权，按照市场经济的规则由原来生产队集中决策、集体经营变成分户决策、分户经营，这样既保持了公有制的所有权不变，又引入了市场经济的运作法则，既提高了效率又减少了风险。在人类社会发展进程中，曾出现过多种形式的公有制，对不同形式的公有制在实现形式上都有过各自的探索。国有企业的创始人管仲，在盐铁国家专营问题上，不是全面垄断，把生产经营销售等各个环节死死捆在一起，由国家按计划管理，而是放开生产端，充分发挥民间力量，让会晒盐的人到盐场去自由晒盐，会炼铁的人到矿山去自由炼铁，把晒好的盐、炼好的铁再卖给国家，由国家统一经营。近现代以来，巴黎公社的公有制、以色列基布兹的公有制等在实现形式上都有过各自的特色探索。这些都充分说明，公有制的实现形式是多种多样的，不能教条、不能僵化、不能单一，应该因地制宜、因时制宜、因势制宜。小岗村的创新改革，从微观上看，是对社会主义公有制实现形式的探索实践；从中观上看，是对中国特色社会主义道路的探索实践；从宏观上看，更是对马克思主义中国化的探索实践。其价值和意义远远超出实践本身，代表的是路径、是方向、是前途，给人们带来的思想启迪更是深刻的、广博的。

四是揭示了一个农业规律。以家庭经营为主体，这是农业生产的基本规律，不论任何国家、任何时代、任何社会制度，农业大田作物都必须遵循这一规律。奴隶社会，奴隶主不论有多少奴隶，农业生产的经营决策都在奴隶主家庭。封建社会，地主不论雇多少长工，经营决策同样在地主家庭。资本主义为了适应工业化的发展，在农业生产上创造了家庭农场这一概念，同样以家庭为核心。社会主义国家的苏联，想打破这一规律，推行集体农庄，结果每况愈下，难以为继。中国学习苏联搞了个"一大二公"的人民公社，最后也因经营惨淡而寿终正寝。而小岗村的创举就是遵循农业生产的基本规律，让农业回归家庭经营。农业的这一规律，是由其自身特征决定的，与工业生产相比，它不可搬移，庄稼种在哪儿就只能在哪儿生长，工业品则可随时移动；不可间断，24小时都要保持营养供给，工业品则可随时停工续工；不可倒序，先下种子然后长出幼苗，工业品各零部件生产则不论先后，最后可统一组装；是活的生命体，必须用心呵护，工业品则无生命；需要遵循经济规律和自然规律，工业品则只需要遵循经济规律；成果最终一次性显现，生产过程各环节无法单独检验成果，工业品各生产环节则可分开检测。基于这些特征，农业生产复杂的过程要想像工业那样实施全程监测，其代价和成本会高得无法承受，因此必须有一个最佳利益共同体实施经营，只有家庭这个共同体的所有成员能够不讲价钱不计报酬，心往一处想、劲往一处使，农业选择家庭经营的本质规律正在于此。小岗的实践再次证明，规律只能认识、只能把握，是不可打破的。

纵观中国历史上的改革运动，时间最长者也难过"不惑"，管仲改革成就齐桓公霸主地位36年，商鞅变法仅6年，王莽改制约9年，张居正改革推行10年，北魏孝文帝汉化改制前后11年，王安石变法14年，而戊戌变法仅维持百日。小岗人敢为天下先的改革创新至今已施行40年，并且已作为基本国策写入法律，长期坚持。这是其旺盛生命力的充分体现。

（本文原载于《中国发展观察》2019年第3～4期）

一幅当代农村版的《清明上河图》

——文贤《苦并快乐着》序

  《苦并快乐着》是一幅当代农村版的《清明上河图》。我读过不少写乡村变迁的书，但从没看到写景状物、叙事抒怀、描摹刻画得那么真、那么深、那么透，又那么全面、生动、精彩，更那么清朗奇俊、韵味十足、出神入化。全书以逻辑思维为经，形象思维为纬，描绘的各类场景真个是"虽人有百手，手有百指，不能指其一端；人有百口，口有百舌，不能鸣其一处也"。书中既有行云流水的白描素记，又有雕章琢句的古典文法；既有精骛八极、心游万仞的汪洋恣肆、一泻千里，又有恬淡自然、和风细雨的绵绵心声、娓娓妙语；既有宜关西大汉握铁简板引吭高歌的篇什，又有合二八女郎执红牙板浅吟低唱的章节。展读一面面书页，就像展开一轴长卷画卷，鲜活的画面跃然纸上。相信但凡有点乡村生活经历者，读后都会拍案叫绝。

  四十年前的改革，造就了今天中国的辉煌。四十年前，文贤同志年龄还小，一个童真孩子体会到的苦乐，自然和当时成人的感受是不一样的，但就是文贤同志这一代人童年亲身经历的这些苦乐，给这一代人带来了难得的精神财富，他们对于乡村的记忆，或许才是激发他们持续关注乡村振兴的动力。

  上海世博会两句口号深入人心，"城市让生活更美好""乡村让人们更向往"。眼下虽然整个乡村还比较落后，但经过改革开放以来的建设，尤其是党的十八大以来的一系列举措，一些发展较快的乡村，已不再是人人都想逃离的"谈农色变之地"。坊间戏言，现在是穷人进城，富人下乡；忙人进城，闲人下乡；为生存的人进城，为生活的人下乡。这些坊间戏言尽管有夸大的成分，但也从一个侧面反映了农业农村的显著变化。在人民日益增长的对美好生活的向往与不平衡不充分的发展已成为新的社会主要矛盾的今天，绿水青山已是人们寻求"诗意栖居"的理想之地、健康养生的归宿之所。

四十年，弹指一挥间。文贤在书中描述的一个农村孩子的苦与乐的场景，很多已经消失了，乡村很多有价值的东西也几乎消失殆尽了。究其原因，在战争年代，我们用农村包围城市；在建设年代，我们用农业支援工业；在改革年代，农民服务市民、以乡养城的定势思维已成惯性。所以，党的十九大谆谆告诫全党，"三农"问题是关系国计民生的根本问题，必须始终把解决"三农"问题作为全党工作的重中之重，任何时候都不能忽视农业、忘记农民、淡漠农村。全社会都应以此为标杆，树立不打折扣的看齐意识，尤其在土地征收、工农产品价格剪刀差、农民工市民化等方面必须以壮士断腕之力革除旧弊，让城乡在统筹发展、一体化发展、协调发展的基础上融合发展。当我们在城市里享受着高度现代化的生活时，我们更应关注一下低度现代化的农业农村，"不忘初心"，毕竟那里存放着我们的"初心"。

新时代"三农"的新使命，就是按照"产业兴旺、生态宜居、乡风文明、治理有效、生活富裕"的要求，实施乡村振兴战略。乡村振兴的标志性体现就是"三个起来"，即让"农业强起来、农民富起来、农村美起来"。早在2013年中央农村工作会议上，习近平总书记就明确提出，"中国要强，农业必须强；中国要富，农民必须富；中国要美，农村必须美"。"三个必须"深刻阐明了"三农"强富美与中国强富美的关系。

乡村不振兴，中华民族就不可能复兴；"三农"不崛起，中国就无法崛起。因此，振兴乡村，实现"三个起来"，不仅是为了解决"三农"问题，更是实现中华民族伟大复兴的关键！

党的十九大报告提出"要坚持农业农村优先发展"。如何优先，怎样体现，大有文章。绝不是高喊口号敲锣打鼓或造几个典型就代表优先了。要把"三农"放在国民经济社会总体发展的大战略中看是否优先了；放在城市与农村大背景中看是否优先了；放在三次产业的大结构中看是否优先了；放在市民农民的大格局中看是否优先了；放在宏观制度设计中看是否优先了；放在微观资源配置中看是否优先了。乡村命运并非掌握在乡村自己手里，很大程度上取决于国家愿景和行动。如今愿景已出，重在激活行动。

务农、学农、教农，这是文贤的人生"三农"。"儿郎种麦荷锄倦，偷闲也向城中看"，一个发于垄亩的青葱少年终于走进"夜市千灯照碧云"那个叫城的地方，虽身处闹市，却仍时时回望来路，铭记"根"的呼唤。由"农"而"努"而"浓"，这在当下是难能可贵的责任担当，是超凡脱俗的家国情怀。相信文贤这一代人感受到的苦与乐能够成为他们为实现乡村振兴而不懈奋斗的源动力。倘若再过四十年，历史的接力棒又传给了一个像文贤一样在农村长大的孩子，他笔下的农村生产生活苦乐又会是什么样子呢？我很好奇。

"真"是自然科学要解决的问题，"善"是社会科学要解决的问题，"美"是艺术科学要解决的问题。为文者要达到真善美的有机统一，非专才加通才不可为，那些只以学术的象牙塔画地为牢的研究者，是很难写出既能顶天又能立地的美文的。（《苦并快乐着》2018 年 10 月已由中国发展出版社出版发行）

（本文原载于《中国发展观察》2018 年第 23 期）

乡村社会现代性四重奏

　　乡村振兴关键在人，缺少具有现代意识、现代思维、现代理念的人，乡村振兴便无从谈起。现代社会人的能力建设分为三个层面：一是基础能力，即每个人生活必备的基本技能。如使用电脑、驾驶汽车等。二是思维能力，思维能力的强弱是超越别人的决定因素。三是品质能力，这是金字塔的塔尖，是最高境界的能力，一个人一旦有了提升自己品质的能力，就达到了做人的最高境界。乡村振兴的实质就是使乡村具有像城市、像工业一样的现代性，而社会主体的现代性是乡村社会现代性的基础、核心和关键。要塑造社会主体的现代性，实现乡村社会的现代性，根本举措在于谱好四部曲，演好四重奏。

　　一是启智。开启民智应是乡村振兴的重中之重、基中之基。虽然近百年前晏阳初时代中国农民"贫弱私愚"四大特征今天已经发生了翻天覆地的变化，但在面对具有急剧性、颠覆性和不可知性的 AI 时代，智之不足更加凸显。智之开启，源于教育，乡村教育的萎缩、退化、衰落已是不争的事实。处在接受义务教育阶段的乡村孩子多达上亿，他们分为三个群体：第一个是留守儿童，多年的撤点并校，使乡村学校由 60 多万所减少到 20 多万所，他们面临新的上学难。第二个是流动儿童，他们随父母打工流转迁徙，小学没毕业就换了几个学校，没有一张安稳的书桌。第三个是流浪儿童，他们谈不上接受学校教育。今天城市教育的现代化程度已经十分惊人，西部某省会城市投资 180 多亿元建一所高职院校，香港科技大学校长看后感叹，设施比他们还强。而形成鲜明对比的是乡村教育的反差，从山西平顺县三岔口小学教师许生学写的自嘲诗中可见一斑：一身旧衣服，两袖粉笔灰，三餐吃土豆，四季常皱眉。五更摸黑起，六节谁替谁。七天一星期，八方游几回。九天最难熬，拾柴心中悲。好在国家对此已高度重视，大力推进城乡教育均等化，明确要求让乡村孩子上学单程不超过半小时路程。乡村振兴是需要几代人努力奋斗的事业，愿这一开启民智的良策善举早日落地，为乡村振兴打牢人才基础。

二是励志。脱贫即满，小富即安，贫困户躺在低保上，小康户躺在现状上。"杀马特"大多是从乡村走出来的小青年，虽然不是"佛系"，没有"油腻"，但"飘一代的轻生活"在一些乡村青年中比较流行。日本社会学家三浦展曾描写日本社会正在"流化"，庞大的中流阶层已缺少进取心，相当一部分已迅速向只求生活最低保障的下流阶层坠落，心甘情愿地把自己归入"下流社会"行列，对于那些锐意进取、奋力拼搏者，认为"非我族类"。这种现象在中国乡村社会也已抬头。中国人历来崇尚司马迁"究天人之际、通古今之变、成一家之言"的宏伟志向，张载"为天地立心，为生民立命，为往圣继绝学，为万世开太平"的宏大愿景。当然这是名人大家的追求，但小人物也不能没有理想，每个社会成员都不应放弃梦想、自甘沉沦，这样的社会才能充满生机和活力。人类文化传承分为前喻文化、并喻文化和后喻文化，在进入后喻时代的今天，需要年轻一代走在前面。通过政策激励、心理疏导、舆论默化、典型引领、社会帮扶等措施激活自甘沉沦者的青春梦想，应是当下乡村振兴的题中之意。

三是建制。敬畏感缺失、羞耻感漠落、价值观混乱、潜规则流布是一些乡村的现实写照。中国近百年来，传统道德体系逐渐式微，而新的道德体系尚未真正建立，尤其改革开放以来，乡土社会主体流动性带来的乡土社会生活的异质性、社会空间的公共性、社会价值的多元性、社会行为的失范性，使传统乡里制度、乡规民约大都失去约束力，碎成一地鸡毛。充分发动乡村社会成员广泛参与，重建与时俱进的乡规民约、乡里制度，使社会行为得以规范，多元的社会价值得以社会主义核心价值观做引领，是乡村社会文化建设的当务之急，以制度文化他律，以道德文化自律，在自律与他律的双重作用下，重构社会秩序、重塑文明乡风是乡村振兴的软实力。

四是善治。党的十九大报告对乡村振兴提出的五大目标任务之一就是治理有效。只有实现善治，治理有效才能水到渠成。自从《道德经》首提"善治"以来，对善治的解释很多，概括起来，主要是指治理主体的多元合作，是政府、市场、社会三位一体的治理结构，是上下互动使公共利益最大化的管理过程，是国家与公民关系的最佳状态。乡村要振兴，善治最关键，当下的乡村社会治理应下大功夫调整治理结构，该给市场的给市场，该给社会的给社会，让政府、市场、社会各司其职，互相配合，彼此监督。那种政府包打天下的行为必须克服，让农民在乡村振兴中唱主角的意识必须确立。

（本文原载于《中国发展观察》2018 年第 17 期）

集人气　聚财气　养生气

——中国特色小镇建设调查

中国已经有过三次城镇化浪潮，第一次在春秋战国时期，群雄逐鹿，兴邦建城，史料记载约有八九百个城镇；第二次在宋代，工商业发达，史书中可以见到名字的市镇多达 3 600 多个；第三次形成于改革开放以来，这次城镇化浪潮发展到今天，特色小镇应运而生，这是基层的乘势而为，是市场经济的规律，也是城镇化浪潮顺应时代需求的必然结果。

我们近期赴甘肃、黑龙江、河南、浙江、山西、吉林、广东等省就特色小镇建设问题进行实地考察，以期窥斑见豹。

主　要　特　征

1. 各类主体积极性高。各地各级政府都在制定培育政策、编制规划，争取进入国家级和省级特色小镇的培育创建名单，各类社会资本、城市工商资本都积极在特色小镇建设中寻找新的投资机会和项目。河南洛阳的金果小镇、唐三彩小镇，开封的朱仙镇，黑龙江漠河的北极小镇以及甘肃定西的书画小镇、中药材小镇等都因为入选国家或省级特色小镇正获得社会资本的热捧。

2. 各级政府推动力度大、思路宽、创意新。各地政府强化和创新了财政、组织、金融和政策等方面对特色小镇的支持。黑龙江专门设立了"南北特色小镇产业投资基金"，除了按照规定用于黑龙江本省的留存外，全国其他各省市的特色小镇建设均可以利用该基金。山西省积极利用境外金砖银行和亚洲开发银行的贷款项目解决特色小镇基建的融资问题。甘肃省把特色小镇纳入新型城镇化试点工作范围，利用原有的新型城镇化试点工作领导小组统筹特色小镇的建设工作。浙江省则由专门的特色小镇规划建设工作联席会议办公室来负责协调相关工作的开展。

3. 发展类型多、种类全。一是大中城市创新要素的外溢形成的创意小镇。大城市横跨多个产业，具有强大的集聚效应，吸引了大量的资本、技术和人才，要素密集的交流与互动孕育了新思想和新实验，这些创新要素外溢便形成了众多创意小镇。这些创意小镇一般位于大中城市的周边，既不是建制镇，也不是传统意义上的开发区，而是以创新要素的聚集为边界，既帮助了大中城市疏散常住人口，又让向往城市生活的人享受到城市服务的便捷，实现城市资源的集约利用、城市功能的共建共享。浙江省嘉善县归谷小镇依托上海海归人才和资金的溢出效应，将原本是烟囱林立、污水横流的砖瓦厂腾笼换鸟，改造成鸟语花香、以高科技为主导的特色小镇。二是传统产业分工形成的专业化制造小镇。这些专业化小镇的前身不少是"一村一品""一镇一业""一镇一品"等，它们原来仅在少数的一个或几个行业内从事专业化经营，充分利用地方化经济，生产传统劳动力密集型的产品，吸纳了大量农业劳动力的转移。为了应对劳动力成本的快速上涨，这些专业化小镇积极探索产业的多元化与升级改造，努力培育成生产、生活、生态及生意"四生一体化"的特色小镇。浙江绍兴的大唐袜艺小镇原来是生产廉价袜子的专业小镇，由于工资成本增长过高、过快，当地积极探索传统袜子产业的转型升级，由制造转向设计，打造"世界袜业设计中心"，根据人体运动时肌肉受力的需求与时尚的需求，设计出功能型、个性化的袜子，每双袜子的售价都在百元以上，销量大增。浙江嘉善县巧克力甜蜜小镇原来也仅生产传统的巧克力，现在它们借鉴国外"好时小镇""雀巢工厂"等工业旅游模式，并加以创新，拓展为"巧克力生产＋巧克力工业旅游＋巧克力主题乐园"相结合的特色小镇，成为亚洲最大的巧克力特色旅游风景区。安徽潜山市源潭镇利用制刷传统工艺，打造成上至精密仪器用刷、下至生活生产用刷门类齐全、具有国际影响力的刷业小镇，目前正探索制定刷业的行标、国标，为中国刷业走向世界奠定基础。三是依托自然农业资源和历史文化资源形成的资源型小镇。只要有别致的自然风光、差异化的农业资源以及独特的历史人文典故就有可能形成资源型小镇，这些小镇遍布东中西部。河南洛阳市当地艺术家将传统陶瓷工艺、乡村旅游和洛宁县独具特色的环境相结合，打造出独具特色的爱和三彩陶艺小镇，虽身处大山深处，却精致至极，并通过互联网与世界陶艺名家联通，影响日深。

存 在 问 题

1. 大手笔、大欲望。一是有些地方拼命赶速度，存在一定的风险。一些地方政府贪大、求多、图快，追求短期利益和表面形象变化，而对于特色小镇培育周期、投资规模、完成数量设置过高要求，急于出成果、忙于出政绩。某省要求特色小镇的建设原则上3年内完成固定资产投资50亿元左右，其他的省份也有类似的情况。二是一些地方在小镇规划的数量与规模上，手笔极大，有可能形成新的烂尾工程。一些地方政府存在计划经济思维，要求逐级下派分配任务，完成某些数量指标，计划形成所谓"省、市、县分级创建的特色小镇格局"。西部某省一地级市就拟培育创建省、市、县级特色小镇25个，而中部某省一地级市也提出要办40个特色小镇。这与国家要求集中力量重点培育基础条件较好的特色小镇的初衷并不一致，和"撒胡椒面"式的配置有限优质资源没多大区别。而一些地方不注重集约化开发，没有明确的规划与建设边界，造成小镇的无限扩张。西部某省一小镇的建成区面积有2.8平方公里，但是其规划的中药材小镇总面积却高达上百平方公里，总投资高达170多亿元。某省已建成的一座特色小镇建成面积有6个故宫大，建筑面积等于10个故宫，但是由于产业集聚效应不高，目前已停工年余，成了半拉子工程。三是地方政府的胃口被普遍吊高，没有把立足点主要放在特色小镇的内生动力上，而是热盼中央在优惠政策、财政资金和投资项目的安排上有大动作，形成新一轮投资拉动地方经济增长的态势，这在中西部尤其明显。

2. 目标不明、产镇脱节。聚人气、生财气、养生气应是特色小镇的追求。但一些地方目标并不明确，定位不清晰，不知道发展特色小镇是为了什么，造成严重的产镇脱节。产业与产业、产业与社区、产业与人以及产业与城乡之间缺乏有效互动，形成了产业孤岛。中部某省某镇虽属中国四大名镇，然而产业基础薄弱，仅靠残存的历史记忆很难作为小镇 100 亿投资目标的产业基础，特色小镇的发展与本地居民基本无关，无法凝聚"三气"，后续发展堪忧。

3. 多头管理、各自为政。一是谁在主管。关于特色小镇建设政府文件主要包括住房和城乡建设部 2016 年的 147 号文、221 号文和 2017 年的 81 号文、102 号文，国家发展改革委 2016 年的 2125 号文、2604 号文和 2017 年的 102 号文，以及国家体育总局 2017 年 73 号文和国家林业局 2017 年 110 号文。在特色小镇申报工作中，有的是发展改革委（局）牵头，有的是住建厅（局）在牵头，目前有的体育局、林业局也分别在独自牵头做，申报条件存在分歧。二是建制镇还是非建制镇。发展改革委的相关通知一般明确表示特色小镇分两种，建制镇和非建制镇，但住房和城乡建设部发布的第一和第二批特色小镇名单中全是建制镇。无主管理和多元格局造成各说各话，互相矛盾，这给特色小镇申报和建设推进工作带来了较大困扰。

4. 规划体系模糊，为规划而规划。由于特色小镇是个新事物，没有现成的、规范的规划标准，导致有些小镇在编制规划时缺乏通盘谋划，存在产城衔接不够、功能融合不够等问题。各地要求的规划类型都不太一样，有的省要求拟申报的特色小镇完成总体规划和控制性详细规划修编，后续再完成镇区的发展规划。有的省只需要有符合土地利用总体规划、城乡规划、环境功能区规划的特色小镇概念性规划。有的则要求按照"多规合一"的理念统筹编制特色小镇建设规划。特色小镇的发展不可能完全靠事前的规划，不同的发展阶段应该使用不同的规划，要充分理解和理顺各种规划之间、前期规划与后期发展之间的动态关系，做好概念性规划，预留规划的调整机制，不要为了规划而规划。现在就拿出控制性详细规划，会造成现实与详细规划不相符，这样即使制定了规划，最后也难以执行。

政 策 建 议

1. 明确目标。特色小镇具有多功能效应。一是推进乡村的城镇化。特色小镇是城乡之间的一个缓冲空间，是城市的公共设施和公共服务向乡村延伸的承接平台，它可以让农民就地就近市民化。二是促进农民就地就业。乡村仅仅依靠农业就能生存的时代已经结束，远走他乡和抛家别亲的进城务工牺牲太大，特色小镇通过促进农民就地就业，有利于开拓农民的第三就业空间。三是疏解城市功能。特色小镇是"城市之尾、农村之首"，建设特色小镇既有助于发展农村，同时也可以疏解城市功能，缓解城市的压力。四是推进乡村一二三产业融合发展。通过发展二三产业可以带动第一产业，以工业、服务业发展促进农业现代化。五是为城归农民工创业搭建平台。从城市返乡创业的农民工，一般资本有限，融资困难，特色小镇通过改善基础设施，搭建创业平台以更低的租金和工资成本以及更优惠的水费、电费和网费为城归农民工提供低成本的创业空间。六是为乡村振兴注入现代元素。在特色小镇的发育过程中，现代理念、现代技术、现代设施、现代经营、现代金融、现代业态、现代管理等聚集小镇并辐射周边，为乡村振兴注入现代元素。七是为城乡融合发展搭建平台。特色小镇是城乡的接合部、融合体，有助于各类资源及要素在城乡之间对流互动，促进城乡的融合发展。

2. 明确主管。特色小镇建设涉及发改、国土、财政、住建、旅游、农业、环保、文化等多个部门的协调工作。在中央层面，应充分发挥推进新型城镇化工作部际联席会议机制的作用，由国家发展改革委牵头，会同各相关部门，共同推进特色小镇和小城镇建设工作。只由住建系统牵头，造成小镇更偏重于基础设施建设，而不是产业的培育和发展。在省市县地方层面则要创立和激活特色小镇建设工作小组机制，有些地方没建立相应的议事协调机构，而有些地方的工作小组机制则形同虚设，例会制度空置。对于一些重点的特色小镇，可以适当扩大小镇的管理权限。对纳入特色小城镇建设范围的建制镇要逐步实现财权、地权、事权、人权等有序下放，其管理职能和权限可按照县城或特大镇对待。可允许非建制镇类的特色小镇成立具有一定权限的特色小镇管理委员会。逐步形成"条块结合、以块为主"的小镇管理体制。

3. 明确管什么。一是选准培育对象。不能盲目逐级下派创建特色小镇数量指标，而是应该分区、分类、分阶段选择有基础有条件的项目和地区进行重点培育。在小镇类型选择上，东部相对发达地区可以多考虑非建制镇类特色小镇建设，多搭建大城市周边的适合疏解大都市功能的发展平台。中西部相对落后地区可以适当多考虑具有区位和特色产业资源优势的建制镇进行更新打造。二是建立标准体系和评价体系。针对不同类型的特色小镇制定不同的规划设计标准，确保不同特色小镇的规划有编制指南。建立和健全特色小镇分类考核评价体系，考核的内容既要重视共性方面，也要突出差异性方面。衡量不同类型小镇的指标应该有所不同，评估考核政策不能搞"一刀切"。但不论哪种类型，以特色做产业、以绿色做底色、以秀色做形象应是共同遵守的原则。三是创新政策激励机制。改变政策扶持资金的发放时序，对于创建合格的特色小镇及时给予资金等奖励，而不是对仅处于概念阶段的特色小镇就盲目给予资金支持。

4. 明确怎么管。一是不可急于求成。经济要素的区域聚集、产业的发展速度都是按市场规律水到渠成的结果。不同产业的特色小镇，其建设发展进程、成长周期有特定的规律。由于生态保育的长期性和复杂性，生态小镇就很难在3～5年建成，而基金小镇可以利用资本市场的高度流动性短期内完成资金的巨量集结。有些小镇有着深厚的历史发展基础，稍加整合，很快就可以建成，有些小镇却处于初创阶段，需要相对较长的时间才能见到成效。因此，特色小镇建设的考核周期要保持弹性的考核期限，要有足够的耐心。二是应因镇施策，以充分彰显小镇特色为目标，不能千镇一面。特色产业是支撑特色小镇可持续发展的生命力，也是特色小镇赖以存在的基础。不同的特色小镇要形成不同的产业分工，尤其在相邻区域主攻同一产业，更要差异化定位、细分领域、错

问道乡村和美⋯⋯

85

位发展，不能丧失独特性。三是做好引导、指导和疏导。对于一个基础良好，迅速发展的小镇，需要的是政府做好引导，即充分发挥优惠政策及财政资金的引导作用。对于处在转型和产业升级阶段的小镇更多需要的是政府给予方向性、战略性指导。而对于一些发展中遇到阻力的小镇，政府应及时帮助疏导，拆除障碍。总之，政府既不能完全"无为而治"，也不要大包大揽。四是建立市场、社会和政府三位一体的治理体系，形成各司其职、各负其责，既互相配合又相互制衡的现代治理格局。特色小镇建设仅靠政府是远远不够的，应充分发挥市场和社会的力量，广东丰顺县留隍镇，有亿万富翁 230 多个，十亿以上的多达几十个；湛江黄略村有上千个千万富翁，他们中许多都有奉献乡里的意愿，政府只需稍加组织引导便可立马成势。宋代小城镇发展之所以快速高效，其中一条重要因素就是政府只设税收、防火两个机构，其余由地方自治。这一做法应予借鉴，尽量减少行政机构设置，给市场和社会更多的自由度和主动权。

（本文原载于《中国发展观察》2018 年第 9 期）

中国乡土社会面临十大转变

　　只要人类还需要吃饭，就会有农业；只要农业存在，就会有农民；只要有农民，人多地少的中国社会就有村庄；只要有村庄，就会构成农民间彼此相连的乡土社会。所谓乡土社会，是指以乡为基点的活动空间和以土为基础的生存依托。

　　中国农村改革 40 年以来，随着以农养政的结束，代之以工养政、以商养政的开始，加之二元制度的逐步瓦解，中国的乡土社会发生着深刻剧烈的变化。但不管乡土社会如何转型、怎样变化，以乡为基点的活动空间不会变，以土为基础的生存依托不会变。乡村振兴已经成为这个时代的最强音，乡村要振兴，首先应认清乡土社会正在发生的巨大变化。

　　一是社会主体由稳定性向流动性转变。在传统农村，农民以土为生，与土为伴，相对稳定，他们日出而作，日落而息，心无旁骛地在村庄中生活。20 世纪 80 年代后期开始，越来越多的农民放弃对土地的依赖，以廉价劳动力的形式进入城市，寻求新的发展空间，以此来改善自身的经济与命运，农民由稳定性向流动性转变。这种转变，既表现为水平空间上的跨区域跨领域，也表现为垂直空间上贫富差距带来的阶层变化。农民工四处奔波、走南闯北，2.8 亿农民工大流动是人类历史上绝无仅有的现象。农村有八九亿人口，除了外出打工的 2.8 亿，其余都生活在农村，外出打工使得农民的收入来源复杂多样，所从事的职业五花八门，农民之间的贫富差距趋于扩大，阶层流动也因此凸显。"流"是活力的表现，但应流得自主自愿，流得安心放心，流得后顾无忧。

二是社会生活由同质性向异质性转变。在传统农村，农业生产特点和习惯相同，农民的生活相对同质，以家庭经营为主，传统村落形态也十分适合一家一户的生产生活方式。农民大量走出村庄，异地打工，打破了传统的生产生活方式，乡土社会的社会生活由同质性向异质性转变。这种异质性来源于不同地区之间、城市与农村之间生活方式的交汇。农民在多少地方打工，就会浸染多少种生活方式，就会给农村带回各式各样的小吃、方言、生活习惯以及新思维新理念等。村庄的概念在交通通信高度发达的今天，也已经冲破地理上的村域范围，村里人在外面有多少打工的地方，村庄的虚拟空间就会延伸到多少地方。身处远方的村民随时可以通过手机以及互联网了解村庄的一切。异质性的生活和虚拟空间的扩展，使村庄治理变得更为复杂。

三是社会关系由熟悉性向陌生性转变。传统的乡土社会是世代聚族而居的熟人社会，它通过加强人际关系和相互信任引导熟人之间相互自愿合作。随着农民工的流动、乡村旅游的发展，乡土社会的社会关系由熟悉性向陌生性转变。这种陌生性是指相互陌生的社会关系，既包括相对贫穷的乡村的农民外出打工的情形，也包括相对富裕的乡村吸纳外来农民打工的情形，还包括城里人到环境优美的乡村旅游的情形。这种转变逐渐打破了熟人社会的秩序，在熟人社会里，人与人之间的交往靠的是诚信；在生人社会里，人与人之间的交往靠的是契约。如何让传统的诚信与现代的契约在乡土社会治理中共同发挥作用，是当下需要深入探讨的大课题。

四是社会空间由地域性向公共性转变。传统村落的传统农业，功能定位为单一种养业。随着农业多功能性的逐步显现和乡村旅游的蓬勃发展，农业大步走出一产，融合二三产协同发展，加上发达的交通通信助力，乡土社会的社会空间由地域性向公共性转变。观光农业、休闲农业、都市农业、智慧农业等各种农业新业态方兴未艾，农业已远远不是"面朝黄土背朝天"的传统农业形态，农业生产的过程成了人们观光旅游休闲的好去处，农业生产的方式成了人们科普、体验的新追求，农业生产的环境成了人们体悟人生、享受生活的理想地。乡村旅游被认为是中国农民的第三次创业：第一次创业，发展乡镇企业，离土不离乡；第二次创业，进城打工，离土又离乡；第三次创业，开发乡村旅游，既不离土也不离乡。开放的乡土社会空间为现代文明的注入打开了通道，拓宽了领域。

五是社会结构由紧密性向松散性转变。传统的乡土社会是一个熟人社会，在这个熟人社会中，人情是一种交往方式，是社会结构紧密的黏合剂；家园红利是一个熟人社会长期积淀的福利，具有很强的向心力、凝聚力、归属感，是"故土难离""落叶归根"的原因所在。近些年来，由于农民工大量外流，乡村人情关系越来越淡薄，社会资本不仅少有积累，而且逐渐销蚀，乡土社会的社会结构由紧密性向松散性转变。"情感"是人与其他动物的本质区别，人要是没有感情，社会就会是一盘散沙，人情关系的淡薄是一个令人忧虑的现象。必须重塑乡土社会的乡情乡谊，否则在社会化分工越来越细、每个人所从事工作的价值比重越来越小的情势下，社会结构的离散将危及每个人的生存与发展。继承优秀传统，重塑"家园红利"应是当下中国乡村"软件"建设的重头戏。

六是社会细胞由完整性向破裂性转变。家庭是社会的基础细胞，中国农村传统的家庭观念是"父母在，不远游""老婆、孩子、热炕头"。但随着农村大量青壮年外出打工，农民工家庭由完整性向破裂性转变，产生了"留守家庭"，形成了"三大留守群体"。第一个是留守妇女，她们既要照顾家中老人、孩子，又要承担繁重的农业生产劳作，普遍缺乏安全感，且长年分居容易出现婚姻危机。第二个是留守儿童，与父母长期分离，他们的学习、生活、成长都会受到很大的负面影响，在一些农村地区，由于亲情缺失、教育缺位和管理真空，留守儿童已经成为"差生""问题孩子""不良青少年"的代名词。第三个是留守老人，他们一生辛苦劳作，晚年却无法安享清福、颐养天年，老无所养、老无所乐的现象日益严重。"一万打工钱，三代离别泪"，"留守家庭"是社会难以稳定的隐患，如果"留守家庭"频频"后院起火"，变成了"问题家庭"，不仅是农民难以承受之重，更是社会难以承受之重。农村留守家庭为社会经济繁荣做出了巨大贡献和牺牲，破解农村留守家庭的"留守"之痛，是全社会的共同责任。以家庭为流动单元应作为社会流动的基本准则。许多发达国家人口流动的流量占比之大不亚于中国，但都是以家庭为流动单元，社会细胞的稳定就不会使社会肌体受到损伤。

七是社会文化由"前喻文化"向"后喻文化"转变。美国人类学家玛格丽特·米德对人类文化的传播提出了"三喻"论，即"前喻文化""并喻文化"和"后喻文化"。"前喻文化"是指年轻的要向年长的学习，在农业文明时代，文化的传承是前辈向后辈传递。"并喻文化"是指不需要先辈的经验积累，文化可以在同代人之间传播，这是工业文明时代的文化传播方式。"后喻文化"是指年长的需要向年轻的请教，到了今天的信息社会，科技高度发达，年轻人比老年人思维更敏捷，接受新事物能力更强，文化传播发生了反转，由后辈向前辈传播。今天中国的乡土社会是典型的"后喻文化"时代，年轻人正在发挥着主导作用。面对瞬息万变的电子技术，老人回家问问儿子、孙子的事经常发生。一个典型的例子就是年轻人利用电商平台，嫁接各种服务于乡村的资源，促使实体经济与虚拟经济高度融合发展。以何种举措应对"后喻文化"是我国实现农业现代化的关键。

八是社会价值由一元性向多元性转变。随着中国乡土社会由传统向现代转型，社会价值观愈来愈呈现出多元化的趋势。多元性，本质上是社会不断包容和发展的表现，是不同阶层间的相互尊重和包容，而不是相互诋毁和攻击。在经济社会转型阶段，价值多元是客观现实，但价值观多元化容易产生价值观紊乱，并且导致种种社会乱象。例如，吃的喝的都会造假，假奶粉、假疫苗，连婴儿都不放过；女童被多位村中长辈性侵，女童及其家人反而遭到全村人敌视，简直荒唐无耻；路上老人摔倒，无人愿意去搀扶，偶尔出现愿意去搀扶的人，却被摔倒的老人反咬一口；赡养老人需要签订协议，父母想得到赡养需要对簿公堂，社会对此现象有的容忍、默认，有的麻木不仁。本来很简单的事情，因为是非观念不清、说法不一，造成认知上的紊乱。不少人把一生浓缩成两个数，上学是为了分数，长大是为了钱数，这其实是一种文明的倒退。价值观多元是对的，但是必须以社会主义核心价值观为引领，防止价值观走偏。当价值观不再紊乱，且社会主义核心价值观被普遍接受的时候，一个价值观多元的时代才具有真正的价值。

九是社会行为由规范性向失范性转变。中国传统的乡土社会，世世代代聚族而居，讲究合乎礼治的行为规范，村落内部形成人们普遍认同并共同遵守的乡规民约。在人口大流动、物欲大泛滥、文化大冲撞的背景下，乡土社会的社会行为由规范性向失范性转变。这种失范性是指乡土社会中存在着许多不正常的现象，包括敬畏感缺失、羞耻感淡薄、潜规则盛行等。敬畏感缺失，有不少人什么都不怕，法律底线都敢去突破。如果心里没有了约束，什么坏事都敢去做。羞耻感淡薄，有些人做了坏事，不以为耻，反以为荣。潜规则盛行，潜规则一出来，明规则就不起作用。社会演化成一个相互伤害的链条，你在我鸭蛋里加苏丹红，我在你牛奶里加三聚氰胺，在相互伤害中赚钱，但是社会道德沦丧，良心没了。当人们把赚钱当文化，把常规（不偷、守时、诚信）当典范，把底线当上线，社会生态也就遭到了破坏，社会危机便开始孕育。扫黑除恶，扶正祛邪，以现代法、理精神重构乡规民约已成当务之急。

十是社会治理由权威性向碎片性转变。在传统村落中，村落的精英分子以身作则，以自身行为和道德风范形成"权威"并影响村落，呈现出很强的凝聚力、吸引力和号召力。费孝通在《乡土中国》中说："从基层看去，中国社会是乡土性的。乡贤文化就是维系着庞大的中国社会正常运转几千年的基层力量。"城乡二元制度实行以后，乡村精英单向流往城市，乡土社会的社会治理由权威性向碎片性转变。大量精英外流，留在乡下的大多是老弱病残妇幼，农村极度匮乏具备议事能力以及经营才能的人，社会治理走向碎片化。农村改革 40 年后的今天，资源单向流入城市的时代已告终结，乡村逐步成为人们旅游休闲、养生养老、投资创业、诗意栖居的理想地，应当构建"自治、法治、德治"相结合的治理体系，培育乡村精英，为推进实施乡村振兴战略，注入新

问道乡村和美······

91

活力。如何培育乡村精英，应当着力引导三类群体：一方面离退休的干部职工，他们拥有丰富的社会资源；另一方面有着优秀家训、家教和家风的世家大族、名门望族后代，他们拥有深厚的文化积淀；三是新富阶层，他们拥有强大的经济实力。这三股力量共同作用，形成一个乡村精英群体，对于推进乡村振兴将是一股强劲的动力。

（本文原载于《中国发展观察》2018 年第 7 期）

乡村里的社会主义市场经济道路

——旌德样本

农村土地家庭承包经营和城市国有企业改制，使农村除承包地之外的集体资产成为计划经济时代残存的最后一块"大锅饭"领地。如何运用社会主义市场经济原理打破这个"大锅饭"，让集体资产迸发活力，具有市场精神，安徽旌德县做了一些有益探索。

旌德县位于皖南国际文化旅游示范区核心区，总面积 904.8 平方公里，总人口 15 万人，辖 9 镇 1 乡，61 个行政村，7 个社区。2003 年全县行政区划调整前有 123 个村，1 267 个组，调整后有 68 个村（居），1 165 个组，目前村组资产合计 2.32 亿元，其中有经营性资产的村 55 个。一年来，他们针对村集体资产归属不清、权能不明、管理不当而导致的资源闲置、滋生腐败、引发民怨等问题，通过"重构产权、创新经营、激发活力"的制度设计，彻底攻取了村集体经济"大锅饭"这块领地。

一、重构产权

我国《公司法》规定，有限公司的股东人数在 2～50 人。如果按村民或者户数入股成立集体资产有限公司，一村内庞大的股东数设定将违背《公司法》。旌德县的具体做法是：在清产核资的基础上，以户为单位分发股权，量化到个人。再以自然村或村民组为单位成立专业合作社，村民以量化到人的股权出资，成为合作社股东，合作社成为村民实现股权的法人主体，实行"生不增、死不减"股权终身不变的管理方式。依照《公司法》各个合作社作为股东共同发起成立集体资产经营管理有限公司，作为母公司。为防止走过去"大锅饭"的老路，县里要求母公司不得独立经营，只能以拥有的集体资产入股成立子公司，由子公司独立经营，且母公司只能参股，不得控股，主要职责是负责监督子公司的运营。母公司作为集体产权承载主体，具体体现了社会主义公有制特征。子公司作为经营主体，按市场规律独立运营，充分体现了市场经济的法则。这一制度设计灵活运用了《公司法》＋《农民专业合作社法》，充分体现了"股份＋合作"，且完全符合现有法律，既没"抢跑"，也不"越位"，是公有制背景下农村社会主义市场经济原理的直接体现，它使得所有权与经营权分离，财产权与收益权分离，"运动员"与"裁判员"分离，从而使社会主义的公平原则与市场经济的效率原则得以高度统一。

目前，全国各地的集体资产经营管理公司大体有两种形式，一是按公司法要求登记股民，其余村民作为附加，但一旦出现风险，法律保护不了附加者。二是靠省一级出台地方政策明确主体地位，如上海、浙江，这只是"地方粮票"。旌德的做法既合理规避了公司法，也不需要"地方粮票"，是农村集体产权制度改革的第三条道路，且化繁为简，操作方便，易于复制，具有普适性，极具推广价值。

二、创新经营

旌德县以公司制为基础，创新出"母公司＋子公司"的双层结构经营模式。村集体资产经营管理有限公司作为母公司，通过招商、吸收能人、扶持双创等方式，引进民营主体，由母公司和民营资本共同注册成立子公司。为了保障集体稳定收益，母公司与子公司签订收益分成协议，按照"保底收益＋按股分红"的方式进行利益分配。这样既使集体资产保值增值有了保障，又使乡村创业创新有了支撑平台，更使资源开发有本可依，充满活力。如旌德县三溪镇三溪社区，体现了当前旌德县产权改革的多种经营模式。三溪社区以清产核资后的所有集体资产确股到人后，同步成立股份经济合作社；再以合作社为股东，成立旌德三圆生态农林经济发展有限公司。三圆公司以母公司的身份裂变子公司：一是以道路等基础设施使用权入股，由自然人控股成立生态农业公司，流转村民闲置旱地发展体验式乡村旅游，生态农业公司每年上交村集体至少 3 万元；二是引入自然人入股，村集体以原有保洁设施等固定资产或者资金入股，共同成立物业管理等公司，每年上交给村集体固定收益；三是以一定年限的林地使用权入股，引进外地企业，三年后村集体保底收入每年递增。

对于无集体经营性资产的村，旌德县设立了扶持集体经济发展基金，为集体经济空白村的股份合作制改革注入"源头活水"。例如俞村镇桥埠村以县扶持基金 30 万元作为入股基金引进客商共建加油站，客商无需贷款，无需求人即获得了经营资金，项目一拍即合，村集体每年获得的保底收益是出资额的 20％。2014 年，全县 68 个村中空白村 28 个，占 41.2％，收入 0～2 万元的 25 个，两项合计年收入 2 万以下的 53 个，占 77.9％。经过一年努力，集体经济空白村只剩下 8 个，占 11.76％，68 个村中目前已有 55 个拥有经营性收入，占 80.88％（城区 5 个社区因有征地补偿收入，不属于空白村，也不计入经营性收入）。

三、激发活力

一是激活了创业激情。农村集体资产确权到户和股份合作制改革后，产权变得明晰。政府、村集体、村民、本地能人或者外来投资者利益联动，各方责任感、主动性、积极性大大提升。县政府设立的扶持集体经济发展基金为大学生、农民工返乡创业提供了资金支持；村集体资产经营管理有限公司通过招商引资、扶持双创、监管子公司运营等为农村创业搭起平台并"保驾护航"；而村民、本地能人、外来投资者则成为推动农村创业最直接、最活跃的因素，各路人才纷纷流向乡村寻找商机。截至 2016 年 6 月，据 6 个乡镇调查，已有返乡创业的大学生 46 位，返乡创业的农民工 79 位。

二是激活了农村闲散资源。将外出打工者的闲置民居改造、升级为"三化"（企业化、信息化、标准化）民宿，融入旅游产业链条。把废弃校舍或废弃村部开发成工厂车间或旅店，资产保值增值立现。目前，三溪镇路西村总共开发了36家民宿，方便了游客，富裕了村民。路西村还将一条荒废的宋代古河堤作为旅游资源入股招商引资，变"闲"为"宝"，集体收益立增。用县委书记周密的话说：旌德县"全域旅游"的发展理念正遇上产权改革的制度活力。旅游的兴旺使得当地妇女、老人等闲散劳动力及村民的闲散时间得以开发利用，如通过打扫卫生、保持村容与民宿整洁为游客提供卫生服务，通过为游客讲解当地民俗风情、山川路线提供导游服务，通过发展农家散养畜禽、农产品加工等为游客提供购物服务，使"闲人"和"闲时"都产生价值，社会活力及经济效益大增。

三是激活了各类村级组织。农村集体资产确权到户和股份合作制改革后，村里挂党支部、村委会、村务监督委员会、集体经济有限公司四块牌子。村里稳定的收益不仅使各项工作经费、干部报酬有了保障，而且道路、卫生、水电等公益事业经费也有了进项，干部不再为钱发愁，也不需要再为集体资产经营到处穷忙，各司其职抓工作的积极性空前提高。集体经济的发展壮大，也为维护基层政权稳定提供了坚实保障。

四是激活了村民民主意识和市场经济意识。村民的民主意识和市场经济意识需要通过实践来提升。三溪镇三溪社区在讨论林地入股的村小组会议时，从26户村民家庭很快邀请到21人参加讨论，当场选出了合作社理事长，村民民主意识得到了锻炼；而将村民变股民，参与经营管理的产权制度改革过程，本身就是对村民市场主体意识的一种提升。

旌德县村级集体经济产权制度改革的实践，为中西部农村集体产权制度改革探索了一条新路子，为攻取计划经济时代残存的农村最后一块大锅饭领地积累了成功经验。但要全面推开这项工作，我们建议：

1. 赋予农村集体经济经营管理公司合法地位。农村集体经济股份合作公司也是经营主体，但目前，直接登记缺少法律支撑，实践中村民委员会往往代行了权利和职能。应完善公司法，比照"一人有限责任公司""国有独资公司"的特别规定，设立"集体经济有限公司"章节，破除集体经济组织的市场准入障碍，明确其职能、权利。

2. 理顺集体经济组织与党支部、村委会等关系。《中国共产党农村基层组织工作条例》明确了村党组织的职能、定位；《村民委员会组织法》明确了村委会、村民监督委员会的职能、定位以及二者同基层党组织的关系。但集体经济组织同党组织、村委会、村民监督委员会的关系没有规定。因此，建议完善有关法律法规，对集体经济组织职能、定位以及其同党组织、村委会、村民监督委员会的关系予以明确。

3. 彻底推进集体经济产权改革。目前村集体经济分为三个层面，一是行政村层面，二是原来未合并前的老行政村层面（现在行政村多由原几个行政村合并），三是村民组层面。当下全国集体经济产权制度改革，只要求在行政村一级开展，其余两个层面尚存在"大锅饭"问题。应一鼓作气，把余下两层的产权改革进行到底，不给"大锅饭"留尾巴，使社会主义市场经济制度在农村彻底推行。

（本文原载于《中国发展观察》2016 年第 15 期）

双体联动　治难治贵

——健康扶贫的阜南样本

医疗体制改革是世界性难题，积弊多年的中国医疗体制改起来尤其之难，而贫困地区的医改更是难上加难。近年来，各地从不同层面做了许多探索，创造出了不少好的经验和做法，但大多需要增加高额的财政投入。安徽阜南县是人口超百万的国家级贫困县，因病致贫率高达63％，高于全国19个百分点，群众看病难、看病贵的问题尤其突出。近年来，阜南县委书记、县长亲自挂帅，从健康扶贫入手，通过"域外医联体，域内医共体"的双体联动推进医疗体制改革，在基本不增加财政负担的情况下，一举攻克群众看病难、看病贵的顽症，值得借鉴推广。

一、做法

首先，建立"域外医联体"，借梯登高，提升能力。改革前，群众对本地医院不信任，得了重病、"难病"，往往选择外出就诊，劳民伤财。为了赢得百姓信任和信心，几家县级医院主动与北京301医院、上海同济医院、天津环湖医院、武汉亚心医院、上海武警总医院、安徽省立医院、阜阳市人民医院等组建医联体，采取"请进来，走出去"的办法，聘请合作医院教授来院指导培训科室业务，定期选拔年轻骨干赴合作单位进修学习，加快培养专科医师和学科带头人。2016年，县人民医院实施"人才建设百人计划"，培训骨干医师200余人次，县中医院选送到上级医院学习进修的医护人员达50余人。通过医联体的借梯登高，各县级医院医疗技术水平整体提升，大病救助能力显著提高，肝动脉化疗栓塞术、支架植入术、心脏支架植入术、静脉溶栓术等新诊疗技术相继开展，万元以上设备新增近 200（台）件。2016 年县级医院三、四类手术达 9 000 余台，较 2014 年提高 40％以上，2015 年至今，仅新引进天津环湖医院的脑血栓溶栓技术就做了 600 多例手术，是安徽省顶级医院省立医院的十几倍。医疗水平的提升直接带来群众信心的提振。2016 年，县外转诊率较 2015 年下降了 13 个百分点，县外住院率同比下降了 3.3 个百分点。

其次，建立"域内医共体"，三方融通，增进互信。聚焦"医院、医生、患者"三个主体，高位推进"三维共同体"建设，让医院有发展、医生有激情、群众得实惠。

一是纵向贯通，打造三级卫生机构行政共同体。由县医院、县中医院、县三院牵头组建 3 个医共体，全面托管 5 家乡镇卫生院，纵向整合县乡村三级医疗卫生资源，让三级医疗机构成为"一家人"。其一，改革支付方式，实现目标一致。县级医院实行总额包干，细化医保基金考核指标，引导树立成本意识，把新农合这块"唐僧肉"变为自己的"心头肉"；乡镇卫生院实行按人付费，合理设定绩效目标，对指标持续优化的给予不低于上年度同期的基金补偿，有效解决过度诊疗问题；村卫生室实施一般诊疗费总额预算管理，大幅减少不合理诊疗，将不必要的药品支出转化为乡村医生合理性收入。为防止走向"过度诊疗"的另一面，阜南县着力强化医保办、医改办的监管力度，用临床流程图严格规范患者应享有的医疗内容。其二，创新管理模式，实现利责统一。通过机构、人事、财务、资产、业务"五统一"管理和机构性质、人员身份、资产关系、政策待遇、投入机制"五不变"，实现县乡医疗利益共享、责任共担。为解决县级人满为患，乡镇无病可看问题，三家县级医院主动向 5 家卫生院投入 500 多万，用于基础设施建设和科室改造；同时，选派优秀业务骨干到乡镇卫生院担任院长、副院长，派驻驻点医师长期坐诊，让群众在家门口看病放心又舒心。2016 年乡镇卫生院外科手术达到 1 965 台次，同比增长 60％，5 家被托管的卫生院门诊人次为 14.32 万人次，同比增长 30.66％。其三，完善分诊机制，实现上下协作。制定县、乡医疗机构分级病种诊疗规范，落实"100＋N"和"50＋N"种疾病的分诊职责合理分流患者；乡镇卫生院设立120急救中心分站，统一配备救护车及车载救护设备，建立县乡两级转诊绿色通道，健全医疗机构利益分配机制，使国家提了几十年的"分级诊疗"在这里落到实处。如中风患者度过危险期后，需要长时间的康复，现在下转至乡镇医院，既避免了患者在县级医院长期占床，又解决了乡镇医院没有患者的问题，还能享受较高的报销比例。

二是横向疏通，打造医院与医生的事业共同体。一方面，以壮士断腕的决心清除阻碍改革的人。医改前，县级医院一些内部人员与药贩子沆瀣一气，给医改工作层层设阻；到龄医生为吃回扣，拒不退休，长期盘踞各科室主任位置，直接影响年轻医生工作积极性；乡镇卫生院多异化成了"夫妻店""家族企业"。面对这些问题，县纪委、县卫计委等部门根据掌握的线索及时介入，原县人民医院院长受贿上千万元被立案查处，56名老医生全员办退或到私人诊所服务；6名乡镇卫生院院长被调整或处理。随着医改"绊脚石"被搬走，医疗的生态环境得到了极大改善。另一方面，以创新开放的制度激励干事业的人。放宽县级医院招录限制，由医院根据需要自行组织招聘；施行"县招乡用"机制，对派驻到乡村的医生安排班车接送，提高基层医生工作待遇；大力推进临床路径＋按病种付费和医院绩效制度改革，提高医务人员薪酬水平，让医生收入阳光化，工作充满激情，找回职业尊严。2016年县级公立医院医务性收入占比65％左右，职工年工资较改革前提高30％，医务人员责任感和使命感明显增强。

三是仁心沟通，打造医患之间的情感共同体。组建县域公立医院药品集中采购联合体，斩断以药养医的利益链条，让原先和药贩子捆绑在一起的医生重新和患者坐在一条板凳上。2016年县级公立医院药品收入占比为20.7％，较2014年同比降低近20个百分点；乡镇卫生院药品收入占比为44.8％，较2014年同比降低11个百分点。同时，通过医保基金总额包干、按病种付费、治病和防病"双处方"等制度，建立起以居民健康为导向综合绩效评价体系；全面启动贫困户健康体检，实施签约服务，建立贫困户个人健康档案，贫困户就医均实行先治病、后付费，免除住院押金，解除后顾之忧。医共体建立之前，乡镇医院把病人当"钱"看，把贫困户当"零"看，只要病人还剩一口气就一直看，只要贫困户没钱就不给看；村卫生室为了挣钱，什么病都敢治，医患矛盾非常突出。建立医共体之后，医院一改脏乱差的旧貌，县级医院环境堪比省级顶级医院。医生的收入来源与诊疗脱钩，与群众健康挂钩，服务态度明显好转，诊疗费用明显降低，医患关系大大改善。

医共体的建立使世界最著名的医生格言"偶尔治愈，常常关怀，总是安慰"在阜南正蔚成风气，医病先医心，治病抓防病的行为正成为医护人员的座右铭。调研中发现，街头巷尾村头路边，保健知识随处可见；且各乡镇卫生院每天都在微信群分享开展健康服务的视频图像和心得体会，许多医生以此为乐，传递着医者仁心的正能量。群众说，过去看病，奔波三千里，挂号三礼拜，排队三小时，看病三分钟，现在是小病在家看，大病不出县。我们有理由相信，这一制度变革，不仅使群众看病不再难，而且人们的健康水平会得到明显提升，更能让因病致贫发生率大大降低。

二、启示

1. 双体联动是基础。阜南的经验证明，医联体和医共体是共生共荣的关系，双体联动的前提是"联"，核心是"共"。只有医共体，没有医联体，县级医院整体医疗水平就得不到长足进步，难以带动乡村两级医疗机构同步发展；只有医联体，没有医共体，就会导致患者就医两极分化，分级诊疗流于形式，乡村医疗痼疾难破。

2. 三方互信是关键。医院是公共卫生服务机构，绝不是赚钱生利的地方；医生是救死扶伤的天使，绝不是见利忘义的职业；患者是情绪焦虑的群体，绝不是寻衅滋事的暴徒。阜南医改成功之处就在于正本清源，让医院、医生、患者三方互信。在医院的维度上，三家县级公立医院错位发展、良性竞争；通过医共体推动优质资源下沉，县乡村医疗机构成为机制共建、责任共担、利益共享的"一家人"。在医生的维度上，通过斩黑手、增薪酬、提待遇，让有能力的医生既有位子，又有票子，更有面子，真正找回做医生的职业尊严。在患者的维度上，通过成立慢性病健康服务专家团，推行临床医生包村、家庭医生签约服务等方式，促进医院和医生向居民全程健康管理转型，推动医患关系和谐发展。

3. 堵漏育人是保障。无论是医共体还是医联体，都需要经费的保障，各地的实践证明，如果不堵住制度的漏洞，单纯依靠财政补贴医保基金是难以为继的。阜南医改通过清除堵路人，激励带头人，培养年轻人，开医疗人才之源；通过按人付费，总额包干，细化考核指标等举措，节医保漏洞之流。县社保资金历年结存控制在 20% 左右，当年结存控制在 10% 左右，均符合国家规定标准。这种模式通过体制机制创新，既不增加财政负担，又可培植有生力量，更能让医院和医生回归本源，不仅有活力可持续，而且可推广、易复制。

三、建议

1. 应作为"一把手"工程在贫困地区全面推广。阜南"穷地方""穷办法"的实践证明，经济基础只是推进医改的有利条件，而不是决定性因素。没有全民健康，就没有全面小康，"健康中国"已上升为国家压倒一切的首位战略。健康扶贫更应是贫困地区的首位工程。发展靠"两力"，体力和智力，而疾病是导致"两力"低下的祸根。因此，贫困地区理应像阜南那样作为一把手工程全力推进。

2. 应把医共体打造成命运共同体。应在制度设计上从四个层面循序渐进，逐步深化，打造出医院、医生和患者的命运共同体。第一个层面是利益共同体，让医院、医生和患者在医疗、医药、医保的"三医联动"中结成休戚相关、兴衰与共的利益共同体，这也是医共体存立的基础和前提。第二个层面是情感共同体，通过改善条件、优化环境，使医院增强向心力、凝聚力、吸引力，让医生感受到生活的温馨、工作的舒心；通过建立以群众健康为导向的考核评价体系，加强医患沟通、增进互信，使医患之间成为没有血缘关系的亲戚；第三个层面是文化共同体，通过建立科学有效的现代医院管理制度和严格规范的综合监管制度，让医院和医生树立共同的价值取向；第四个层面是通过完善以人民健康为核心的医疗卫生体系，形成医院发展、医生增收与人民健康休戚相关的命运共同体。尤其要运用"再好的医术也不如爱心"这一理念重建医务人员的职业操守。

3. 深化"放管服"改革。逐步把官设、官办、官督的政府集权型管理，向着政府、农民以及其他社会组织共同参与管理监督的新型治理结构推进，使三方建立起互相协作、良性互动的治理关系，以确保制度的落实不变形、不走样、可持续。

（本文原载于《中国发展观察》2017年第16期）

中国三次城市化浪潮的启示

从世界范围看，人类社会已经历过三次城市化浪潮：第一次浪潮发端于欧洲，以英国为代表，与工业革命发展相伴随，1750 年英国的城市化率为 20％，到 1950 年基本完成城市化，历时约 200 年；第二次浪潮是以美国为代表的北美洲的城市化，1860 年美国的城市化率为 20％，1950 年达到 71％；第三次浪潮发生在拉美及其他发展中国家，南美诸国在 1930 年的城市化率为 20％左右，到 2000 年也基本完成了城市化历程。

中国三次城市化浪潮概述

我国的城市化也经历了三次浪潮。与世界比较，我国城市化浪潮发生的时间更早，形成的规模更大。

第一次，春秋战国时期。周王室衰败，诸侯纷纷建立"我的地盘我做主"的"小国"，各自为政，大兴土木，开启了城市化运动的滥觞。《左传》记载，春秋时期，新建城池 63 个，实际 68 个，另 5 个为扩建。一些城市的规模已经很大，在当时的世界上无出其右。据考证，面积在 6 平方公里之上的城市起码就有 15 座。《盐铁论·通有篇》记载"燕之涿、蓟，赵之邯郸，魏之温、轵，韩之荥阳，齐之临淄，楚之宛丘，郑之阳翟，三川之两周，富冠海内，皆天下名都"。搞得最好的是齐国首都临淄，面积达 19 平方公里，以苏秦对齐宣王的报告称有"七万户"，按平均每户 5 人计算，是一个拥有 35 万人口的超大型城市，而同一时期的西方，即使是在希腊城邦臻于极盛的伯里克利（约公元前 495 年至公元前 429 年）执政时期，雅典城的人口也才 15 万人，不到齐国首都的一半。根据学者的计算，整个春秋战国 35 个诸侯国建有城池 600 个，也有专家称有 800～900 个，春秋末期的人口总数为 3 200 万人，而城市居民人数就多达 509 万人，城市化率达到了 15.9％。齐国有大小城池 81 座，以每城万户，每户五人计算，平均每城常住人口 5 万人，齐国城市化率已达相当高的水平。

第二次，宋代。宋代是我国古代城市化发展的高峰期，南宋时期的城市化率达到了 22％，远超过 1978 年 18％ 的水平。当时，打破了唐代以来城坊制的旧格局，实行街巷制的新体制，并大力发展各类手工业、服务业、娱乐业、广告业，同时取消流传千年的宵禁，大兴夜市，而且，户籍制度也不像唐代那样严格（唐代户籍分为编户和非编户，编户称为良民，非编户称为贱民，贱民不得独立门户，须与良民共用一个户口本），流动人口统称"浮客"，在城市居住一年即可落户，不少城市，浮客已多于主户。两宋时期，见于史载的市镇多达 3 600 多个，其中一部分市镇，不论人口数量还是经济发达程度，都超过一般州县。北宋首都汴梁（今开封）和南宋首都临安（今杭州）的人口都超过 100 万，同时期的欧洲人简直无法想象这个数字。据罗兹曼的计算，一直到 1500 年前后，欧洲最大的 4 个城市是米兰、巴黎、威尼斯和那不勒斯，人口只有 10 万～15 万。

第三次，改革开放以来。城市化率从 1978 年的 17.9％ 到 2014 年的 54.8％，赶上了世界的平均水平。特别是 1998 年以来，城市化发展速度呈井喷状态，年均增长近两个百分点。英国城市化水准从 26％ 提高到 70％，用了 90 年时间，法国从 25.5％ 提高到 71.7％、美国从 25.7％ 提高到 75.2％，都用了 120 年。中国从 1993 年的 28％ 提高到 2013 年的 53％ 只用了 20 年时间，预计提高到 70％ 也只需要 40 年时间。

中国三次城市化浪潮比较

一是背景不同。第一次是在诸侯争霸、各自为政的背景下展开的；第二次是在太平盛世、经济繁荣的背景下展开的；第三次是在城乡户籍二元制的溃堤效应下展开的。所谓"溃堤效应"是指，在 20 世纪 50 年代之后，一道户籍制度的高墙把农民进城的路堵得严严实实。到 80 年代中期之前，农民连进城的资格都没有，出门要获得生产队的批准，要带上生产队、大队、公社的证明信函，即便这几关你都过了，还有一关你是怎么都过不去的。不论谁走到哪里，吃饭得给粮票，而粮票只有吃商品粮户口的人才有，农民没有获取的资格。几级证明信和粮票把农民拴死在自己家门口。80 年代后期，随着物质的丰实和户籍管制的松动，农民才被允许自带口粮到城里走一走，随后城门被农民彻底挤破，2 亿多人涌进城市，城市化率迅速攀升。

二是动力不同。第一波是政治推动。"城"在《辞海》的解释是"在都邑四周用作防御的墙垣"，《墨子》中说"城者，所以自守也"。在那个战火纷飞的冷兵器时代，谁的城池建得牢，谁的胜数就大；谁的城池建得大，谁的势力范围就大。春秋战国时期，城市（城堡）的发展，无疑是诸侯争霸、开展军备竞赛的结果；第二波是市场推动。"市"在《说文解字》中的意思是"买卖所之也"，《周易》中说"日中为市，致天下之民，聚天下之货，交易而退，各得其所"。随着生产力的发展，城市渐渐由"城"的防御功能转向"市"的市场功能。宋朝城市化的迅猛发展，无疑是生产力迅速提高的结果，是市场充分发育的结果，赵宋被称为中国历史上绝无仅有的以"工商立国"的王朝，当时，以雇佣劳动为特征的资本主义的生产方式在宋代就得到了大规模的推广，这一人类文明史上"最伟大的跨越"，不是来自亚平宁半岛上那个叫做"佛罗伦萨"的地方，而是公元 11 世纪的宋朝。第三波是城市的拉力和政府的推力共同作用。由于城乡差距过大，在"外面世界"的诱惑下，一个个农民从田头涌向城头。"蓄之愈久，其发必速"，目前全国农民工总量已达 2.7 亿，其中外出农民工约 1.9 亿，比俄罗斯总人口还要多。同时，由于一些基层政府的政绩冲动和对土地财政的依赖，采用各种办法把农民推上楼，使 5 000 万失地农民"被市民"。

三是目标不同。第一次是"防御＋贸易"。在春秋战国之前，建筑城郭是"国之大事"。但是与领主等级关系相适应的城市等级的存在，和周礼严格等级制的限制，封建领主对城邑规模定制大都能恪守不渝。到了春秋时代，各侯国为在争霸中发展势力，"筑城以卫君，造廓以居人"。第二次是"贸易＋防御"。宋代打破了唐朝城市的政治区域与平民区域划分的严格界限，将平民的工商经营扩大到全城的各个角落。发展城市不再是为了防御而是发展经济。"澶渊之盟"的签订，也许让宋朝明白一个道理"弱国无外交""发展才是硬道理"。第三次是由于社会需求、"形象工程"的驱使。改革开放后，国门一打开，突然看到自己与外国的差距简直是天壤之别，于是奋力追赶，千方百计与国际接轨。一些地方政府之所以热衷"造城运动"，一是钱好来，GDP 和财政一下就被推高；二是政绩好看，城市就是地方的形象，城建好了，形象就美了。内蒙古的某市，只用 5 年的时间，就打造了一座占地 32 平方公里的豪华新城，结果沦为"鬼城"。云南某县城，把全县十几万人都搬进城，房子还有剩余。城越扩越大、楼越盖越高的现象十分普遍。有关专家称，中国城市规划总人口已达 34 亿。

四是效果不同。第一波，"城"化的特点明显，巩固了诸侯政权，但同时也加剧了礼崩乐坏的悲剧。第二波"市"化的特点明显，到了宋代，经济繁荣程度可谓前所未有，有"苏湖熟，天下足"之称的农业，有世界上最早的纸币，有全球最牛的造船技术，古代四大发明有三个都出现在宋代，有最繁荣的海外贸易，和南太平洋、中东、非洲、欧洲等地区 50 多个国家通商。有关研究称，公元 1000 年，农民工收入，按当时买大米的能力，转换成今天的大米，再按今天的价格折算成现金，相当于 3 200 美元的收入，正好相当于 2008 年人均 GDP。汴州热闹繁华的程度在《清明上河图》中刻画得清清楚楚。"州桥夜市煎茶斗浆，相国寺内品果博鱼。金明池畔填词吟诗，白矾楼头宴饮听琴"，后南迁至杭州，"夜市千灯照碧云，高楼红袖客纷纷，如今不是升平日，哪得笙歌彻晓闻"，这简直就是一个让人羡慕嫉妒恨的"小资"生活。第三波，城镇迅速扩张，规模大了，档次高了，样子美了，但一些地方城镇化成为追求 GDP 的手段，结果 GDP 上去了，但民生却没能上去；城镇化成为建设"形象工程"的手段，结果形象起来了，但民心却冷落了；城镇化成为发展房地产的手段，结果房价起来了，但需求下去了；城镇化成为大搞"造城运动"的手段，结果新城涌现了，但农村衰落了。

中国三次城市化浪潮的启示

一应冲破行政级别的枷锁。根据 1954 年版的宪法，我国行政区划分为省、县、乡三级。20 世纪 80 年代开始，大力开展市带县体制，代替地区行署制。经过 30 多年的发展演变，我国已演化出一套完整的城市行政等级系列，城分七等，直辖市 4 个（平均人口 1 500 万）、副省级城市 15 个（平均人口 478 万）、一般省会城市 17 个（平均人口 251 万）、一般地级市 252 个（平均人口 68 万）、县级市 367 个（平均人口 21 万）、县城 1 624 个（平均人口 9.2 万）、建制镇 15 563 个。河南有个西辛庄村，2 000 多人口，为反对制度对农民的歧视，也自作主张，改称为"市"。这种以行政级别论城市的体制对于促进要素集聚，加快培育区域增长极在初始阶段具有一定的积极意义，但是，随着社会主义市场体制的确立和完善，这种以行政级别区别城市的做法，显然还停留在计划经济思维，与市场理论是完全相悖的。不同类型的城市，其市长虽然都称之为市长，但其行政级别却分三六九等，从正部到正科，相差十万八千里，级别背后则是权力大小，权力大小背后是调动资源能力的大小。这种制度设计就在客观上造成了城市之间的不平等，人为地为小城市设置了天花板，即使条件再好，想冲破这个天花板可能性也大。必须尽早冲破这种行政级别枷锁，让城市去级别化，让不同的城市同在一个穹顶之下，舒坦地生长，茁壮地成长。

二应冲破资源错配的枷锁。我国城市公共服务水平取决于我们行政体制的级别，城市行政等级越高，获得的资源就越多，其城市公共服务水平越好。全国 88 所重点大学，北京就占了 28 所，占到 32%。我国几乎所有的大学都建在县以上城市，而美国 33 个州的大学多分布于城镇中，其中城镇大学数量高于城市 2 倍以上的有 21 个州，有的州高达 10 倍以上，哈佛大学和麻省理工学院所在的坎布里奇镇，就位于乡间小镇。日本每个县都有多所大学。我国 80% 的医疗资源都集中在大城市里。北京市的医用 CT 机比整个英国还多。资源的错配形成马太效应，导致城市病在一、二线愈演愈烈，房价高昂、交通拥堵、空气质量恶化、水资源紧张、服务设施紧缺等日益成为困扰大城市发展的问题，而中小城市和小城镇，在城市行政等级序列中处于底层，长期处于投资不足状态，普遍存在产业基础薄弱、基础设施滞后、服务设施欠缺、生态环境恶化、社会管理紊乱等问题。应借鉴国外的经验，按人口密度和集聚程度配置资源，城市发展遵循个性选择，要素供给遵从市场配置，尤其是优质教育、医疗、文化等公共资源要让所有的人都有均等获得感，不论大城市还是小城镇，大家机会均等，公共服务差距不大，只有这样，人口流向也才会均等化，才不会一窝蜂地挤进北上广深，社会才能均衡发展。

三应冲破市场约束的枷锁。现在不少地方都把招商引资作为头号工程来抓，但是想尽各种办法，效果甚微。为什么？就是只注重"外引金凤凰"，不注重"内植梧桐树"，还有不少阻碍市场的行为和做法，比如准入难、乱收费、不透明，甚至出现敲诈勒索、强买强卖、非法索取、黑恶势力、食言失信、渎职要权等现象。还有一些城市，一味追求所谓的"高大上"，似乎觉得一些小商小贩有碍市容而拒之城外，把城市管理标准定在不见小商小贩就是高水平的尺度，这是十分荒唐的。一个良好的城市应该是一个"绿色化"的生态系统，如同一个森林，既有高大乔木，又有低矮灌木和绿遍山野的草地，共生共长，才能生生不息。合理的城市结构应是"草灌乔"型结构，一个抛弃小商小贩的城市，必然会被时代抛弃。尤其是一个处在经济新常态下的城市，要激发大众创业，调动万众创新，必须冲破制约市场发育的枷锁，加快政府职能转变，探索建立符合国际惯例的负面清单制度，营造一个法治、公平、宽松的市场环境。

四应冲破城乡二元格局的枷锁。纵观半个多世纪以来的中国社会历史进程，"三农"做出了巨大贡献：战争年代，农村包围城市；建设年代，农业支援工业；改革年代，农民服务市民。尤其自 1958 年城乡二元户籍管理制度的颁行，更将这种贡献制度化。自此，"三农"贡献便有了制度约束。更重要的是，二元制度很快演绎出二元社会，二元社会又孕育出二元文化，二元文化导致二元格局格式化，导致城市越来越大，乡村越来越小。这种枷锁不破，城乡统筹就是空话。发达国家多以人口密集区和非密集区为标准建设市镇。联合国统计资料一般把 2 万人以上的居民点定为城市。目前世界上约有 50 多个国家采用人口规模单一指标划分城市，如美国、墨西哥为 2 500 人以上。美国 3 万以下的城镇有 34 000 多个。我们应彻底冲破二元格局的枷锁，与国际接轨，破除城镇与乡村的人为壁垒，将城镇的划分回归到其本真的意义——人口密度和集聚程度上来。

五应冲破"原住民"的枷锁。如何让流动人口不流，是最紧迫的社会问题。安居才能乐业。然而现在很多民生工程项目为原住民着想多，多为传统的原住民锦上添花，为流动人口雪中送炭的少。流动在首都 800 万"北漂"，每年能转为北京户口的才 18 万，全部消化，需要排上 44 年。广州、上海、深圳按积分入户，每年只有 3 000 个指标，按这个标准，深圳 700 多万外来人口，要排到公元 4 000 多年才能完全解决。一线城市的户口，对于农民工而言，就像天边的地平线，实实在在存在着，但永远追不上。中小城市户口虽然已经开放，但由于资源错配，公共设施与公共服务同一、二线城市差距甚大，农民不愿在那里落户。如何让流动人口不流是一个亟待破解的问题。

（本文原载于《中国发展观察》2016 年第 1 期）

大学带小城　校城共崛起

——中国城镇化的新路径（上）

古今中外城镇化发展的经验表明，大学对小城镇发展具有显著的拉动作用。创建于 1209 年的剑桥大学和创建于 1168 年的牛津大学都坐落于乡间城镇，其所在地的城镇在大学带动下，人口都在 10 万以上。美国的哈佛大学和麻省理工学院所在的坎布里奇镇，也位于乡间小镇，在它们的带动下，人口也达到 10 万左右；爱因斯坦在那里度过了他生命中最重要的 22 年时光的普林斯顿大学也位于一座别具特色的乡村都市；我国的西北农林科技大学就坐落在陕西省咸阳市杨陵镇，目前仅教职员工就有 3.5 万人，杨凌在这所大学带动下城市户籍人口已达 8 万多，从一个西北小镇迅速发展成为一个中国的"农科城"。

目前，美国人口 3 亿，大学有 3 500 所，即平均不到 10 万人就有一所大学。51 个州中，只有 18 个州的城市大学数量超过城镇大学数量，且最高超不过 2 倍，33 个州的大学多分布于城镇中，其中城镇大学数量高于城市 2 倍以上的占 21 个州，有的州高达 10 倍以上。日本每个县都有多所大学，爱知县人口 710 万，有 73 所大学，北海道 570 万人口，有 62 所大学，栃木县人口 200 多万，拥有 18 所大学。按照美国大学与人口的比例，我国应该创办 13 000 多所大学，而现在只有 2 300 多所，也就是说还应创办 1 万多所大学，才能赶上美国现在的大学拥有水平。如果把这些大学按照世界许多国家的布局办到小城镇去，每所大学招生 5 000 名，有较高知识层次的教职员工则需 500 人左右，同时，可直接带动或吸引周围一大批人员到小城镇创业就业。按每个城镇新增

2万人计算，城镇人口将新增2亿人，我国城镇化率会因此提高15%。

最近，有一部分中国大学正跃跃欲试，准备到海外开分校。据《国际先驱导报》2013年6月7日报道，浙江大学要在英国开分校。事实上，浙江大学并非第一个打算走出国门开办分校的中国大学，早在2013年初，厦门大学马来西亚校区的建设就已提上日程。有专家担心中国大学海外办分校将是一宗赔本的买卖：国家花费巨款到海外办校，却不能改变国内高校的质量。与其把钱拿到国外去花，倒不如先把国内的事情办好，先把国内的资源用足。我们完全可鼓励支持各类大学的二级学院，选择区位交通优越、基础设施完善、人文底蕴深厚、经济社会繁荣的小城镇，到那里去创办分校或独立学院。创办于1868年的美国加州大学先后在加州不同地区设立了9个分校，每个分校都带起一座城镇，每个分校都是该地城区的核心部分。我国借鉴这条路子，农业大学和高职院校应先行一步，探索路径，积累经验，再逐步向其他院校推开。这样既可消解大城市里大学越办越大，无限膨胀的现实，又可解决在大城市办大学成本过高，不堪重负的问题，还可改变大学里大量资源闲置，不能发挥效用的状况。大学创办可以采取学校自办、校镇共办、企业联办等多种方式。国家和省一级应出台相关政策，在资源配置上给予倾斜，在土地供给上按公益事业批给计划，地方政府做好道路、通信、供水、供电、供气、市政等基础设施建设；动员那些乐于捐资助学的企业家，出资建设教学楼、科技楼、图书馆等设施，给予其冠名权；大学主要谋划大学院系，组织教学科研人才、设备进驻，力所能及筹措资金投入建设；中央和省级也可设立专项资金，专门用于支持大学到小城镇创办分校或独立学院。

长期以来，我国的城乡二元结构使大城市集聚资源的能力越来越强，从而导致城乡差距越拉越大。这当然有利于经济建设，但却不利于社会建设，因为经济建设和社会建设遵循的是不同的规律，经济建设追求集聚资源、提高效率，而社会建设则要求资源均衡、公平配置。我国城乡差距的根本表现就是资源配置的悬殊，如教育资源，高等教育过度集中于大城市，列入211和985的高校全部集中在大城市，全国2 000

多个县一级办有大学的只有几所。一个地方建一所大学产生的是立体式带动效应，一个学者可能带动一个产业，一批学者可能带动一个产业集群，大学潜移默化地渗透、长期持久地影响，必然使所在城镇成为一个区域经济社会发展的制高点、辐射源和加速器。

　　大学带城，校城相长；城因校名，校因城活；校城带市，市旺城张，互为促进，协同发展。一是可以低成本带动小城镇扩张。大学在小城镇创办，小城镇可为大学提供各种生活服务及公共交通等，不需要政府大规模投资，就可带动当地二、三产业快速发展，进而吸引相关企业入驻投资，加快产业和人口的集聚，增强小城镇经济社会发展活力和能力。二是能够高档次带动小城镇发展。一个城镇有一所大学，对城镇周边会产生全方位辐射效应，将大大提高人口素质，一批专家、学者可为社区提供各项服务，如开展成人教育和继续教育乃至终身教育；开展技术推广和培训服务；向社会开放图书馆、博物馆、实验室，实现教育资源共享等，这既可以对我国多年来农村教育欠账，人口文化素质不高予以补课，又能够充分发挥这些在大城市几乎处于闲置状态的资源效用，大大增强城镇可持续发展能力。比如美国大学从殖民地时期就一直是社区的中心，由于大学多在乡村小镇，政府对大学和科研的资助是从农业机械开始的。到20世纪时，大学更成为当地社会的轴心，紧密地服务于社区的各种需求，大学与社区、民众、企业紧密交往互动，融为一体，不仅是知识技术的高地，还是文化道德的高地。三是大幅度、全方位提升小城镇的知名度、美誉度。小城镇拥有一所大学，就拥有靓丽的名片，对外招商引资、洽谈项目就有了支撑，能够吸引各类人才来小城镇创业就业，从而打造出有自己产业特色和地域特点的新城镇。杨凌镇依托西北农林科技大学，目前已吸引了81个民营性质的研究机构，56个省部级以上科学研究平台，中高级职称科教人员5 000多人，院士13人。成为我国唯一的国家级农业高新技术产业示范区。

　　大学落户小城镇，对大学发展也有很强的促进作用。一是有利于学术研究。由于远离喧嚣的大城市，专家学者有了一个相对安静思考的环境，更能够心无旁骛潜心学问。英国的牛津、剑桥都是沉潜于乡间市镇上的哲人库、思想库，数百年来产生出无数影响世界的思想和世界级名人。美国的麻省理工和哈佛，在小镇上造就出全球 700 多名诺贝尔奖得主中的 130 多位。二是有利于产学研结合。大学能及时了解所在地企业、农民及社会的实际需求，专家、学者才能真正做到把论文写在大地上。科研人员、学生有了稳定的实验、实习基地，科技成果才能得以迅速转化为现实生产力。三是有利于培育学生健康成长。学生不需到大城市读书，不仅节省交通及生活成本开支，免受大城市高消费的干扰，养成良好的节俭习惯，而且学生身处乡村社会，了解草根生活，少了一些大城市好高骛远的浮躁，不会产生不切实际的就业动机，使人才资源的合理配置难度大大减缓。四是有利于形成人才集群和快出成果。我国西北农林科技大学由于贴近实际，在旱作农业、水土保持、小麦杂交育种、生物制药、细胞克隆、人体干细胞研究等众多领域相继产生了一批具有国际水平的成果，成长出一大批这些领域里的拔尖人才。

总之，大学带城，政府只需花极少的投资，就能够以"四两拨千斤"，迅速带来成千上万个新城镇的崛起、成千上万个新大学的诞生。这不仅能从根本上提高小城镇的竞争能力和资源集聚能力，更重要的是能从源头上扭转城乡资源配置不公的格局，是缩小城乡差距，彻底改变城乡二元结构的釜底抽薪之举。人们参与市场经济活动，起点是参与能力。参与者的能力是通过消费形成的，消费包括公共消费和私人消费，公共消费即政府向民众提供的教育、医疗、社保及公共基础设施和公共服务消费。私人消费包括食品、娱乐、高等教育等。要避免经济活动中的能力陷阱，对于绝大多数人来说，私人消费十分有限，政府的公共消费是关键。一个穷人，可以通过政府提供的公共消费获取基本能力，而这个基本能力的获取最重要的就是靠教育。有了这个基础，穷人就可以在市场竞争中找到脱贫致富的机会，从而使社会的阶层流动得以实现。大学落户小城镇为乡村社会获取教育资源、提升能力带来了极大方便，是破除阶层固化、推进社会阶层流动不断加快流速、加大流量的根本举措、治本之策。

（本文原载于《中国发展观察》2013 年第 10 期）

企业造城　市场兴城

——中国城镇化的新路径（下）

　　让八九亿农民就地就近城镇化是中国城镇化的重要途径。但由于长期以来在资源配置及有关政策方面多向大中城市倾斜，小城镇发展一直处于活力不足、成长不快、发育受限状态，而国家在短期内也无力改变这一现实。因此，充分调动民间力量、社会力量开发小城镇，走企业造城、市场兴城的路子是中国推进城镇化切实可行的新途径。

企 业 造 城

　　改革开放以来，我国房地产企业在城镇化实践中，发挥了重要作用。目前，碧桂园、世纪金源、万科、绿地等房地产大鳄在全国造城数百。20世纪90年代初以来，碧桂园的造城版图从广东、湖南迅速扩张到湖北、江苏、安徽、辽宁、内蒙古、黑龙江、重庆、天津、广西、海南等省份。迄今，碧桂园已在全国造城100多座，业主户数达到50多万。世纪金源也已成功开发了北京世纪城、昆明世纪城、长沙世纪城、贵阳世纪城和合肥滨湖世纪城、北城世纪城。每个世纪城投资数百亿，开发面积500万平方米左右，居住人口都在10万人左右。

　　企业造城走的是先城后市的路子。房地产企业根据有关规划，按照产城一体、职住一体的思路，充分发挥企业融资、市场运作、规划建设等优势，选择靠近园区、符合城乡规划、区位优越的城郊或乡村创建新城，建设商品住宅、城市综合体、五星级酒店、文化旅游商业街、大型购物中心、中小学和幼儿园、体育中心、城市路网、市政管网、景观绿化、社区服务设施和社区服务中心，甚至包括湿地公园等。这种企业造城、先城后市的新模式是我国推进城镇化进程的好途径。政府应把这些功能齐全的新开发社区，当成独立的小城镇，出台有关政策予以支持扶持，放手让企业组织业主独立管理，自我服务，政府不设系统的行政管理机构，只设如税收、治安、消防等少量的派驻机构，城镇管理，由企业组织业主实行民主选举产生城镇管理委员会，主要负责物业管理、社区服务和商业开发运营等。同时，政府根据人口数量，可给予相当于乡镇级、副县级或县级的各项政策待遇帮助，具体实施可通过城镇管理委员会落实，政府只提供必要的支持。房地产商将建成的中小学和幼儿园、体育中心、城市路网、市政管网、景观绿化等公共设施移交给政府管理维护。

企业造城，一是政府不用花钱，还可从出售土地中获得收益，增加当地政府和农民收入。二是降低行政管理成本。由于不设系统的行政机构，企业组织业主民主管理，政府只提供必要的公共服务，大大降低了行政成本。三是带动当地产业和居民集聚，促进当地居民就业，拉动当地消费，促进经济社会发展与繁荣。四是增强企业的竞争力。我国一大批房地产企业，在造城过程中，积累了经验，壮大了经济实力，提高了技术水平，增强了管理能力，可造就出一批具有国际竞争力的业界航空母舰。

市 场 兴 城

古今中外城镇化经验表明，民间力量兴建城镇，都是以市场经济规律为主导，以民间力量自行管理，因此，充满活力和动力。我国宋代是城镇化发展的高峰期，在城镇发展中打破了唐代以来城坊制的旧格局，实行街巷制的新体制，按照社会需求，大力发展各类手工业、服务业、娱乐业、广告业，同时取消流传千年的宵禁，大兴夜市，城镇化水平在当时全世界领先。其基本经验就是放手让民间兴办集市，由当地有威望的士绅自治管理集市，政府不设完整的国家行政系统，只负责税收、消防、治安等。据学者统计，两宋时期，见于史载的市镇多达 3 600 多个，其中一部分市镇，不论人口数量还是经济发达程度，都超过一般州县，工商税收远高于农业税收。西方发达国家发展小城镇的经验就是充分发挥民间力量。其核心是聘任制和民选的公开监督机制。美国城镇管理机构由选民通过选举产生出城市委员会（也称市议会）。城市委员会聘任市政管理的执行机构——城镇开发代理董事会。选举产生的市长、委员、董事等成员基本不拿工资，主要是尽义务，只有市长每月有500美元的补贴。城市开发代理董事会直接承担行政、社区发展、社区服务、消防、人才资源和风险管理、警察局、公共事务等。古代和西方现代的做法都值得我们在城镇化的道路上认真借鉴。

20世纪八九十年代，我国崛起了一大批依市兴城的典型，如福建的石狮、浙江温州的桥头、河北的白沟等。近年来，我国交通结构发生了巨大变化，高速铁路、高速公路、航空、港口快速发展，农村公路也已联通成网，"村村通"更使得乡村流通贸易空前发达。在高速铁路站、高速公路下道口、机场、港口及乡村交通要道或货物集散地，自发形成了一个个辐射能力极强、远达数乡甚至跨县的露天集市，它们大多有市无场，有的依托村庄交易，有的就在一片空旷的原野上搭建简易场所进行交易。针对此类市场，各级政府应因势利导，组织专门力量帮助做好规划，提供必要的公共服务和基础设施。放开手脚，让市场力量充分释放，让民间活力充分展示，以此推进一批新兴城镇的崛起。

市场力量兴城，应推行"政府引导、市场主导、社区自治、民主管理"的原则。新崛起的城镇，应借鉴西方经验，政府不设系统的行政机构，实行地方自治的做法，管理机构由本地居民通过选举产生城镇管理服务委员会。城镇管理服务委员会决定并聘任城镇开发代理董事会。每年定期开会，商议重大事项；发生应急事件，随时开会。城镇开发执行董事长负责处理行政事务、社区发展等日常工作。政府负责学校、医院、就业、文化、治安、消防等公共事务管理与服务。

市场兴城，走的是先市后城的路径。这种模式，一是具有很强的生命力。自发生成的市场，自我形成的管理，充满旺盛的活力，这种活力来自内生性的动力，而不是来自外力的推动，因此，可持续性强，具有不竭的生命力。二是有利于构建政府、市场、社会三驾马车各司其职、相互配合、互相制衡的多元治理结构，促使政府把那些不该管、管不了、也管不好的事情，该市场的交给市场，该社会的交给社会，符合行政管理体制改革的大方向。三是充分发挥民间的创造力。民间力量兴城，给民间能人搭建了一个施展才华的舞台，从而大大激发他们的内生动力和创造活力。纵观我国农村改革的成功经验，无一不是来自基层民间的创造。四是降低行政成本。由于城镇管理实行民间自治管理，政府不设系统的行政管理机构，公务开支将大大降低。

（本文原载于《中国发展观察》2013 年第 11 期）

城市化 干得好成欧美
干不好成拉美

改革开放以来，在经济发展拉动及政策的推动下，我国城市化快速发展，城市化率从 1978 年的 17.9％增加到 2012 年的 52.6％，已经超过了世界平均水平。在快速推进的同时，也出现许多困扰发展、值得关注的重大问题，中国的城市化目前已经走到了十字路口，干得好成欧美，干不好就有掉入拉美陷阱的危险。

我国城市化进程中存在六大模糊

1. 内涵模糊。城市化就是把人化入城市的过程。而许多地方只注重"物"的城市化，不注重"人"的城市化。只关心脚下的地，不关心地上的人。因为地可以生财，人只会花钱。中国社科院发布的《2009中国城市发展报告》显示，2001 年至 2007 年，地级以上城市市辖区建成区面积增长 70.1％，但人口只增长了 30％。当前，我国城市化率是53％，而城镇户籍人口占总人口的比例只有约 35％。这意味着还有18％，即 2 亿多生活在城市里的人没有真正城市化。许多进城农民是"扛锄头的市民"，并没有成为真正的市民。有学者把这种城市化称作"半城市化""浅城市化"。有关调查显示，农民工在城里有自己房屋的只占 0.7％。无处安身，何以乐业。城市化的内涵首先应该是人的城市化，很多地方对城市化内涵认识模糊，以为盖上房子、修上路就是城市化了。一些地方推进城市化的冲动来自对土地财政的依赖，千方百计把农民土地变为建设用地，然后以地生财，一些农民"被上楼"，一些村庄成建制地变为城市，违法拆迁、暴力拆迁时有发生，城市变大了，农民利益却受到严重损害。农村问题城市化、农民问题市民化的矛盾内化倾向愈加刚性。

2. 格局模糊。先发展大城市，还是先发展城市群，还是先发展小城镇？理论界一直争论不休，实践中各干各的。笔者认为，中国应沿着费孝通 20 世纪 80 年代初提出的"小城镇、大战略"的路子走。中国这么多农村人口，要实现城市化，首先应该走就地城镇化的路子，然后再慢慢向中等城市、大城市集中，一步跨入大城市非常不现实，人力、物力、财力及管理能力都准备不足。应该先发展小城镇，让农民就地城市化，就近城市化，这是符合中国目前实际的城镇化道路。当前，国家的资源配置主要是先发展大城市，对小城镇用力太少，不仅如此，苏州等很多地方都在斥巨资建市综合体，而"智慧城市"也在全国 90 个城市首批试点。这一由 IBM 提出的"智慧地球"转义而来的舶来品，在国外也不过 5 年时间，我们今天就匆匆拿来，盲目性太大，代价太大，"智慧城市"千万不可"利令智昏"。许多城市社区建设追求高档化、贵族化、奢华化，动辄国际一流。典型表现就是争建摩天大楼。目前中国已有摩天大楼 1 000 多座，正在建设的还有 1 000 多座，远超美国的436 座和阿联酋的 50 座。以每座 50 亿元投资计，中国 2 000 多座要花10 多万亿元的投资。这种"高端化"发展更加剧了农民工的"低端化"生存。2011 年有个中国城市国际形象调查，结果显示，全国有 655 个城市正计划"走向世界"，200 多个地级市中有 183 个正规划建设"国际大都市"，这个口号连我们的首都北京都没敢这样提。一个看似简单的口号，反映出我国城市建设中存在不切实际、贪大求洋的错误倾向。

3. 路径模糊。城镇化的路径有两条。一是先城后市，二是先市后城。两种格局多自宋代形成。先城后市是当时在许多要塞建立城堡，逐渐形成政治经济中心。这是官办的。先市后城由民间自发兴起，政府不设完整的行政系统，只派人负责收税和消防，事务由地方士绅管理。宋代此类市镇十分发达，见于史载的就超过 3 600 多个，其中不少市镇不论人口数量还是经济发达程度都超过一般州县。可见，城多因政治兴起，而市多由经济驱动。宋代是我国历史上由城坊制向街巷制转换的时代，是城镇化发展的高峰，从宋代的现象可以看出，只有按市场规律发展城镇，城镇才会兴旺发达。城市是城和市的结合，有了城必须有市。今天好多地方盖了一座空城，没有市，就是没有用市场力量去解决，而是用行政力量去推动。即便一个靠某项产业发达起来的城市，一旦没有产业支撑失去市场，也会很快萧条下去。英国利物浦是工业革命的先驱城市，其财富总值一度超过了伦敦，20 世纪 30 年代的严重经济危机让利物浦遭到灭顶之灾，大批企业倒闭，20 世纪 70 年代中期开始，利物浦的支柱产业造船业急剧萎缩，失业率再次成为英国最高。城市大片区域荒废，杂草丛生，基础设施闲置，到处是破败的景象。2011 年的人口普查显示，利物浦人口为 46.6 万人，比 1931 年的 84.6 万人，下降了将近一半。这种由于缺乏稳定的产业支撑以至由盛转衰的城市，世界上屡见不鲜。美国的底特律由于汽车业的萧条使人口由 1950 年的 1 849 568 人下降到 2010 年的 713 777 人。强行推行城市化是一种灾难。从 1950 年起世界萧条城市的数量大于城市化城市的数量。1960—1990 年内，萧条城市数量增长了一倍，而城市数量只增长约 60%。在我国，还有多少像内蒙古某市一样建造的"鬼城"不得而知。河北某区 2003 年开发启动，最初规划 30 平方公里，随即改为 60 平方公里，接着跃升为 250 平方公里，最后扩展为 2 000 平方公里，投资从 2008 年的 327.6 亿元一下狂增到 2009 年的 1 023 亿元，2012 年又猛降到 600 亿元以下。猛药效短且推高债台，要支付的利息远超当地年财政收入，即使不吃不喝也只够还利息，本金支付如到偿期，不知当地政府如何解决。相反，在我们现实生活中，有些历史重镇，交通发达、历史悠久，物流集聚能力很强，方方面面条件甚至比一个市县所在的城都好，但它只是一个镇的构架，行政力量严格制约了它的发展，不按照市场规律去配置资源，它就发展不起来。有城无市和有市无城的困扰该让我们清醒了。

4. 速度模糊。是按照经济规律循序渐进，还是按照官员意志大步跃进，这个问题一直被忽视。城市化增长 20 个百分点，英国用了 120 年，德国 85 年，美国 80 年，韩国也有 30 多年，我国仅用了 22 年。我国只用 30 多年时间就赶上了西方国家近 300 年的城市化历程。城市化过快会带来有城无市、资源浪费、土地矛盾、社会管理、交通拥堵等一系列问题。一个更深层次的问题是，本来可以增值 70 年的土地，一次性卖给开发商，一下子把 70 年的钱拿过来了，土地开发权利给了开发商。本来可以循序渐进，逐年生财，但是现在却把 70 年的钱一次性拿过来一下子花光，与后代争饭吃。这种速度模糊造成的隐患让子孙情何以堪。过快城市化、过度城市化，拉美陷阱的教训世人皆知。

5. 功能模糊。城市规划在功能上定位不清，城市规划被誉为城市第一资源，规划的失误将带来建设的失误，而建设的失误往往难以弥补。比如城市规划的预见性不足，城市产业布局的失衡，埋下了交通拥堵的"隐患"，而当实际的拥堵问题出现后，再对原有规划进行改良，不仅造成巨大浪费，而且只能是事倍功半。大城市的学校、医院、图书馆、演出场所等城市中心，集中了大量优质公共资源。北京的许多医院已经不只是北京人的医院，更是全国人民的医院，大量的人流从不同地域汇集于此，人满为患已经成为常态。在北京 1 000 余所小学的门前及附近道路上，由于接送孩子也在形成交通拥堵。此外，由于大量商务区和行政办公区集中于市中心，过度开发和人流高度聚集，高昂的房价让大量人群迁往外环和城郊，而那些远离市中心的开发新区功能单一，仅仅为了生活，不能有效吸纳就业，导致职住分离。亚洲最大社区北京天通苑被誉为"睡城"。北京市中心以外的数十个居住小区也与此相仿。实际上，全国大多数城市都存在职住分离的严重问题。借鉴国外职住一体，围绕大城市分业建设一群卫星城的模式值得我们借鉴。

6. 规模模糊。城市规划在规模设计上不符合现实。城市的规模首先应该与城市辐射范围内的人口数量及功能、性质、发展条件相适应，讲求适度规模。但是在我国城市化进程中，很多地方政府好高骛远，贪大求洋，在没有客观考虑自身资源禀赋的情况下就出台大而空的城市发展规划。目前把我国所有城镇规划的总人口加起来已经超过 20 亿，就算现在把所有农村人口都转移到城市，也还有 6 亿多的数量缺口。福建某一个只有 25 万人的山区小县，县城规划建成区面积为 100 平方公里，控制区为 150 平方公里，该县 25 万人中，已经有 66％的劳动力外出经商务工，有的已落户他乡，举家迁出，不再回归。25 万人口大约 8 万户左右，建这么大的城，浪费得实在令人惊诧。可见，在城市化进程中盲目规划，大铺摊子、铺大摊子的现象已经十分普遍。照此规模建设，我国城市化进程很难实现科学、理性的发展。

我国与西方国家城市化存在五大差异

1. 西方国家在殖民地消化矛盾，我国只能靠自己解决问题。城市化过程就是资源和资本集聚的过程，需要消耗巨大的资源，支付巨大的社会成本。这种资源消耗和成本支付，在西方国家，主要是通过殖民地扩张来消化的。他们掠夺殖民地资源、向殖民地转移过剩劳动力和贩卖奴隶，把城市化过程中的矛盾和问题大都转嫁了出去。300 多年前，北美大约有 1 亿印第安人，但是欧洲人到来以后，在这里大规模地开拓疆土，大规模地掠夺资源，在美国的印第安人现在仅剩 40 多万。他们的剩余劳动力也通过向殖民地输出得到了很好的消化。300 多年的殖民化，欧洲大陆共移出四分之一的人口，资源环境空前宽松。我国与西方国家不同，中华民族一直是一个内敛的民族，我们没有殖民地，我们不可能通过大量掠夺资源而获得财富积累，也不能通过殖民扩张而输出剩余劳动力，更不能通过贩卖奴隶而获得低成本的劳力。我国城市化过程中的矛盾只能靠自己解决。这是历史的宿命，一部分人想违背常规尽快过上好日子，就必然要牺牲另一部分人的利益。西方在这个过程中是通过矛盾外化的方式渐次推进，中国走的是一条自力更生快速推进的路子，面临的困难和问题当然更为艰巨和复杂。

2. 西方国家农村人口总量少，中国农村人口总量多。西方国家地广人稀，资源丰富，可利用空间大，容易谋生。美国和加拿大的国土面积与中国相当，但是它们的人口数量分别是 3.1 亿多和 0.3 亿多，分别不到中国的四分之一和四十分之一。根据 2010 年第六次全国人口普查，我国总人口超过 13.7 亿人，就算达到发达国家 70％的城市化率水平，我国还有几亿人口要留在农村。因此庞大的人口数量决定了我国农村不可能在短期内实现大规模的、西方式的规模经营，土地的基本生活保障作用还将在相当长的时期内持续发挥作用。更无法实现西方式的高城市化率，国家在推进城市化过程中，必须拥有一定的村庄保有量，不然，这样一个人口大国，无法保证粮食安全。

3. 西方国家循序渐进，而我国则是快速推进。西方国家城市化是建立在工业化和农业生产发展的基础上，经历了较长时间的过渡。我国的城市化却是突飞猛进的发展。改革开放以来，城市化率从17.9％一路高歌猛进推高到约53％的水平，差不多以每年一个百分点的速度在激增。一些基层干部用摧枯拉朽的阵势，整齐划一的模式，疾风暴雨的方式，推进城市化进程，这种行为方式容易让城市化发展脱离实际，违反城乡格局的自然演替规律，埋下的隐患、带来的后果将难以预测。

4. 西方城市长期孕育出一个稳定的构架，而快速崛起的中国城市要形成这种稳定的支撑架构，还需要假以时日。西方国家的城市经过几百年的长期发展，已经形成相对稳定的基本构架，这个构架有纵向和横向两个方面，纵向上是宗教信仰这一根轴，横向上是各类社会组织这一张网。社会组织是沟通政府和群众的桥梁，也是提供社会化服务的主要载体，它是城市稳定中不可或缺的元素，是城市管理的主要抓手。西方国家有着系统而完备的社会组织体系，构成了强大的社会服务系统，这些社会组织为西方国家的社会稳定提供了强有力的保障。2006年的统计表明，每万人的社会组织数量是：美国52个，法国110个，阿根廷25个，而中国只有2.5个，差距十分明显。因此，健全和加快现代社会组织建设，提高服务社会能力，势在必行。

5. 西方国家人口正在回流农村，而我国人口正在流入城市。20世纪70年代以来，西方国家的城市人口开始向乡村和中小城镇回流。有越来越多的人工作在城市，生活在乡村。德国有40％多的人口生活在乡村，英国是28.9％、美国是22％、日本20％以上，英国在上届奥运会期间的一份调查表明，回流群体大多在25～40岁之间，是主要的劳动力，且回流多发生在近十几年里。我国目前正呈现相反态势，农村人为了获得更多的资源，享受到更多的公共消费，正在大量涌入城市，仅是居住在城市中的农民工就已经达到了 2.6 亿多。在高速推进的城市化过程中，我们应该保持一份清醒，应该清楚地认识到城市病终究会让一些人返璞归真，在发展城市的同时，乡村同样需要建设，城乡各自承担不同的功能，谁也无法取代谁。尤其吸引世人眼球的是"到庄园去"已成为西方外交的最高礼遇，"庄园外交"正以更个性、更随意、更亲和，广受世人青睐而引领世风。

建立新型城乡关系的三大着力点

1. 破除离农越远离现代化越近的认识误区。现在社会上一些人认为工业文明和城市文明才是现代文明的发展方向，而农业是与自给自足的自然经济相适应的落后文明形态，因此离农越远离现代化就越近。这是一种流布广泛的认识误区。"三化同步"本质上就是对农业文明、工业文明、城市文明这三大文明的继承和发展，是新的时代背景下三大文明的具体实践，三个文明必须同时、同步、同样的发展。从产生的顺序上来看，三大文明还具有继起性，首先是农业文明，然后是工业文明，再后来才是城市文明。三大文明是人类文明的基本载体，其他文明都是以这三大文明为依托的。作为最早发育起来的农业文明是人类文明的母体文明，它是与工业文明、城市文明并行不悖的一种文明形态。只有农业文明才是人类赖以生存的基本文明，其他一切文明都是建立在农业文明基础之上的文明，全社会都应清醒地认识到没有农业文明的文明是残缺的文明，没有农业文明的经济是断裂的经济，没有农业文明的社会是危险的社会，没有农业文明的发展是不可持续的发展。如果农业现代化这条短腿不能加长，那么实现现代化就是一句空话，现代化各个元素之间的关系不是非此即彼的关系，而是互促共生的关系。中国农业已经渡过了十年黄金期，当务之急是如何让这个黄金期继续保持下去，绝不能让"黄金时代"跌入"白银时代"，更不能跌入"青铜时代"。只有让这个黄金期再延续十年、二十年，中国的"四化同步"才能成为现实。法国科学家法布尔说"历史赞美把人们引向死亡的战场，却不屑于讲述人们赖以生存的麦田；历史清楚地知道皇帝私生子的名字，却不告诉人们麦子是从哪儿来的，这正是人类的愚蠢之处"。今天，绝不能让这种愚蠢在有着世界上独一无二、历史悠久的农业文明的中华民族中延续。

2. 打破"三圈"。"三圈"是指"圈地、圈人、圈钱"。首先是"圈人"。笔者曾用"六个最"描述性地概括农民工这个群体：一个人类历史上规模最大的群体，在最短的时间内，涌入最没有准备的城市，承托起规模最大的制造业，创造出数量最多的廉价商品，用最低廉的成本改写了世界经济版图。一亿多农民工进城务工却享受不到市民待遇，他们是工人中的农民，他们是农民中的工人，他们前进一步是城市、是市民，他们后退一步是农村是农民。当一种制度设计不论他们前进还是后退都能公平享受到经济社会发展的实惠成果，这种制度就是文明的、进步的。

其次是"圈地"。改革开放30多年来，3亿多亩土地被廉价征收。2011年全国土地出让金高达约三万亿元，而有关调查估算，农民获得的补偿不足其十分之一。同时，由于利益分配不公，征地拆迁事件大量发生，最后吃亏的往往都是农民。遵循经济规律，让农民享有充分的土地财产权，让农民参与征地的市场谈判，是保障农民利益的根本途径。

再者是"圈钱"。中、农、工、建四大商业银行及邮政储蓄都是从农村像抽水机一样吸储资金，而鲜有为农民贷款者，形成"五龙吸水"的局面，农民的资金大量被"圈"入城市。充分发育农村金融的本土力量，下大功夫解决农村钱荒，是培育农村发展内生性物质基础的治本之策。

如今，"三圈"的力度依然未减。可以说，"三圈"格局不破，三农问题无解。破除"三圈"是建立新型城乡关系的关键环节。

3. 建设良好的城市生态。城市生态包括经济生态、政治生态、社会生态、文化生态和自然生态。在经济生态方面，要综合全面地发展"草灌乔"式经济体系。一个健全的经济体系绝不是单一的高端经济，而是一个从底层到高层都健康发展的综合经济体系。摊贩是城市经济系统中的草根阶层，而草根阶层往往是经济发展的原动力。在政治生态方面，要建立健全公民权利保障体系，让公民的政治权、财产权、话语权等各项基本权利得到有效保障。要实现真正的民主，让各种声音都有发言权，只有建立良好的政治生态，才能做到内聚人心，外树形象。在社会生态方面，应该建立健全社会组织体系，让社会组织成为保障社会生态的网络基础。发达国家基本都是实行"小政府、大社会"的管理体制，社会组织极度发达。我国的社会组织在数量和质量上都有待提高。数量太少，质量不高，尤其是官方色彩太重。在文化生态方面，应全面发展"草灌乔"式多元文化体系，不能只注重精英文化，还应该关注大众文化、平民文化、草根文化。实现多元文化的互补共进，协调发展。大众文化、草根文化才是广大市民阶层最需要的文化。就总体而言，建设良好的城镇文化生态，中国还应借鉴发达国家以大学作为城镇化引擎的经验。美国 3 亿人口，拥有 3 500 所大学，不足 10 万人即有一所大学。中国 13 亿多人，照此水平应拥有 13 000 多所大学，而目前我国仅有 2 300 多所。美国大学三分之二以上都在城镇而不在城市。英国的剑桥、牛津都在小城镇上。日本县县都有多所大学，有的县几十所，北海道 570 万人有大学 62 所，爱知县 710 万人有大学 73 所。反弹琵琶，以大学带动城镇化，推进城镇文化生态建设应为中国未来的优选路径。自然生态方面，通过引入都市农业，建立市民农园等措施，改善城市的自然生态环境。这些举措不但能促进农业在都市的保存和发展，还能增加城市的绿地保有面积，改善生态环境，并促进市民间的感情和物质文化交流。这些做法在一些发达国家已经成效显著。发达国家早在 19 世纪便已经开始构建市民农园，2005 年日本的市民农园已经超过 3 000 家。我们应该在都市中引入田园，让建筑组团与田园组团交叉互补，形成"田园中的都市"和"都市中的田园"新格局，使人们在现代文明中体验传统文明，在传统文明中享受现代文明，让两种文明在交融中共生共荣。

1960 年世界银行统计的 101 个中等收入的经济体中，只有 13 个进入发达行列，其余 88 个都掉入中等发达收入陷阱，绝大多数到现在还没有爬出来。目前中国已经进入中等收入国家行列，前车之鉴，教训深刻。如果"后人哀之而不鉴之，亦使后人而复哀后人也"。

（本文原载于《中国发展观察》2013 年第 7 期）

贫困不是穷人的错

在全球经济不断发生震荡的今天，我们既要关注富人的发展，更要关注穷人的生存，引导社会不能只研究如何让有钱人挣到更多的钱，不研究怎样让没钱人挣到生存的钱。只有克服"歧视性贫困"，才能阻断"贫困的代际传递"

鲁迅曾以"哀其不幸，怒其不争"来表达对中国最底层民众的复杂情感。80多年过去了，当我们深切关注生活在农村的贫困群体，我们有理由"哀其不幸"，但我们已经没有理由"怒其不争"了！就总体而言，对于全社会分散的个体贫困，文化低、技能差、伤残病等自身因素是造成贫困的主因，但是，对于区域性群体贫困来说，外因却成了决定的因素。在那里，贫困不是穷人的错。

在自给自足的自然经济状态下，农村是一个封闭的社会，农民生活在封闭环境之中，城市对乡村的影响非常有限，独立的经济体之间影响也十分微弱，受外力的作用几乎为零，农民贫困与否，很大程度上取决于自身的奋斗。在经济社会高速发展、人类文明高度发达的今天，农村的封闭格局已经打破，独立的经济体之间的互相影响力越来越大，城乡之间、工农之间互相依存度越来越高，农民个人的生活被卷入整个经济社会环境而深受影响。就总体而言，在发生区域性贫困的地方，农民自身的努力程度已经不能决定其富裕抑或贫困，外力作用的大小成了决定他们贫富的关键。全国592个国家扶贫开发工作重点县是发生区域性贫困的集中地区，考察这些地方呈现出的人口集体贫困，无一例外地因外力所致。一方面，外力拿走的太多——农民的土地、资源和劳动力成为现代工业"虹吸"的对象，在国家宏观战略和马太效应的双重影响下，资源、资金、人力等生产要素均向相对发达地区流动，形成对农耕经济掠夺式挤压；另一方面，外力给予的太少——贫困地区成为被现代文明冷落、遗忘的角落，与"备受优待"的城市相比，面对的是恶劣的生存环境、落后的基础设施和欠缺的公共服务。外力造成的严重不公与巨大失衡，使贫困地区的农民在现代社会的博弈中总是处于不利的一面，他们为摆脱贫困而付出的努力，往往比非贫困地区还要大得多。同时，传统穷人与现代穷人生存方式、生活条件截然不同，和过去相比，传统穷人自给自足的生存方式被打破，现代穷人别无选择地要支付必要的生存成本：上路要交过路费，因为没别的路可走；在城里必须买气做饭，因为不能烧柴草；必须靠自来水生活，因为没有可以掘井的地方取泉水；必须买报纸买收音机获取信息，因为城里没有口口相传的信息渠道。现代社会的制度设计本质上就不利于穷人，但由于社保的不完善，现代穷人又实实在在地存在于这种制度现实之中。他们生活在"生存线之上、生活线之下"。

2011年9月8日，中国首部人权蓝皮书发布。该蓝皮书分析指出，中国农村的最大人权问题是大量绝对贫困人口的温饱问题。30多年来，中国2.5亿农村贫困人口成功脱贫，但中国农村的减贫面临的压力和挑战仍然很大。蓝皮书建议应尽快制定《反贫困法》，实现由政策扶贫向侧重制度扶贫转变。

综观区域性贫困的成因大体有如下几种。

一是资源丰富，外力过度"开发"，但缺乏合理的利益补偿机制。农村一些地区，自然资源原本非常丰富，那里的农民本可以尽情享受大自然的恩赐，但长期被外力近乎掠夺式的过度开发，形成"资源的空壳"，农民难为"无米之炊"。首先，对地上资源的滥用。在山区，大自然留下的茂密森林是山里人赖以生存的物质基础，当不能"吃山"的村民把荒山开成梯田后，又逢"退耕还林"政策实施，退耕还林工程项目区初期每亩最多补助150千克粮食、20元现金和50元的种苗，补贴期限最高为8年。虽然后来又延长补贴期限并适当提高补贴标准，但解决农户长远生计问题的长效机制尚未建立，部分农户依然难以摆脱贫困。在生态林保护区，为了涵养水源，保护生态，确保下游城市的水质，山区农民被规定对山上的树木实行"零采伐"。通常情况下，水源涵养林的生态效益和社会效益分别是经济效益的 4.51 倍和 6 倍，但森林的多种生态效益长期被水利、水电、旅游等部门和受益地区的全社会无偿享用受益，而作为当地山林拥有者的农民却无法通过市场交换实现价值补偿，只能坐拥青山，空守清贫而"望山兴叹"。其次，对地下资源的无偿或低偿采掘。一些煤矿塌陷区，地下资源被采光掏空，农民失去生存依托的土地，得不到应有的补偿，形成"富饶的贫困"。有关报道称，山西因采煤导致土地大面积塌陷，七分之一的地面已成为"悬空区"。甘肃省最大的煤炭基地华亭县，矿区整体沉降日益严重，境内局部山坡和梯田塌陷深度已达 2～8 米，地种不成了，山坡上栽植的经济林也因地下采空，失去地墒，逐渐干枯死亡，每年直接经济损失惊人。我国矿产资源补偿费平均费率为 1.18%，而国外性质基本相似的权利金费率一般为 2%～8%。相比之下，我国矿产资源补偿费费率（油气为 1%，黄金为 2%）远远低于国外水平（美国 12.5%、澳大利亚 10%）。再次，对土地资源的无偿或低偿侵占。城镇无限制扩张、工业和房地产业的"圈地运动"使我国耕地逐渐逼近 18 亿亩红线，几千万失地农民由于得不到住房、社保、就业等方面的合理补偿，将逐步沦为贫困人口。而这种贫困的最大问题是断了失地农民子孙的生存后路，使贫困出现代际传递效应。"三农"专家党国英分析，农民多年来应该获得的土地补偿总额在 20 万亿元以上，但目前农民实际得到的补偿不到 1 万亿元。

二是资源比较充裕而外力开发不足。这类地区由于多种因素制约，长期受社会冷落，外部投入开发不足。社会冷落包括三个层面：空间上的冷落、时间上的冷落和待遇上的冷落。空间上的冷落是指远离经济增长中心，天涯貌貌，地角悠悠，交通不便，信息闭塞，即使拥有充裕的资源，却无法融入市场，资源难以转换成资本。2009 年夏季，四川新闻网的一位记者在绵阳盐亭县龙泉乡村采访时发现，那里的蜜桃熟了，但由于地处深山，交通不便，无法外销，农民房前屋后的蜜桃只能任由烂在树上或喂猪。时间上的冷落是指长期远离现代文明,生产生活方式极其落后,"不知有汉,无论魏晋",那里的农民生产生活方式落后几十、几百甚至上千年。一些传统农区,西汉赵过发明的耧犁依然在田间时现身影。在财富的创造已经由"土地时代""设施时代"跃进到"科技时代"的今天,正像舒尔茨在《改造传统农业》一书的开篇所言:一个像其祖辈那样耕作的人,无论土地多么肥沃或如何辛勤劳动,也无法生产出大量食物。待遇上的冷落表现在农村相对于城市存在两种缺失。其一是基本权利缺失。如受教育权、健康权、就业权、社会保障等,而现实生活中,他们常常还陷于"失语"的尴尬境地,他们的权利诉求无法形成直达决策层的强音。其二是公共服务的缺失,集中体现在城乡公共产品供给上的"两种制度"。在城市,建学校、修桥路、供排水等公共建设,全部由政府"买单",而在农村,农田水利、道路等各项基本建设,大多实行"民办公助""以工代赈"等方式。贫困地区的农民只看到了国家强农惠农政策的"激光",还没能真正享受到公共财政政策的"阳光"。

三是资源承载力基本平衡却要舍小家为大家。这类地区一方水土能够养好一方人,但为了国家和社会的利益,被明令要求舍小家为大家。如为修建水库而做出牺牲的库区农民,统计显示,新中国成立以来,我国共兴建各类水库8.6万座,淹没耕地2 000多万亩,1 200万原住民因此而迁移。他们无条件地抛家舍业,远离故土,在只能维持生存的低补偿状态下艰难生活,近年来,政策稍有调整,但他们要想脱贫致富,融入新环境,尚需时日。再如行蓄洪区,为保障河道和上下游人民生命财产的安全,洪水一来,开闸行洪,房屋良田毁于一旦。淮河是中国最难治理的一条河,新中国成立以来发生行蓄洪近百次,淮河流域数十个行蓄洪区在2007年以前国家基本上没有补偿,2007年开始每次行蓄洪一亩地补偿最高才685元,远低于农户的实际损失。一些国家重要的粮食主产区,为国家粮食安全长期以来默默贡献,粮食是战略物资,从一定意义上说应属于准公共产品范畴,但生产粮食的必备条件农田水利基础设施建设却没有得到应有的照顾,更不要说其他方面的利益;在一些

问道乡村和美……

131

自然生态保护区，"有树不能伐、有药不能挖、有矿不能采、有兽不能打"，为了给全社会留下一片原生态环境，他们祖祖辈辈流传下来的靠山吃山的生存方式不得不改变，但来自外部的补贴只能维持基本生计，想发展非常困难。

四是资源有限，人口与环境恶性互动。这类地区的资源本来就十分稀缺，承载力有限，但人口发展过于迅速，形成资源和人口之间的矛盾冲突，进而产生"贫困-人口增长-环境退化"的怪圈。一方面，人口的过快增长直接导致了人均收入和人均资源（尤其是土地）的减少，加上基础设施不足，从而引发过度开垦、放牧和砍伐，进而导致水土流失、土壤沙化和各种自然灾害。而环境退化又使得土地生产力下降，产出减少，从而加剧了这些地区的贫困。另一方面，这些地区快速增加的人口无法实现素质的同步提高，而低下的收入水平、落后的思想观念又反过来加剧了人口问题和环境问题。由于迫切需要解决眼前的生计，加之贫困人口对环境问题及自身当前行为后果的无知，过度利用和不当开发导致这些地区脆弱生态环境的承载能力进一步下降。调查显示，中国西部地区因生态脆弱导致的贫困县概率高达 69.9%，贫困县同时是生态脆弱县的概率高达 74.7%。根据内蒙古草原勘测设计院的统计，内蒙古草原超载过牧现象十分严重，草原"三化"（退化、沙化、盐渍化）的面积正以 1.45% 的年均速率扩大，专家呼吁，按这样的退化速度全区天然草原完全退化的时间不会太远。"黄河源头第一县"——玛多县素以拥有 4 077 个大小湖泊而有"千湖之县"的美誉，但前些年由于过度放牧，地上的草根都被啃光，昔日丰美的水草和如画的景象已被干涸的河床和干枯的草原所替代，生态的恶化和贫困的程度触目惊心。

五是资源环境十分恶劣，一方水土难养一方人。从全球范围看，凡是生态脆弱的地方，都是贫困最严重的地方。由环保部编制的《全国生态脆弱区保护规划纲要》显示，我国 95% 以上的绝对贫困人口分布在生态环境极度脆弱的老少边穷地区。这类地区有两大特点，一是资源匮乏灾害频繁，生产成本巨大。有关资料显示，贫困地区自然灾害发生率是其他地区的 5 倍。"吃不慌，穿不慌，一场大雨就泡汤"是贫困地区农民普遍担忧的现实。据统计，沙尘暴、泥石流、山体滑坡、洪涝灾害等各种自然灾害每年给我国八大生态脆弱区造成约 2 000 多亿元经济损失，自然灾害损失率年均递增 9%，普遍高于这些生态脆弱区的 GDP 增速。2008 年的雨雪冰冻灾害和汶川地震主要影响中西部贫困地区，不仅造成大量人口返贫，而且使多年建设和扶贫成果毁于一旦，恢复重建任务异常艰巨；二是不宜人类居住，生存成本巨大。江西省进贤县三里乡被鄱阳湖紧紧包围，三面环水，可这片湖水却被村民们视为威胁生命的疫水，湖水里面存在着大量的血吸虫，该乡因病致贫是造成贫困的主要因素。马斯洛理论把人类需求由较低层次到较高层次依次分成生理需求、安全需求、社会需求、尊重需求和自我实现需求五类，生活在诸如三里乡那样不宜人居的区域中的农民，连生存都受到威胁，又谈何发展？像这种被联合国称为"最不适合人类居住"的地区在中国西部、北部大量存在，在中部地区也不乏其例。

在经济社会高速发展的今天，区域性贫困是外力使然。按照"贫困恶性循环论"和"低水平均衡陷阱论"的观点，贫困是一个稳定的均衡系统，这个均衡系统仅靠自身和市场的力量是打不破的，必须通过外在力量。贫困是人类社会的梦魇。作为以科学发展观为执政理念的共产党人，应充分发挥社会主义制度的优越性，责无旁贷地承担起"聚全民之力，攻扶贫之坚"的历史重任。

一是维权性扶持。人类贫困包括物质贫困、精神贫困和权利贫困。联合国把"赋权和安全保障"作为反贫的主攻方向。解决中国的贫困问题也必须首先解决贫困人口的维权问题。一应建立和完善对农民特别是贫困人口和弱势群体的法律保护体系。首先要将"工业反哺农业、城市支持农村"的口号和政策法律化。这是顺应"希克斯-卡尔多过程"这一经济学原理的必然要求。也是"确保全体人民共享改革发展成果"的具体体现。其次要实现扶贫立法。改革开放三十多年来，中国特色社会主义法律体系基本形成，从政治到经济、从思想到文化、从科学到教育等方方面面都制定了相应的法律法规，仅和"三农"有关的法律就有20 多部、农业行政法规 50 多部、部门规章 400 多部，但扶贫方面的法律一直空缺。二应营造和保护对农民特别是贫困人口和弱势群体公平正义的社会环境。事实上，在这样一个法治建设的时代，贫困地区恰是法制观念和权利意识最为薄弱的区域，这些地区的贫困人群也因此成为权利上的弱势群体。因此，国家应对这样一些地区的贫困人口实施权利上的保护与帮助。这里的保护首要地是让贫困人口平等享有基本的公民权利，比如受教育权、健康权、受保障权、劳动就业权、户籍权、安居权、反倾销权、组织权、环境保护权以及受尊重权等，权利的保护最基本的是对公平的保证。三应主动担负起维护农民特别是贫困人口和弱势群体权益的职责。由于贫困地区农民往往缺乏理性判断，容易短视，在资源"他用"的现实中容易满足于眼前的利益，城市"缺资源"与农村"缺资金"往往一拍即合。因此国家和政府要帮助农民提高资源利用的权利意识，帮助他们可持续地处理资源的开发，避免外来力量不顾当地农民利益，不顾资源的合理利用，毫无节制地滥采乱挖，最后把透支资源留下的包袱撂给政府。四应严守维护底层尊严的道德底线。现实生活中，底层尊严遭到肆意糟蹋的现象屡屡发生，利用公权力无原则保护富人也是对底层尊严的变相践踏，必须坚决杜绝。

二是补偿性扶持。在计划经济"一平二调"时代，在改革开放之初"效率优先"时代，为了国家大局，无论是贫困地区的资源被无偿侵占还是贫困人口的利益被牺牲，都无可厚非。但市场经济条件下，在全面建设小康社会、"城乡统筹"的观念日渐深入人心的今天，再也不能让贫困地区的树木砍了就砍了、良田淹了就淹了、矿产挖了就挖了、土地占了就占了，必须给农民有个说法，给他们有个交代。因此，要从根本上解决农民特别是贫困地区农民的问题，必须调整思路，认真彻底地做好赔付和补偿工作。一方面被无偿占有了的应该给予赔付。不管是对地上资源、地下资源还是土地资源的无偿占有都应该给予必要的赔付，国家应痛下决心，拿出真金白银，逐步还清历史对贫困地区的欠账，"补齐"农民的损失。另一方面被牺牲了的应该给予补偿。国家对土地的补偿是在改革开放之后很长一段时间才开始实行，对库区、行蓄洪区的稳定补偿从近年才起步，而且这些补偿都是低水平的，远远小于农民的实际损失；我国的矿产资源长期处于"无价"或"低价"使用的状态，国家《矿产资源开采登记管理办法》规定，对开采边远贫困地区矿产资源的免缴采矿权使用费和采矿权价款；生态补偿标准过低，难以解决保护区群众的生活问题。国家应尽快建立一整套补偿机制，制订一揽子补偿细则，包括矿产资源的开采使用补偿政策、水资源使用权损失补偿政策、行蓄洪区补偿政策、生态林占地补偿政策、工业发展权益损失补偿政策等，通过政策的规正，真正实现"谁受益，谁买单"，"谁牺牲，谁获补"。

三是开发性扶持。对于那些有着相对充裕的自然资源，但由于缺少资金、技术和信息，"青山绿水"成了"穷山恶水"的地区，政府应加大投资解决交通、通信、教育、卫生、农田水利等公共基础设施问题，帮助适度开发，使这些地方尽快实现资源的资本化。所谓适度开发，一方面从农村实际出发，充分尊重自然规律、市场规律和当地群众意愿，那种从行业利润出发，从外部强加的开发是不可取的；另一方面不能以资源的耗费为代价，必须以不破坏农村的生态为前提，保证资源的可持续利用。

尤为重要的是贫困地区的人力资源开发。国家实行"两免一补"之后，上小学、初中难成为历史，但上高中、大学难仍是一个不容回避的问题。同时，贫困地区的职业技能培训和农民的继续教育十分匮乏，由于医疗卫生条件过差导致的健康状况欠佳。智力的强壮和身体的强壮亟待下大功夫加强。缪尔达尔认为，贫困具有"循环累积效应"。也就是说贫困具有代际传递性。提高农民尤其是贫困人口的自身素质，不仅可以有效遏制当代贫困，更重要的是，能从源头上阻断贫困的代际传递。因此，要从根本上解决农村贫困问题，需要从改善条件、提高素质、创造机会入手，对贫困地区实行综合治理，对贫困人口实行综合开发。核心就在于通过"人"的发展，解决"口"的问题。

四是转移性扶持。转移性扶持包括两个层面，一方面实现生产方式的转移，另一方面实现生存环境的转移。实现生产方式的转移，需要政府通过扶持和引导，帮助贫困农民告别传统的农耕生产方式，用现代物质条件装备农业，用现代科学技术改造农业，用现代产业体系提升农业，用现代经营形式推进农业，用现代发展理念引领农业，用培养新型农民发展农业，提高农业水利化、机械化和信息化水平，提高土地产出率、资源利用率和农业劳动生产率，提升农业素质、效益和竞争力。大别山区的岳西县是典型的高寒山区，不宜水稻种植，该县抓住"整村推进、连片开发"和科技扶贫的契机，通过农民专业协会的带动，变对抗性种植为适应性种植，改种高山茭白，获得了超过水稻八倍的经济效益。实现生存环境的转移，主要针对那些必须做出牺牲的地方（比如蓄洪区）和"一方水土养不活一方人"的生态脆弱和环境恶劣的地方，在政府的扶持下，通过整户、整村甚至整片转移，"卸载"人口，"链接"集镇，"点击"经济中心，"进入"现代文明。"吃水沟底挑，种的坡坡田"曾是左权县 13.6 万山区农民生存环境的真实写照，如果只靠一般常规扶持措施是很难奏效的，靠大量的投入去改造这些地方的生存条件，也是不合算和不现实的，该县通过 16 个行政村、106 个自然村实施整体搬迁，老百姓住上了安全适用的房，喝上了干净卫生的水，走上了宽敞平坦的路，用上了方便充足的电，过上了生活宽裕的日子。当前，库区的群众基本实现了搬迁，但是生活在蓄洪区、偏远山区和"人类居住危险区"的大量农民亟待转移。需要强调的是，生存环境的转移是一项综合工程，不是单一的房屋搬迁和人员转移，还应包括生活方式的转移、生产方式的转移和思想观念的转移，只有这样，才能真正实现"搬得出、安得住、有发展、能富裕"。

2005 年，温家宝总理曾在"两会"记者会上语重心长地告诫国人"要懂得穷人的经济学"。穷人经济学与经济学家的经济学往往背道而驰。经济学家想通过提高价格节约资源，一种商品价格提高了，浪费自然减少了，但富人不在乎那点小钱，照样该怎样消费还怎样消费，而穷人面对生活必需品涨价，只能减少其他开支维持生计，无法再节约，只会降低生活水平，进而拖累市场；经济学家想通过市场降价，减少生产，而穷人只会生产某种商品，降价使生产该商品的单位报酬降低反而使他为保收入而生产更多的产品；经济学家想通过统一标准保证产品质量，但标准一高，成本就高，穷人买不起，只好去消费更加劣质的产品。在深入学习实践科学发展观的今天，"穷人经济学"更应高度关注。穷人经济学是一门特殊的学问，富人不懂，许多经济学家也未必真懂。懂得穷人经济学，不仅要懂得穷人经济学的特殊性，更要懂得穷人之为穷人的根源。如果还把穷人视为"原生态"的、可怜又可嫌的形象，仍旧以一种居高临下的姿态俯瞰穷人，以一种恩赐施舍的心态怜悯穷人，而不从本质上去探寻贫困的根源，那么，再高深的理论都谈不上"懂得穷人的经济学"。决定一个舰队速度的不是最快的那一艘，而是最慢的那一艘，体现一个国家一个社会发展状况，不是只看最好的，同样要看最差的。因此，在全球经济不断发生震荡的今天，我们既要关注富人的发展，更要关注穷人的生存，引导社会不能只研究如何让有钱人挣到更多的钱，不研究怎样让没钱人挣到生存的钱。

只有克服"歧视性贫困"，才能阻断"贫困的代际传递"。

（本文原载于《中国发展观察》2011 年第 11 期）

拆村并居是精英层的一厢情愿

拆村并居，进城上楼，正席卷全国 20 多个省份，有着千百年厚重积淀的无数村庄，一夜之间便从中国广袤的土地上销声匿迹。在山东诸城，行政村编制被全部取消，数千个自然村落、1 249 个行政村合并为 208 个社区，70 万农民正在告别世代居住的老村，搬入社区。当拆村并居之风起于青萍之末时，一些地方政治精英闻风模拟，着力推动；一些知识精英摇旗呐喊，擂鼓助威；一些经济精英看准商机，移资跟进。在精英层智能合力的裹挟下，拆村并居便如火如荼地激情上演。

拆村并居因何而热

拆村并居的直接诱因是城乡建设用地增减挂钩政策的出台，但形成轰轰烈烈的拆村并居，究其深层原因，既有精英层不切实际的种种心态，也有加快城市化进程的认识误区，还有因法律、体制等方面的不足导致权力失控和滥用。

一是土地财政。地方政府通过征地不仅获得城市建设用地，还增加了巨额财政收入。但是，随着耕地保护与经济发展用地之间的矛盾日益尖锐，"找地"越来越困难。2008 年 6 月，国土部颁布《城乡建设增减挂钩管理办法》，将农村建设用地与城镇建设用地直接挂钩。这项政策得到了地方政府的积极响应，各地以极大的热情把它作为破解土地瓶颈的"救命稻草"。许多地方政府利用"管理办法"，纷纷出台相应措施，有的不顾农民意愿，强制让农民集中并居，腾出宅基地换取城市建设用地指标，甚至出现了突破增减挂钩指标范围、无指标而任意"挂钩"等现象。

二是对城市化的盲目崇拜。改革开放以来，我国城市化步入快速发展阶段，城乡差别越拉越大，过上城里人的生活成为农民的梦想和追求。在这种背景下，许多人认为城市化就是一种最好的生活方式，以最快的速度减少农民、推进城市化才是经济社会发展进步的标志。这是一种对城市化的盲目迷信和认识误区。城市化是一个渐进的过程，必须分阶段逐步推进，西方国家的城镇化大多经历了几百年的历程。美、英、德、法等国家城市化率提高 20 个百分点都用了上百年的时间，我们改革开放以来，城市化率差不多以每年一个百分点的速度在推进，现阶段已是超速发展，再要加速是很危险的：首先，我国是一个农业大国、农村大国、农民大国，数百万个自然村落，八九亿农村人口，城市化的进程必须把握好速度，把握好方向，把握好质量。其次，我国农民还不富裕，与城市居民的收入还有很大差距，文化知识、专业技能等综合素质还不适应工业化生产，既难以支付城市高昂的生活成本，又无法在思想观念、文化生活等方面真正与城市融合。再者，快速发展的城市还存在许多现实问题和困难，道路交通、供水排污等基础设施不配套，整体功能不强，管理水平滞后，对外来劳动力的吸纳能力有限，无法解决大批涌入城镇的农民就业，更无力承担急剧膨胀的人口对市政公用设施和社会保障的基本需求，加上排他性制度和文化的影响，农民即使进了城也很难在城市扎得下根。

三是政绩工程。在我国当前的政治体制下，一个地方精英层的政绩观，对当地经济社会发展走向起着决定性作用，而政绩又直接关系着他们的政治前途和命运。有的精英层为了自身利益，总是想方设法"创造"政绩，这种政绩必须是短期见效的、显赫的、形象突出的、上级领导看得见的，很少顾及符不符合广大农民的根本利益和真实意愿。受这种只要"显绩"不顾"潜绩"、只管眼前不管长远的思想认识和价值取向的支配，盲目追求 GDP 高增长、大搞形象工程等政绩观大行其是。把那些看上去杂乱无章、环境不美的自然村落铲平推倒改成社区，把农民送进"城"，让农民住上楼，既可使城镇化率快速增长，又能获取大

问道乡村和美……

139

量的城市建设用地，还可以以地生财，实现了"出政绩""促发展""富财政"等多重目标，开拓出一片"崭新"的"繁荣"局面，赢了"面子"，也赚了"里子"。但是，以农民"被进城""被上楼"所制造出来的虚假繁荣，是不可持续的，经受不起时间的考验。

四是权力失控。在我国现行法制和政治体系中，由于法律在某些方面还不健全、司法权与行政权不对等等多种原因，致使法律对权力的约束不力。有的地方精英层把法律赋予的权力当成橡皮筋，根据自己的需求和好恶想伸就伸、想缩就缩：一方面对法定应当有效使用的权力，常常找出种种原因和借口，使用不到位或惩治缺位，如安全监督、社会治安和环境保护等；另一方面对依法应当控制权力适用的领域，任意扩大权力范围，使权力得以无限制地延伸，如在房屋拆迁、征用土地等方面，只要"办事结果"而不计"行为后果"，既不在法定范围内行事、更不履行法定程序，权力就像一匹脱缰的野马不受约束。

拆村并居患在何处

我国传统村庄是生产性的，也是生活性的，既具有内生的组织结构和社会秩序，又包含传统的乡里制度和村落文化，是农民世世代代不断传承的生存空间和价值世界。把有着千百年积淀的村庄瞬间夷为平地，既是极大的资源浪费，也打破了村落社会的组织结构，扰乱了农村正常的社会秩序，打乱了农民的生产生活习惯，破坏了传统的乡土文化，使农民面临着物质、精神、文化等多重危机。同时，掠夺了农村土地资源，侵犯了农民合法权益，为农村社会的稳定和谐埋下了隐患，给农村发展带来了巨大的负面影响。

一是打破了村落社会的组织结构。中国村落乡里制度大约从原始的石器时代就已经孕育并逐步萌芽产生，其间经历了漫长的发展过程，历史积淀深厚。史载，"昔黄帝始经土设井，以塞争端，立步制亩，以防不足。使八家为井，井开四道而分八宅，凿井于中。一则不泄地气，二则无费一家，三则同风俗，四则齐巧拙，五则通财货，六则存亡更守，七则出入相司，八则嫁娶相媒，九则无有相贷，十则疾病相救。是以情性可得而亲，生产可得而均，均则欺凌之路塞，亲则斗讼之心弭。"井田村落竟被先人赋予这么多的功能。经过不断的嬗变和融合，以地域为主进行划分的村落社会趋于稳定，家庭邻里关系和亲戚宗族网络得以构建，稳固的层级结构和网状体系逐步形成，人们按照长期约定俗成的规则和秩序开展各项活动、规范自身行为。拆村并居以强制性的外力打破了人们长期聚族而居的地域界限，打乱了村庄的稳固内在结构和体系，从根本上瓦解了传承几千年的乡里制度。

二是打破了传统的村落文化。村落文化是人们以村落为单元，在社会历史发展中创造的本乡本土的物质财富和精神财富的总和，与日常生产生活紧密相关，地域性和实用性很强，具有两大要件和三个特点。"两大要件"指：一是在村落内部形成人们普遍认同并共同遵守的乡规民约；二是村落的精英分子以身作则，以自身行为和道德风范形成"权威"并影响村落。"三个特点"指：一是重德而不重法，即"以德治村"，主要依靠道德而不是法律来规范人们的行为，重视用调解、和解等教化方式，而不主张用诉诸法律的方式解决矛盾和争端；二是重义而不重利，把道义（信条）放在首位，个人利益其次；三是重教而不重罚，充分发挥道德教化的作用，重视用教育、规劝、指责等方式劝人改过，而不采取"罚"的方法。村落文化是源于本乡本土、"民有民享民用"的文化，许多方面可能不符合现代法治精神，但合情合理合民意，具有强烈的凝聚力和道德教化功能，能够把同村人团结在一起，促使人们重伦理、敦乡谊、敬老爱幼、邻里和睦、互帮互助、扶困济贫，营造村落社会积极向上、共同发展的健康态势，有利于形成敦厚淳朴的村风民德，创造文明、欢乐、和谐的环境，并在调解纠纷、化解矛盾、配置资源等方面发挥着重要作用。突进式的拆除，传统村落形态将永久消失，村落文化也将被割裂和遗忘。不同村庄的人们进入一个新的社区，由一个熟人社会进入一个生人社会，相互之间的文化认同不可能完全相容，甚至会发生冲突、排斥，无法避免有的村民会出现精神空虚、情感不良发泄、欲望与能力相脱节等不适应症。

三是打破了传统的生产生活方式。我国农村以家庭经营为主，传统村落形态十分适合这种一家一户的生产生活方式：一方面，田地、山场一般距离村庄较近，进行农业生产活动十分方便，同一村庄的农业生产特点和习惯相同，村民可以通过"换工、短工"等形式，在生产生活等方面开展合作互助，而且农村的宅基地面积较大、住房宽敞，多而杂的生产资料和生产工具便于存放；另一方面，庭院经济仍是农民重要的生产生活来源，农村有宽阔的场院和天然的条件喂猪养牛放羊，能够在房前屋后种菜种瓜种植果树等经济作物，这些不仅是大部分日常生活消费的来源，也可以创造一部分收入，而且粮食瓜果蔬菜肉类等日常消费品大部分自产自用，生活用水等部分必需品"免费"共享，生活成本相对较低。把农民"赶进"新社区，居住环境虽然好了，但生产生活中的各种矛盾和问题开始显现：住房面积变小了，生产资料和生产工具无处存放；远离了田地山场，农业生产极不方便；丧失了发展庭院经济的条件，这部分收入没有了；生活成本和费用开支明显增加，"连喝口水都要花钱"，家庭的日常生活消费负担越来越重。农民形象地说，"早晨一泡尿，抽水马桶一按，一角钱就流走了。"

四是打破了熟人社会的秩序。中国是一个熟人社会。在熟人社会里，人们可以不需要花钱就能获取大量信息，通过长期积累和储存的信息形成各种人际关系网络，并逐步成为人与人之间交往的基本要素以及维持社会秩序的基本规范。"熟人好办事"，就是对熟人社会这种关系的一种朴素表达。因此，人情在熟人社会不仅是一种交往方式，一种"人际关系创设与维持的常识与准则"，而且也是一种可以获得回报的投资，这种回报可以体现为礼品、借贷、劳力等形式，但其内在价值却是无形的情谊。人情自然而然地成为人们进行社会交易时用以馈赠对方的一种资源，成为人们相处的社会规范。人们在办事或是遇到麻烦时，首先想到的是找关系、托熟人，而不是寻求制度和法律的帮助。在生人社会，人与人之间的交往只能通过契约、制度和规则，才能建立起彼此的关系与信任。当一个人从熟人世界走到生人社会，整个生活秩序就会被改变和颠倒。中国农村千百年形成的熟人社会结构，是中国区别于西方社会最突出的特点。当然，这种熟人社会与现代社会相比不乏负面问题，但它同时更具有合理性，在构建和谐社会的今天，要摒弃负面影响，更要继承发扬合理内核。

五是打破了乡村的稳定和谐。首先是土地纠纷。农民集中居住后，原有的村庄宅基地、空闲地等属于集体建设用地，政府将节约出来的大量土地置换为建设用地指标，并在经营土地的过程中赚取高额收益。这些收益本应主要归农民所有，或是由农民与政府协商一个双方满意的补偿标准，但实际上，政府往往不能充分征求农民意见而单方定价。农村长期以来习惯于把宅基地及依附其上的房屋作为私有财产，并存在着继承、转让和抵押等客观事实，国家也正在试图制定相关法律确定包括宅基地在内的农民土地财产权利。在拆村并居过程中，政府只是对房屋拆迁进行补偿，为日后的土地纠纷埋下了隐患。其次是上楼致贫。农民上楼后，生产生活的环境和条件被改变，发展农业生产的积极性下降，生产收益明显减少，加上增收渠道不畅，家庭收入不增反减，生活成本提高更是"雪上加霜"。同时，农民仅仅依靠有限的补偿金难以维持长久的生活，有专家测算，按目前补偿标准，农民所得补偿款只能维持六到七年的基本生活。农民必须外出打工自谋生计，许多新房农民刚刚搬入就成了空房。再者是基层管理困境。新建的社区居委会多是沿用村委会的自治组织，日常职能呈现严重混杂特征，不仅保存原有村委会的一些自治职能，而且必须承担社区低保、搬迁、征地等行政职能，工作量大，经费困难，人手不足。居委会的职能与社区居民需求之间的矛盾十分突出，必然导致社区管理上的种种难题，继而引发诸多不稳定因素。此外，一些新社区的农民在地域上脱离了农村地区而难以享受国家对农村的扶持与优惠政策，又因户籍制度限制难以被纳入城镇低保对象范围，使其社会保障权益陷入尴尬境地。

拆村并居应予叫停

王夫之曾在《读〈通鉴〉论》中因《魏诏守令劝课农事》而发议论："若农，则无不志于得粟者矣。其窳者，既劝之而固不加勤；而劝之也，还以伤农。"他认为，一些历来传为美谈、德政的所谓"劝农"

实质上是添乱、扰民、伤农，劝者越卖力，伤农就越深。这就是"王夫之定律"。

村庄的兴衰和消亡是经济社会长期发展变迁的结果，应当遵循经济社会发展规律。是否拆村并居，必须以农民的需求和意愿为本，必须统筹考虑经济社会发展等实际情况。依靠政府行政力量强行拆村并居，以"农民上楼"的方式消灭村庄，只是精英层的一厢情愿！在城镇化进程中，农村和城市应共享改革发展成果；传统村落作为传承社会文明的历史有机体，应当得到维护和重建！

村落是传统中国的基石，是基本的空间单位和关系单位，其运行的秩序机制与国家的运行机制有着内在的逻辑贯通。村落是国家对汪洋大海般农村实现有效治理的基础细胞，正是无数的村落将散乱的中国社会分割成有效的治理单位，国家才能以较低的成本实现有效治理。随着人类文明不断进步和经济社会不断发展，一部分自然村落势必会顺应规律逐渐萎缩、消失。俄罗斯原有 15.5 万个村庄，已有一万多个废弃，三万多个村庄居民不足 10 人。在过去一个世纪的发展进程中，村落社会变迁始终是中国历史变迁的主要内容。特别是改革开放以后，市场化、城镇化、现代化进程加快，村落也在不断地减少。从 1985 年到 2001 年，由于城镇化和村庄兼并等原因，中国村落的个数从 940 617 个锐减到 709 257 个，仅 2001 年，村落就减少了 25 458 个，平均每天减少约 70 个。但是，村落变迁是由经济社会等方面的内在原因决定的，是农民的自愿行为，不能完全依靠外力的强行推动。从我国目前情况看，真正具备村庄拆并条件的地方相当有限。拆村并居是精英层出于各种不同的动机人为地、生硬地进行的一次"拔苗助长式"的村落变迁。

"上帝创造了乡村，人类创造了城市"，村落社会的逻辑和乡村生活更多的是自然的逻辑，城市和现代化的逻辑更多的则是建构性的。从这个意义上讲，村落的兴衰、消亡是一个自然过程。政府在这个过程中应当扮演引导者的角色，从当地经济社会发展现状出发，充分尊重农民的真实需求和意愿，而不是"为民作主"、替民决策，更不能简单地依靠政府行政力量强制农民就范。农民在追求自身利益最大化的驱动下，有权利、也有能力自我作主，决定去留，而不是"被城市化"、"被上楼"。

村庄是相对于城市社区的特定生活空间，是中国农村广阔地域上和历史渐变中的一种实际存在的最稳定的时空坐落，作为紧密联系的小群体，它也是在内部互动中构成的一个个有活力的传承文化和发挥功能的社会有机体，不仅在区位结构中占据绝对多数，2007 年全国村庄占地2.7 亿亩，城市占地为 7 600 万亩，而且其生活模式和文化传统从更深层次上代表了中国历史的传统，是民族的重要基因。在农耕文明向工业文明和现代商业文明转型过程中，必须特别珍惜和保留好自己民族的美好传统和精神财富。在城市化进程中，需要推进的是"城乡一体化"而不是"城乡一样化"，更不是以消灭村庄为前提，而是城市更像城市，农村更像农村，是城乡居民共享现代文明。村庄作为具有历史性生命的人类社会机体，不应在推土机声中被彻底铲平；村落文化不应成为城市化的牺牲品，而应被当成凝结新城市社区文化归属感的积极因素，这才是最具生命力的中国特色城市化的根本所在。在一个相当长的历史阶段，维护和重建村庄，守住繁衍生息的家园，不仅是为了传承和弘扬历史，更是为了民族的未来。

在"破"与"立"的关系上，我们长期奉行的是革命式的先"破"后"立"，今天应走建设性的先"立"后"破"之路。在矛盾多发的社会转型期，把握好"破"与"立"的关系，尤其重要。基于此，拆村并居应予叫停，必须叫停！

（本文原载于《中国发展观察》2011 年第 1 期）

统筹城乡重在"五同"

　　自 2002 年党中央做出统筹城乡经济社会发展的战略部署至今已有九个年头，其间各级各部门都出台了一系列重大举措。但当前在统筹城乡问题上的"两轻两重"现象比较突出。一是重"统"轻"筹"，甚至只"统"不"筹"或大"统"小"筹"。因为"统"的是土地，可以生钱；"筹"的是社保及公共服务，需要掏钱。打着统筹的旗号只关心脚下的地，不关心地上的人；二是重公共性需求轻个体性需求。对宏观层面的公共性问题积极推进解决，而对微观层面的个体性问题则发力甚微。公共性问题看得见、摸得着，易出政绩；个体性问题分散琐碎，看不见、摸不着，难显成就。致使城乡居民同票不同权、同命不同价、同工不同酬、同城不同教、同地不同保等现象至今仍存在。科学发展观的核心要义在于以人为本，这个"人"不是抽象的概念，而应是每个人具体权利的落实。因此，城乡统筹，农民市民个人权利的统筹是基础，是实质，是主题，一切宏观层面的统筹归根到底也都要体现到城乡居民个人权利的平等上，这是城乡统筹的根本出发点和最终落脚点。

同 票 同 权

　　选举权是政治权利的重要组成部分，是实现其他各项权益的基本前提。选举权的平等包含两层含义，一是投票权相等，一人一票；二是代表名额分配平等，每位代表所代表的人数相等。一人一票是基础，相同数量的选民选举相同比例的代表，是更高层次的平等。

新中国成立以后，我国选举制度即实现了一人一票，1953年和1979年的选举法规定："每一选民在一次选举中只有一个投票权。"但在代表名额分配方面，受各种因素的制约，至今仍未完全实现平等。1953年新中国第一部选举法，规定城乡按1∶8的比例选举人大代表。当时我国人口构成的比例相差非常悬殊，只有规定城市和乡村代表分别代表不同的人口比例，才能保证工人阶级和其他各界在各级人大代表中占相当比例，才能确保人大代表的广泛性，充分调动各方面的积极性。1979年修订选举法时，将农村与城市每一代表所代表的人口比明确为全国8∶1、省区5∶1、州县4∶1，此后又进行了四次修改，其中1995年将这个比例统一修订为4∶1。

平等的选举权不只是一种政治权利，也是其他各种权利的保障，是其他诸多权利的"母权"。城乡居民选举权的不平等，不仅有违"法律面前人人平等"的宪法精神，也直接导致农民群体无论是在农村支援城市的历史时期，还是在农民进城的当下，都处于绝对的弱势。由于缺少话语权，农民群体成为沉默的大多数，丧失了与其他利益群体平等博弈的机会。可以说，在选举权上的不利地位是农民在政治、经济、教育等领域以及资源占有上长期处于弱势地位的一个重要原因。

也有人担心，我国农业人口占绝对优势，如果严格按照身份制且同票同权，人代会将成"农代会"，有悖"平等"之初衷。但回过头来看，城乡代表比例从8∶1进化为4∶1后，农民代表的数量并没有增加，九届、十届全国人大代表中的农民代表只有五六十位。十一届全国人大代表中，农民代表数量有所增加，但在近3 000席位中仍只占不到100位，1亿多农民工，只有3名代表名额。

随着形势的发展，特别是改革开放三十多年以来，各方面的情况都发生了巨大变化，"四分之一条款"的不合理性开始显现，实现城乡同票同权的时机已经成熟。从城镇化的进程看，如今的城乡人口比例已经发生了根本性变化。据统计，我国城乡人口比例已经由1953年的13∶87，1979年的18∶82，1995年的30∶70，发展到2008年的46∶54。按目前的城市化发展势头，到2015年我国城乡人口比例将会达到50：50，到2020年可能会有高达60％左右的人口居住在城市。同时，随着农村社会结构的深刻变迁，如今农村社会阶层构成发生重大变化，出现了个体户、私营业主、中介组织的从业人员、自由职业人员等社会阶层，单凭农村户口来确认农民身份，并将他们简单地排除在工人阶级、知识分子行列之外，有失公允。这些都为实行同比例选举人大代表提供了现实基础。

2007年，党的十七大报告明确提出："建议逐步实行城乡按相同人口比例选举人大代表"。根据十一届全国人大第三次会议审议通过的选举法修正案，我国将"一步到位"实行城乡按相同比例选举人大代表，这意味着我国在人大代表选举中将取消城乡差别，首次实现"同票同权"，这将是我国发展社会主义民主政治的一个重大举措。但要将农民权利落到实处，只是规定城乡居民在选票上同权是不够的，还必须完善选举法本身的实施。城乡同权至多只能保证农民选举权在法律上不受歧视，但不足以保证农民通过规范的人大选举表达自己的需求、保护自己的利益。城乡同权如何落实才是难点所在。从候选人的产生、候选人和选民的沟通，到选区的划分和代表名额分配、选民投票、选票的计算以及选举争议的处理，哪怕是最草根的选举也涉及诸多环节，而任何一个环节出错，都可能使选举成为摆设。同比例选举只是解决了代表名额分配的城乡比重问题，还不足以保证整个选举的实际质量。

同 命 同 价

人的生命本无高低贵贱之分，但在我国城乡二元体制的藩篱下，城乡居民"同命不同价"的现象却时有发生。2005年底，在重庆市发生的一场车祸中，3名花季少女命丧车轮之下。两个城市户口孩子的亲属各获20多万元赔偿，而另一位农村户口孩子的亲属只获得9万余元的赔偿，不及前者的一半。根据《广东省公安机关2009年度道路交通事故人身损害赔偿有关项目计算标准》，如果司机对受害者死亡负全责，城镇居民能获赔76万多元，而农村居民只有25万多元，前者是后者的3倍之多。

"同命不同价"在客观上造成了人与人之间的不平等，不利于和谐社会的构建。首先，以户籍状况决定人身损害赔偿标准，扭曲了法律的评价和引导功能，并可能导致道德风险。随着城乡融合加速，"城里人"与"乡下人"界线日趋模糊。在这种情况下，仍然沿用城镇与农村不同标准来确定死亡赔偿金，违背了人人平等的基本法治精神。其次，"同命不同价"会在农民心中产生强烈的抵触和对抗情绪，进而对国家和整个社会产生不信任，这是对和谐社会的最大威胁。公众呼吁"同命同价"并非仅仅追求赔偿数额上的完全一致，其核心在于摒弃城乡二元的落后思维，让所有公民都能够平等地站在法律面前。

　　在司法实践中，一些地方已作了积极探索，如外来民工在城市内居住一定期限的，只要有证据证明，那么赔偿标准可以按当地的市民标准计算。2009年5月份，江苏省无锡市锡山区法院审理的一起4名安徽农民工在交通事故中死亡赔偿案，4名农民工获赔各种费用240万元。如果按死者户口所在的安徽农村人均收入标准判决，每人仅能获赔7万元，前者是后者的8倍多。

　　2003年出台的《最高人民法院关于审理人身损害赔偿案件适用法律若干问题的解释》被认为是"同命不同价"的法律渊源。根据该解释提出的标准，以2009年为例，城镇居民的死亡赔偿金为34万多元，农村居民死亡赔偿金只有10万多元。2010年7月1日起施行的《中华人民共和国侵权责任法》（以下简称《侵权责任法》）规定，因同一侵权行为造成多人死亡的，可以以相同数额确定死亡赔偿金。语言常识告诉我们"可以"和"必须""应当"之间是有很大差别的，更何况"可以"的前提是"因同一侵权行为造成多人死亡"。如此看来，真正的"同命同价"时代并没有到来，捍卫平等的生命价值，任重而道远。

　　当前，应尽快制定《侵权责任法》的相关实施细则，强化同命同价原则在现实中的可操作性和执行力；尽早建立农民法律援助的"绿色通道"，不断拓宽法律援助的覆盖面，最大限度地保护农民的合法权益；继续开展多种形式的普法活动，增强农民的维权意识。

同 工 同 酬

改革开放 30 年以来，农民工对 GDP 的贡献率高达 21%。在就业体系中，农民工已占第二产业的 57.6%，服务业的 52.6%，加工制造业的 68.2%，建筑业的 79.8%，成为我国产业工人的主力军。但在城市里，同样的收入，农民工干的是危险性大、又脏又累的工作；同样的工种，农民工的收入往往要比城镇职工低得多。据农业部统计，2007 年农民工月平均工资 1 060 元，仅相当于城镇职工的 57.4%。据 2009 年 5 月央行发布的一份调查显示，受访农民工中 50% 月平均工资在 1 000～1 500 元，月收入在 1 000 元以下的占 21%。

同工不同酬是一个牵动全局的重大问题，直接影响到全面建设小康社会的进程。其一，低报酬阻碍了农民市民化进程。城镇化是我国未来经济增长的主要动力，虽然目前我国的城镇化率已经达到了 46.6%，但实际上仍是一种"准城市化"，因为农民工也被统计进入常驻城市人口。这些往返于城乡之间的农民工报酬低、收入少、买不起房，如同在城市里漂流无根的浮萍，无法在城市立足，成为新市民。其二，加剧了贫富差距。改革开放 30 多年以来，城镇职工工资翻了五番多，而农民工收入变化不大，有关资料显示，从 1992 年到 2004 年的 12 年里，珠三角地区的农民工人均增资 68 元。城乡收入差距逐步扩大，我国的基尼系数在 2000 年超过 0.4 的警戒线后一直持续增长，严重影响了社会和谐。其三，制约经济发展方式转变。"后危机"时期，加快经济发展方式转变已势在必行、迫在眉睫，依靠压低劳动力价格，谋求在市场上的竞争力，既有失公平，也难以为继。提高劳动力成本可以形成一种倒逼机制，以此来引导企业增加创新的压力和动力。其四，拉动内需的一大障碍。由于收入低，农民工消费仍停留在满足基本生存需求的层面。广东省东莞市农民工月均消费支出在 500 元以下的占 40.3%，500 元以上的占 59.7%。

"同工"本身是一个相当抽象的概念，在实际操作中，应当遵循只要是在相同或相似岗位上，付出大致相等的工作量，就应给予同等的劳动报酬。2008 年 1 月 1 日起施行的《中华人民共和国劳动合同法》明确规定了"同工同酬"，但这主要体现的是一种原则性的要求，实践中还缺少详细、可操作性强的规定。应尽快出台相关配套法规，增加企业违法的成本，切实保障农民工与城镇职工同工同酬。其次，从制度角度考虑，取消身份差别才是打破"同工不同酬"僵局的关键所在。据悉，人力资源和社会保障部正在研究制定工资支付统一立法。真正的同工同酬，这一农民工渴盼已久的期待似已曙光在前。

同 城 同 教

当城里人还在为孩子怎样才能享受到更优质的教育资源而烦恼时，"农民工子女"还在期盼着能有一张安稳的书桌。目前，随父母进城的农民工子女有近 2 000 万，他们当中，失学率高达 9.3%，近 100 万名适龄儿童不能及时入学。农民工子女教育问题，成为现时期我国义务教育新的难点和薄弱环节。

让孩子有学上，是农民工子女教育首先要解决的一个问题。尽管国家已经确立了流动儿童接受义务教育"以流入地为主，以公办学校为主"的原则，但在执行中往往被大打折扣。目前的公办学校招生，是按照城市户口区域性划分的，农民工居无定所，流动性大，子女根本不在划分范围之内，很难进入公办学校读书。民办学校要么是高级的贵族学校，要么就是软硬件都跟不上的简易学校。受户口和当下的教育体制限制，初中毕业基本是城市容纳这些流动儿童接受教育的极限。国家统计局的调查表明，35.95% 的农民工认为，他们的子女在城里就学所遭遇的最大困难是学费高；27.62% 的农民工认为，他们的子女在城里就学所遭遇的最大困难是没有城市户口；还有 16.15% 的农民工认为自己的子女在学校受歧视等。"地方负责、分级管理"的义务教育体制，是导致农民工子女受教育难问题的又一动因。城市适龄儿童的义务教育费用由各级政府承担，农村教育经费主要由县级政府通过财政预算安排。农民工子女离开农村后，并没有相应的教育经费随之流转，其流入地政府也没有相应的教育经费预算。如此一来，农民工子女接受教育就很难有保障。

教育公平乃社会公平之基石，我国两千多年前的"有教无类"思想，就蕴涵着社会公平的涵义，教育的不平等势必会加速和凝固社会的不平等。首先，教育的不平等，使得社会的贫富差距呈几何倍数增长，富者愈富，穷者恒穷，两极分化为社会矛盾的激化埋下伏笔。教育不公的状况如果得不到迅速改变，不久的将来，在许多城市里，将会出现一支"种田不懂科技、打工没有手艺"、融不进城市又回不去农村的新文盲或半文盲大军。这些从小就生活在歧视和排斥中的孩子，长大后会以什么样的态度、行为对待社会，这个问题应当引起我们的高度警惕。其次，人力资源是产业转型的重要支撑。中国农村五亿多劳动力平均受教育时间仅七年多，目前农村大约有一亿初中生不能上高中而直接进入社会。在城市，农民工子女一代代出生，一代代长大，许多不满16周岁、又没有书可读的农民工子女只能选择及早就业。随着城市产业不断由劳动密集型向资本密集型、科技密集型转化，企业对技能型产业工人的需求量大大增加。而现实中新生代农民工接受教育普遍低下，很难从事专业性强的工作，结构性人才短缺在不少大中城市已相当普遍。有专家惊呼，未来世界的竞争毫无疑问是人才的竞争，没有良好的教育，就培养不出优秀的人才，我们给子孙后代留下一个什么样的未来，取决于我们给未来留下一个什么样的子孙后代。

解决农民工子女就学问题，已经迫在眉睫。当前，重点应抓好三个方面：一是进一步改革和完善义务教育管理体制，调整教育投入资金的分配比例，增加对义务教育阶段的投入，进一步促进城乡教育公平；二是探索发放教育券的助学方式，农民工子女只要凭借政府统一发放的教育券，就可以自主选择适合自己的学校，学校不得拒收；三是大力扶持兴办农民工子女学校，鼓励社会力量参与办学，增加农民工子女就学机会，减轻公办学校压力。

同 地 同 保

社会保障作为国家的一项基本经济制度，是经济社会发展的"稳定器"和"安全网"。然而,在很长一段时间内,我国的社会保障制度却成为加剧贫富差距、凸显城乡分割格局的重要载体。目前,对于城镇职工,我国已经建立起一套保障水平和完善程度都相当高的社会保障体系。五大社会保险(养老、医疗、失业、工伤和生育)的相关制度已全部出台并付诸实施,城镇居民最低生活保障制度基本实现了"应保尽保",住房公积金、经济适用房和廉租房等住房保障制度全面推开。而在广大农村,主要还是依靠家庭和土地保障,农村社会养老保险只在部分县试点,农村低保和新型农村合作医疗也有待进一步提标扩面。"贡献在城市,保障靠农村;年青在城市,养老回农村"成为农民工城乡"候鸟"生活的真实写照。

"吃药钱挤占了吃饭钱,上学钱挤占了买面钱。"随着家庭结构逐渐向"4-2-1"转化以及子女尽孝观念的淡薄,传统的家庭养老模式也正受到极大冲击。正是因为这些后顾之忧,许多农民有了钱也不敢放心大胆地去花。国家近几年在拉动农村内需,出台了"家电下乡""汽车下乡""建材下乡"等政策,虽然取得了一定成效,但农民花钱仍是顾虑重重。如果让农民和市民一样,共同享受到社会保障体系的庇护,农村市场巨大的消费潜力一定会迸发出来,在活跃市场的同时,也将大大提升农民的生活品质。

当前,从经济社会发展全局和农民对社会保障的现实需求来看,建立城乡一体的社会保障制度已是势在必行、刻不容缓。从我国的财力水平来看,也已具备了逐步担负起全面社保重任的能力。但是,推进社会保障和公共服务均等化是个长期、渐进的过程,不能急于求成,也不能消极等待。当前,应当着眼于全局,分阶段、有重点地逐步实现城乡统一的社会保障和公共服务。加快在县域范围内统筹考虑、整体推进农民和市民的各项社会保障,随着经济实力的增强再逐步推及市域、省域乃至全国;优先构建覆盖城乡居民的社会救助体系和医疗保障体系,从建立城乡统一的最低生活保障制度逐步向综合型的社会救助体系扩展,从多元化的覆盖城乡居民的医疗保障制度逐步向一元化的覆盖全民的医疗保障体系迈进。据安徽省调查,农村贫困人口中有近一半是因病因残致贫。2009 年我国卫生总支出政府占 24.7%，个人占 40.4%。专家认为公共筹资占 80%个人占 20%才是合理的。况且公共卫生支出的城乡差异巨大，城市占 77.4%、农村占 22.6%，城市人均 1 862.3 元，农村仅 454.8 元。

（本文原载于《中国发展观察》2010 年第 8 期）

重构新农村建设的投入机制

随着新农村建设的稳步推进，农村投入机制在调整中转型、在重组中发展。但在多种因素的作用下，许多地区和部门更多地选取自然条件较好、建设起点较高、发展空间较大的村镇作为新农村建设的先行试点，进而不遗余力地给资金、上项目，重点倾斜、集中投入。我国农村普遍落后，新农村建设的难点和重点正是那些经济条件较差、基础设施薄弱、社会事业滞后的面上村镇。这种只重"锦上添花"、忽视"雪中送炭"的倾向所造成的要素投放悬殊，将人为加大农村内部的贫富差距，形成农村整体发展中新的二元结构，带来"穷者恒穷、富者恒富"的"马太效应"。有专家称这种现象已成为一些地方新时期的"造点运动"。它与全面、协调的科学发展观相背离，与"以人为本"的执政理念不一致。解决这一问题的关键途径就是必须重构新农村建设的投入体制和机制。

建设社会主义新农村，加大并合理配置各种要素投入是重点。新农村建设的投入要素主要是资金、科技、人力三大方面，投入主体涉及中央政府、地方政府和民间力量等多个层次，投入原则是必须具有广泛的普惠性，泽被全体农村人口。各级政府的当务之急是要结合"三农"工作面临的新形势、新趋向，努力克服各种不能与时俱进的行政惯性和思维定式，着力厘清职责重点和工作重心，在政府内部层级之间、在行政力量与民间力量之间构建职责清晰、方向明确、成效显著的"三农"投入新格局。

1. 加大新农村建设的资金投入、强化农村的公共设施和公益事业，中央和省级政府要承担主要任务，自上而下从线上整合资金、集成政策。

这是由县域经济的羸弱性、农村经济的弱质性、基础设施的公益性、社会事业的普惠性决定的，中央和省政府财政实力较强、管理幅度较广、回旋余地较大，要切实担负起自身的职责，切实保障公共财政的雨露更多地润泽农村，公共财政的阳光更多地惠及农民。从财政格局看，目前我国总体上已经进入了工业反哺农业、城市支持农村的新阶段。"分税制"改革之后的国家财政收入分配比例中，中央占50%，省市占30%，县乡只有20%。中央和省级政府逐渐将财权上收、事权下放，财政实力逐步增强，初步具备了在更大的范围上统筹城乡发展、加大"三农"投入的资金积累和财政实力。有关资料显示，1978年国家财政用于农业的支出占全国总财政支出的13.4%，进入20世纪90年代后，由于国家加快国有企业改革，国民收入分配向城市、向国有企业倾斜，支农比重逐步降低，1990年下降到10%，到2003年只有7%。近两年虽有很大提高，但与财政增速比还十分缓慢。公共财政逐步将农村和农民边缘化，导致农业和农村发展远远滞后于工业和城市，农民生产条件和生活水平大大落后于城市居民。要统筹城乡发展，彻底扭转农村"失血"状况，必须从宏观上改变中央和省级政府的财政支出方向，强力向"三农"倾斜。从地域差距看，我国经济社会发展的差距不仅体现于城乡之间，更是表现在地域之间。东、中、西三大板块之间的差距自不必说，每个板块内部悬殊也十分惊人，甘肃省县域之间财政收入差距的最大值已达21倍，在经济发达的江苏省，各县（市、区）人均财政收入的最高值与最低值更是相差40倍。农村基础设施和社会事业都是关乎民生的公共产品，地区之间的财力悬殊，县域经济的参差不齐，决定单纯依靠小部分强市、强县在点上的资金投入，无法全面化解"三农"困境，亦无法体现公共产品的公益性和公共财政的普惠性。

开展新农村建设以来，尽管中央政府和各个省份对农村不断加大资金投入，但仍然存在着政出多门、项目零碎、资金分散导致效益不高的状况。按照国家税务总局提供的数据，2006年用于"三农"的投资为

3 397 亿元，但研究"三农"的学者认为，扣除江河治理、人头经费及中间环节的各种费用开支，真正进入乡村层面的资金不超过 500 亿元。同时，中央政府管理部门都在参与"新农村"建设，大家都在向国务院要资金，31 个部委局正在实施大约 100 个新农村建设的项目"工程"或"计划"。中央层面如此，这种连锁反应一直波及到县，造成资金使用的分散和低效率。为此，中央和省级政府应当将各项资金投入从"线"上调整结构、统筹整合、突出重点、压缩一般、打捆使用，形成支农资金合力，发挥导向带动作用。应像治理大江大河、农电改造、启动"村村通"工程那样，一个时期围绕一个或几个问题，"集中力量、重点突破、分兵合围"，细化和集束政策，瞄准农村社会事业、基础设施和社会保障等公共产品供给方面的突出问题，逐一破解，渐次推进，积小胜为大胜，长期坚持下去，政策效应远比广撒胡椒面大得多，也只有这样才能真正体现政策的普惠性，同时避免人为的"造绩工程""形象工程"。

2. 强化新农村建设的科技投入，构建新型的农业科技推广服务体系，市县两级政府要切实担负起自身的职责，在更广的范围积极寻求面上的整体推进发展现代农业，推进社会主义新农村建设，关键要用现代科学技术改造农业、培育农民。

首先，从市县科技工作的现状看，由于市县基层科技工作普遍面临经费不足、体制不顺、人才断层等诸多问题，致使国家科研体系与农村经济社会发展之间缺乏有效联系的纽带，呈现真空状态，困境中的基层农技推广服务体系无法解决技术信息通达农村"最后一公里"的问题，逐步弱化的市县科技工作已成为我国科技工作中"两个最为薄弱的部分"之一，科技要素尚难以在新农村建设中发挥支撑、引领作用。有关资料显示，2000 年以来，每年我国取得农业科技成果 6 000 多个，但转化率不足 50%，而发达国家农业科技成果转化率已经达到 80% 以上。同时，农民科技素质亟待提高，中国科技馆前馆长王渝生称，中国具备科技素质的人口不超过 2%，而农民群体则更低。发达国家这一比例则超过 20%。其次，就市县科技工作的功效而言，市县两级处于行政管理系统的中间环节，一头承接国家科技创新体系的成果转化，一头直面基层政府和农民群众的科技需求，是实施"科教兴农"的主阵地，是落实"以城带乡"的结合点，承上启下、意义重大。更为重要的是，市县范围内的农村地区由于地缘相近、产业趋同，农民群众的科技需求基本一致，既具行政独立性又有区域协调性的市县政府，对当地农村情况更为熟悉，对于科技信息跟踪更为及时，加大农村科技投入的针对性更强、辐射力更大，开展科技推广服务的实效性更高、带动力更佳。

以市县为主体进一步加大农村科技投入，完善技术推广服务体系，需要从以下几个方面着手：一是要努力增强公益性农业科技服务的能力。农业科技服务具有明显的公益性质，市县政府及有关部门应该承担起为分散的农户提供农技服务公共产品的职能，按经济区域"修网、接线"，重构农技推广服务体系，重组农技推广服务力量，积极探索适应市场经济和新农村建设需求的推广服务新模式、新机制，使农业科技直接到田、直接到户、直接到人，实现科农零距离对接。二是要充分发挥新型市场主体的作用。龙头企业、专业合作组织、种养大户等农业新型市场主体，既是促进农业生产和农村经济发展的重要因素，又是推动农业科技进步的新生力量。农业新型市场主体从自身利益和发展需求出发，主动为其网络内的农户及周边群众提供农业技术服务，市县政府及有关部门应该把握新形势，积极主动地为新型市场主体的科技推广应用工作提供政策支持，使行政力量与民间资源互促互动、有机融合。三是大力发育合作服务。农村各类农民自办的专业性或综合性合作社，是最能有效解决农民自我服务问题的高级形式，这种合作服务最有针对性、最具实效性，且成本最低、代价最小，也最方便易行。这是发达国家一百多年实践的最成功经验。我们应积极学习借鉴，着力推行。四要调动起农民学科技、用科技的积极性。各种公益机构、市场主体的科技服务都必须以农民的应用需求为导向和依归。目前我国农民较低的科技需求和意识已成为农业实用科技成果转化与现代农业建设的重要制约因素。西北农林科技大学畜牧兽医专业毕业生燕君芳，2003年5月回到老家陕西杨凌农业科技示范区，以饲料加工业起家创业。为了调动农民学习技术、科学养殖的热情，她主动给村民上课，不仅不收钱，还每节课发 10 元给听课的村民。半年时间，共授课 700 多人次，发放听课费 5 万多元，并成功地在当地发展科技养殖户 200 多个，其中年出栏两千头以上的大户就有 100 多人。与此同时，燕君芳的养猪、饲料企业也日趋壮大，目前总资产已超过 5 000 万元。可见，增强新农村建设的科技支撑，调动农民学科技、用科技的积极性是关键环节。当前应由财政出资，免费或低收费开展针对性强、实用性广、形式多样的科技普及和技能培训，并重点选择农村种植养殖大户、专业户、打工返乡户等具有一定经济基础、科技素质和创业能力的农民群体作为一段时期科技培训的主要对象。通过公共财政的牵引和农村核心力量的培养，逐步带动更多农民、辐射更广农村。世界上发达国家都非常重视对农民的继续教育。如日本，全国有 57 所县立农业学校，专门招收高中毕业生，通过 3～4 年的学习、实践，培养合格的农民。同时还举办"绿色学园"，对将要从事农业的高中学生进行农业经营知识的函授讲座。日本农村还有 4 000 多个青年俱乐部，帮助农民提高科技文化水平。韩国有 16 个农民教育研究所，负责农民和基层官员的教育。美国遍及全国的一千多所社区学院和各州的赠地学院都可为农民广泛开办培训班。全国有 5 万多个农民俱乐部，帮助农民学习各种新的专业技术，制订生产计划，提高经营管理能力。法国政府规定农民必须接受职业教育，取得合格证书，才能享受国家补贴和优惠贷款，获得经营农业的资格。

3. 筹集新农村建设的人力投入，调动农民的主体力量，乡镇政府和村级组织要善于发掘民间资源，集聚点上的"星星之火"，助推成"燎原之势"，新农村是"干"出来的，它需要外部输血，但更是农民自力更生、艰苦奋斗的结果。因此，新农村建设既要注重外部要素的投入，更要聚焦内生力量的培养。

乡村两级在组织农民、调动人力方面应充分发挥作用。从新农村建设的进展情况看，当前部分基层干部一提到新农村建设，就马上希望上级行政部门给资金、批项目，而对启发、调动农民群体的主体作用冷漠轻视，对乡土社会中蕴藏丰富的民间资源熟视无睹，以致不少地方在新农村建设中一再出现"上动下不动，政府动农民不动"的尴尬局面。问题的症结往往在于这些地区在新农村建设中所遵循的依然是一种牢不可破的行政逻辑与惯性：从上级的政策制定到下级的任务执行，从政府的发号施令到群众的顺应服从。在漠视民意、忽视民智、轻视民力的过程之中，行政治理逻辑逐渐失去了有效切入农村社会运转逻辑的中介点，政府行为也就无法真正触及农民群众的兴奋点，这样的新农村建设与其说是关涉农村社会的一项系统工程，不如说是行政系统的又一次自我实现过程。精英群体塑造着乡村的主流话语，导引着乡村的道德动向，提振着乡村的人文精神，是维系乡村文明生生不息的重要机制。然而随着市场化、工业化和城市化的纵深推进，在多重因素的综合影响下，目前农村精英在城乡之间双向流动的推拉力失衡、机制失效，呈现出由农村到城市的单向性流动特征。城市成了农村人才的"收割机"，农村成了城市人才的"播种机"。单向道的人才流出，使优质资源集中到城市，农村社会精英缺失，新农村建设一时难寻主力。从乡村两级的工作特点看，乡镇政府和村级组织是农村地区微观的管理单元，是落实全部农村工作的组织基础，也是贯彻各项农村政策的骨干力量。乡镇政府和村级组织作为政府体系在农村地区的末端与延伸，管理幅度小、行动集束性强、与农民的贴近度高，对于乡村社会的需要和异动可以做出及时的反应，对于农民群众的需求和意愿易于形成准确的把握，对于民间力量的筹集和调动亦能起到直接的成效。

解决人力投入问题，基层政府和农村基层组织必须进一步提高在新形势和新任务下组织农民、调动农民的能力和水平，激发农民群众的主体力量，培育新农村建设的主力军团。为此：一要与时俱进地实现自身转型。新农村建设中，乡村两级应当积极主动地适应乡村治理机制的新格局，实现自身转型，真正在国家体制与民间社会之间扮演好中介场域和联结纽带的新型角色，发挥好落实政策与凝聚民力的双重功效，切实改变过去自上而下发号施令，"层层压任务，不干也得干"的工作模式，真正从"号召动员型""指标压力型"向"民主合作型"转变，以服务的意识、民主的途径，用说服的办法、合作的方式，引领农民，开展工作。二要持续不断地引导精英回流。改变当前人才由农村向城市的单向流动格局，引导社会精英不断回流农村，地方政府应对城市人才到农村支农、支教、支医和农民工返乡创业等，以市场和政策的双重驱动积极引导，加力推进，并将已经形成的好做法、好经验规范化、制度化，确保农村基层能及时、不断地补充新鲜血液。村级组织应借助血缘、亲缘和地缘纽带，吸引鼓励那些出身农村的精英以到家乡创业或组织开展文体活动等多种途径，以常驻农村或城乡流动等多种形式，致力于为故乡新农村建设建言献策、出智出力，形成农村社会新的精英阶层，重塑乡村社会民间权威，引导乡村社会良性发展，促进城乡互动协调。三要因势利导的借力乡土资源。中国农村有其独特的运转规律，中国农民有其特殊的组织模式、行为倾向。调动农民必然需要了解农村，尊重农民，把握农村的特质，适应农民的习俗。农村社会是一个以地缘、亲缘、血缘、人缘为特征的熟人社会，其间蕴含着丰富的乡土资源，如农村的非正规制度、村落文化等，生长于阡陌之间，繁衍于田间地头。乡镇政府和村级组织如果能够在工作中趋利避害、合理利用这些民间资源在缓解矛盾、规范行为、构筑互信、孕育共识、促进合作等方面的正向功能，必将会为组织农民提供重要纽带，为调动农民提供有力依托，使农民群众在新农村建设中真正由"要我干"变成"我要干"，由"不敢干"变为"敢闯敢试敢冒险"，使新农村建设在行政力量与社情民意的良性互动、制度设计与村约民俗的有机融通中稳步推进。

（本文原载于《中国发展观察》2008 年第 7 期）

提升农民的"三生"环境

推进新农村建设，必须始终坚持用农民视角看问题，走群众路线，"为农民谋幸福"。从农民视角看，当前关键是提升农民的生产、生活和生态环境。

进行社会主义新农村建设，根本目的是造福亿万农民，必须始终坚持用农民视角看问题，走群众路线，"为农民谋幸福"。从农民视角看，当前新农村建设的关键是提升农民的"三生"环境，即生产环境、生活环境、生态环境。

提升农民的生产环境

建设社会主义新农村，首要任务是"生产发展"，即解放和发展农村生产力，繁荣农村经济，促进农业增效、农民增收。促进生产发展，优良的生产发展环境是前提和基础。目前，我国总体上已经进入以工哺农、以城带乡的发展阶段，农业、农村、农民发展的大环境总体趋好。但受长期的小农经济、城乡二元社会结构的深刻影响，农业和农村经济发展仍然面临着许多深层次的矛盾和问题，突出表现为"金融环境恶化、硬件环境退化、人文环境弱化、体制环境老化"，迫切需要进一步优化和提升农民的生产环境。

一是金融环境恶化，资金成为农民发展生产最紧缺的资源。农村金融是农村生产与建设的血脉。但是，20 世纪 90 年代以来，这种血脉在倒流，农村金融机构事实上已经成为从农村"抽血"的主渠道。每年约有 7 000 亿元资金通过金融渠道流向了城市，平均每个县高达 3 亿元以上。农村的增值收益，大部分剩余被金融机构抽走。近两年，农业贷款余额仅占金融机构贷款余额的 7％～8％，乡镇企业贷款余额占金融机构贷款余额的 4.4％，均远低于其在国民经济中的份额。农村金融业成为我国金融业中最为脆弱的环节，农村金融业正在逐步被边缘化。"财政输血、金融抽血"的局面，使统筹城乡带来的支持效益被大大抵消，各项惠农政策大打折扣（2006 年国家财政投入农村的总量 3 000 多亿元，只相当于农村通过金融渠道流向城市资金的一半），资金成了农村最稀缺的资源。一面是"流出"表现的过剩，一面却是需求表现出的稀缺，一个尴尬的"二律背反"。

二是硬件环境退化，农村基础设施薄弱成了制约农村生产力进一步发展的主要障碍。我国农业基础设施大部分是"大包干"以前修建的，现在普遍老化、损毁。而由于国家水利建设资金大部分投向大江大河治理，农民最需要的、受益最直接、受益程度最高的中小型农田水利基础设施建设投入严重不足。特别是农村税费改革后，全面取消了"两工"，投入缺口扩大。有关方面粗略计算，农田水利年投工量由 2000 年前的 102 亿个锐减到目前的 47 亿个，净减少 55 亿个。农民筹资筹劳的唯一渠道——"一事一议"政策操作难度较大，开展面较小（在税费改革开展较早的一个中部省，近些年真正开展"一事一议"的村仅占总村数的 10％左右），新的投入渠道没有形成，投入存在巨大缺口，造成当前很多地区农田水利基本建设处于停滞甚至倒退状态，几千年来农业靠天吃饭的局面并没有得到根本改变。目前，全国农田有效灌溉面积约占耕地面积的 46％，机电灌溉面积不到 30％。随着农业农村经济的加快发展和新农村建设的全面推进，以农田水利为主的农业基础设施薄弱问题正日益突出，已成为影响我国农业综合生产能力提高的关键因素。

三是人文环境弱化，谁来建设新农村成为一个紧迫的问题。人文环境是形成整体环境的基石和根本，软环境建设归根到底是人的问题。当前农村人文问题突出者有二：一方面优质人才资源大量外流，"新生代农民"很少务农。虽然农村富余劳动力向城镇转移是工业化过程中的一个必然趋势，但对中国来说，在相当长一个时期内，农村仍然是农民生存和发展的主要场所，仍然是解决"三农"问题的主要阵地，仍然需要大量高素质农民来从事生产与建设。而现在，由于种地收入低甚至不赚钱，农村普遍存在着"轻农、厌农、弃农"意识，有些农民认为：农村一等人经商办厂，二等人外出打工，三等人在家种地，尤其是年轻人在家种地更是被人看不起，大部分素质较高的青壮劳动力外出（《中国农民工调研报告》显示，全国农民工的平均年龄为28.6岁），据一个中部省对5个县区调查，平均在家务农的青壮年劳动力不足总劳动力的10%。这就给我们提出一个时代性命题：靠谁来建设社会主义新农村？另一方面农民素质亟待提高。农民不仅劳动就业技能普遍较低，更为重要的问题是思想观念相对落后，小农意识仍然较强，社会主义市场经济体制在农村还远没有真正落地生根，市场经济理念还远没有深入人心。比如在一些地方的开发建设中，资源埋在地下千年万年无人过问，一旦有人投资开发就漫天要价。农村落后的人文环境严重地制约着农村经济的发展和社会的进步。

四是体制环境老化，几千年"皇粮国税"的终结，使农村基层工作形势和任务发生了历史性的变迁，但旧的体制和工作机制与农业和农村经济发展不相适应的矛盾日益突出。主要是"三个不到位"：一是乡镇机构改革不到位。机构设置过多，人员编制过冗，导致行政成本过高。我国现在行政成本高出世界平均水平25%，全国乡镇财政收入能力不足1 000亿，而维持运转则需2 500亿，加重了农民的负担。二是乡镇职能转变不到位。责、权、利不明，县乡关系、乡村关系不清，政企、政社不分，社会管理和公共服务薄弱。三是政策落实不到位。长期的"以农补工"时代刚刚结束，与其相适应的各种向城市倾斜的政策法规的系统修正还没有提到议事日程上来，"以工促农、以城带乡"的制度体系还远远没有建立。特别是，由于利益驱动，一些部门和地方对"重中之重"、统筹城乡在认识上还没有真正统一，在行动上还没有真正落实，执政理念还没有真正转变到科学发展的轨道上来。每年数千亿的支农资金经过层层跑冒滴漏，到了农民手里已变成毛毛雨，公共财政的阳光还远没有普照农村。

因此，提升农民的生产环境，应以完善社会主义市场机制、解放和发展农村生产力、促进农业农村经济发展和农村增收为目标，针对以上问题，着力从以下几个方面入手：

一是"打造新金融"，积极推进农村金融改革，改善农村金融生态环境。其中，特别要鼓励发展农村民间金融组织，建立新型农村金融体系，为农村"止血""输血"，激活农业农村发展的命脉。

二是"夯实新基础"。不仅要加大各级政府对农业基础设施建设的投入，调动企业和社会力量投资农村基础设施建设的积极性，特别要从国情实际出发，完善"一事一议"政策，适当放宽项目建设范围、简化决定程序、提高筹资筹劳标准，引导农民弘扬艰苦奋斗的优良传统，积极投工投劳，夯实农业发展基础。

三是"培育新农民"。不仅要提高农民的文化知识水平和劳动技能，特别要提高农民的开放意识、市场意识、创业意识、合作意识、法治意识、民主意识、现代文明生活意识，把巨大的人力资源转化为强大的人力资本。同时，要给农民就地转移就业创造良好的环境。

四是"建立新机制"。不仅要抓住取消农业税的历史机遇，全面推进以乡镇机构、农村义务教育管理体制和县乡财政体制改革为主要内容的农村综合改革，着力建立农村工作新机制，特别要建立新的县乡关系，克服乡镇一级权小、责大、利微的问题，推动农村综合改革逐步向县级延伸。

提升农民的生活环境

建设社会主义新农村，根本目的是提高农民的生活水平和质量，让农民过上幸福生活。当然，其中的核心是较快地增加农民收入，必须始终坚持把增加农民收入作为核心任务，努力缩小城乡差距、社会各阶层差距。但是，财富只是幸福的一个要素，绝不能把收入作为唯一标准，单单用收入数字的高低来衡量农民的幸福程度。有国外专家指出："人们幸福与否很大程度上还取决于很多和财富无关的因素。经济越发展，非物质因素对幸福的影响就越来越大。"

对这些非物质因素，一些地方政府概括为关爱指数、人文指数、安全指数、诚信指数、环境指数、廉洁指数等。究其实质，是关系民生、民计、民权、民情、民心等经济之外的政治、文化、社会诸要素。关注这些非物质要素，营造农民的生活环境，这正是构建社会主义和谐社会的要义所在，是"十一五"规划对于"民生"关注的政策指向，是广大农民的迫切愿望，也应该成为新农村建设的重要内容。而这些内容，当前尚处于被忽视的边缘。

当前，从农民视角出发，新农村建设必须在千方百计增加农民收入、积极稳妥推进村庄规划建设的同时，处理好硬件建设与软件建设的关系，高度关注农民生活的非物质因素，针对农民反映强烈的突出问题，着力提升农民的生活软环境。

1. 高度关注农民的公共诉求。我国目前缺少一个农民表达利益的机制、一个良性的谈判与协商对话机制。农民有问题、有冤情时，往往只有一个办法——上访。但一些地方又把群众上访视为洪水猛兽，层层封锁，处处设防。农民上访，又往往是被踢皮球，材料被层层下转，"终点又回到起点"，有的直接回到农民要控告的人手中。在这种状态下生存的农民，要使用法律讨回公道就比较艰难。有关方面调查显示，2003 年全国接到信访 1 000 万件以上，通过法律途径解决问题的还不足千分之二。

因此，需要疏通民意反映渠道，打破中间梗阻，建立农民利益表达的制度和机制，维护农民的正当权益。一要高度重视农民打官司难的问题。把各级司法机关的工作重心下沉，为农业、农村、农民服好务，下决心解决农村基层司法不公、司法腐败、司法效率低下等问题，为建设新农村提供一个良好的司法环境。二要加强立法。现在有些农村亟需的法律、法规还没有制定出来，有些法律、法规带有计划经济的痕迹，对保护农民权益、为新农村建设提供服务体现不够。三要建立正常的信访机制。要坚决把以"堵"为主转变为以"疏"为主，畅通农民的信访渠道，建立健全信访受理、督办、处理和反馈制度。一个和谐的社会应是弱者求告有门，强者有所忌惮的社会。

2. 强力推进村民自治。农民创造的村民自治，是 8 亿农民当家作主的重要体现，也是新农村建设关于"管理民主"的核心所在。从 20 世纪 80 年代初广西宜山、罗城一些地方农民自发组织村委会以来，我国村民自治从萌生到不断发展，取得了蜚声中外的巨大成就。当前，亟需"健全和完善"村民自治存在着的许多制度缺陷，使村民自治进一步体现其对改善农村社会治理、促进农村发展、推动新农村建设的实际功能。一要着力扭转村民自治普遍存在的"准行政化"倾向。《中华人民共和国村民委员会组织法》（以下简称《村民委员会组织法》）对乡镇干预村民自治的事务应负什么责任并无规定，刑事诉讼法、行政诉讼法等相关法律也没有对村民自治权利提供足够的司法救济途径，村民自治缺少法律保障。一些地方，村委会只相当于乡镇政府的下属行政组织，乡镇政府对属于村委会自治范围内的生产、经营等村务活动依然干涉，随意发号施令；乡镇控制村委会的人事权，左右或干预村民选举，或对经村民民主选举产生的干部随意调动、任免。为此，要进一步完善保障村民自治权利的配套法规政策，尽快修改完善《村民委员会组织法》及各地的实施办法以及相关法律，把村民自治权利纳入刑事诉讼、行政诉讼范围之内，明确要求村委会对村民负责，乡镇不得干涉村委会干部的选举和任用。二是着力解决贿选、控选问题。2003 年 8 月 21 日，《人民日报》披露了山西省河津市老窑头村以"230 万元巨款买村官"的贿选案件，甚至惊动了中央领导。更为严重的是，农村宗族、黑恶势力以及新兴农村富豪阶层，操纵选举，打压民主，控制基层政权，鱼肉乡里，已加速演化成为农村社会的重大问题。为此，要进一步健全舆论监督机制，加强对农民的民主法制教育，特别要坚决打击农村宗族黑恶势力对基层政权的侵蚀。三是着力解决选举出来的村干部权力得不到有效制约的问题。村民自治制度还没有形成一套农民参与决策和监督村干部的制度和机制。可以说，没有民主决策、民主管理、民主监督，民主选举就会最终被农民抛弃，村民自治就不能生根开花。为此，要以民主决策为核心，加强对村干部权力的制约和监督，健全村民代表会议议事制度，全面进行村务公开，坚决改变村级事务由村干部少数人说了算的现状。

真正"把农村还给农民，让农民管理自己"。

3. 创造一个安定祥和的环境。安居才能乐业。这是建设社会主义新农村的基本条件。安居不仅仅是住房条件的改善，更体现在生活环境的安定祥和上。当前，一些地方农村治安形势不容乐观。其一，大量青壮年外出之后，剩下的都是老弱病残、妇女儿童，群众联防、自防能力极大减弱，犯罪分子如入无人之境，一些村庄对违法犯罪行为的抵抗力量几乎为零。其二，农村警力严重不足。城市有充足的警力做保障，而农村警力不足。美国万人拥有 65 个警察，我国只有 12 个左右，农村更少，几万人的乡镇往往只有一个三五名警察的派出所。而且，农村公安工作只重于"打"，不重于"防"。其三，当前正处于社会转型期，农村社会矛盾纠纷增多，特别是家族、派性矛盾突出。其四，个别地方黑恶势力横行，欺行霸市，制造事端，插手纠纷，对农村社会治安影响最坏、危害最烈、后果最严重。以上这些因素，导致近年来农村侵财性案件、恶性案件、青少年犯罪案件等明显增多，特别是杀人、伤害、抢劫等暴力犯罪案件急剧增加。近年来发生的震惊全国的多起强奸、杀人、灭门案，受害者全部是农民。对此，应切实加强农村公安干警力量，可以把乡镇机构改革中分流出来的一些富余人员，特别是军转干部，充实到公安队伍中来，并建立健全以防为主、狠抓防范、打防结合的工作机制；大力推行基层干群创造出来的群防群治的实践经验，坚持走群众路线；加强对青少年的法制宣传教育，形成学校、家庭、社会"三位一体"的教育模式，着力解决一些青少年有学不上、有家不归、有业不就的问题；把打击农村黑恶势力作为当前和今后一个时期农村社会治安工作的重中之重，给农民一个安全、舒心的生活环境。

4. 大力推进现代文明进乡村。乡风文明是社会主义新农村的重要特征。然而，农村教育文化卫生等社会事业发展滞后、亿万农民不能公平地享受现代文明成果，恰恰正是新农村建设最薄弱的环节。从教育看，国家教育经费大部分用于城市，农村人口初中以上文化程度的占 39.1%，城市则是 65.4%，92% 的文盲、半文盲在农村，农村中学生是城市的 4 倍，而国家中学教育经费投入中农村只占 38%，教育不公已成为城乡之间的最大不公。从卫生看，90％以上的农民是无保障的自费医疗群体，65.4％的乡镇没有卫生院，占全国总人口近60％的农民仅享用20％左右的医疗卫生资源。从文化看，农民文化消费支出日益增长，但农村文化娱乐极其贫乏，近几年全国有700多个县级图书馆因缺经费没有购书。农民看书难、看戏难、看电影难的状况进一步加剧，农村"文化荒漠化"现象在不少地方存在。城里人可以花数千元听一次音乐会，而农民只有"娱乐靠酒"了，于是，格调低下的"文化垃圾"向农村蔓延，"黄赌毒"和邪教组织乘虚而入、屡禁不止。

社会主义新农村，不仅要新在广大的农村人口享有丰富的物质生活上，更要新在提高农村文明程度、使农民和城市居民一样可以享受到丰富、健康的文化生活上。必须加快发展农村教育文化卫生等各项社会事业，加强农村精神文明建设。其中，要特别重视以下几个问题：一是保护农村传统文化。中国农村传统文化遗产之丰富，在世界上首屈一指，然而由于改革开放后受西方强势文化的冲击，中国农村民间文化（如戏曲、秧歌、剪纸、刺绣、中医、书法、民乐、民俗、礼节、传统技艺等）正迅速消亡，民间艺人急剧消失，民间艺术日渐衰落。而韩国、日本都把弘扬传统民间文化作为民族现代化的重要动力，西方国家重大传统节日庆典都非常隆重、神圣。应以立法的形式保护农村传统文化遗产，大力继承和弘扬优秀传统文化。二是推动城市资源下乡。现在，一方面，农村社会事业资源极度匮乏，另一方面，城市资源过度集中甚至闲置。胡鞍钢研究指出，我国80％的卫生资源集中在大医院，城市一些高精尖医疗设备的数量已经达到或超过发达国家水平，而农村基层卫生服务和资源的严重不足甚至与落后的非洲国家相当。为此，应统筹城乡资源配置，通过政府引导和市场运作的方式，鼓励和引导资源下乡，实现城乡资源共享，实行城乡服务一体化。三是大力推进农村信息化进程。对农业发达国家的农民来说，电脑和因特网就和农业机械和气象报告一样重要。而我国目前1.62亿网民中农民上网还不到全部上网人数的1％。在城市互联网飞速更新换代和普及的今天，农村基本上还是无网络知识、无网吧、无网民的"三无"地带。大力推进农村信息化，是解决农村小生产与大市场矛盾的有效手段，是实现农村社会生产力跨越式发展的重要载体，是引发农村社会发生深刻变革的重要突破口。应尽快把推进农村信息化提上重要议事日程。目前，当务之急，是在新农村建设规划中，把农村信息化建设纳为重要内容一并规划，特别是新规划的居民点，应全部开通互联网。四是重构农民生活方式。采取农民群众易于接受的好形式，循序渐进地引导农民文明生活，正确消费，破除陈规陋习，建立科学、文明、健康的生活方式。

提升农民的生态环境

关于新农村建设的 20 字总体要求没有突出生态环境建设的任务，只是作为农村基础设施建设的一项内容在文件中提及。当然，中央的部署只能是原则性的、宏观性的。但由于强调不够突出，在各地落实过程中，农村生态环境建设往往被忽视、忽略甚至丢弃。这是当前新农村建设实践中的一个重大认识盲区。

第一，生态环境建设是关系中华民族生存和长远发展的根本大计，而生态环境建设的重点在农村。人类的所有活动都受制于生态系统，生态资本的保值增值决定着人类社会的存续和发展。资源短缺、人口膨胀，这是我国的基本国情。而到目前为止，我们国家并没有建立一套适合这一基本国情的发展模式。于是，中央在科学发展观这一新的执政理念中，着重强调要建设资源节约型、环境友好型社会，走可持续发展道路。应该说，这是着眼长远的根本大计。而生态环境建设的重点在农村。广大农村，是淡水、耕地、林地、草原、生物等资源的最大腹地，是承载人口的主要场所，是实现可持续发展的主要环境依托。同时，与城市比较，农村资源节约、生态保护与环境治理线长面广，环境问题原因更为复杂、危害更为严重、治理更为困难，也必然是生态建设宏观战略思维的主要着眼点。新农村建设的提出，标志着国家适时地把节约资源、保护生态和治理环境的主战场放在农村。但是，问题在于这一事关全局的大战略还远没有成为全社会的共识。

第二，农村生态环境建设不仅关系到农村的发展，也直接关系到城市和全社会的发展，是统筹城乡发展的重要载体。很多人，特别是城里人对农村生态环境问题报以漠视的态度，主要是因为他们认为这是农村的事、是农民的事，事不关己，高高挂起。然而，疯牛病、禽流感、口蹄疫、有毒大米等一系列社会公共卫生问题一浪接一浪的暴发，城乡居民健康程度下降、医疗保健成本大幅度上升，已经为城里人敲响了警钟：农业还具有生态功能，农村生态环境的恶化，直接影响到了城乡居民的健康、生活质量的提高和经济社会的可持续发展，不保护好农村生态，最终受伤害的不仅仅是农民，更是全社会所有成员。

第三，农村生态环境严重恶化，已成新农村建设的极大障碍。1996年到2006年十年间全国耕地面积已减少1.2亿亩，沙漠化、荒漠化土地分别占国土面积的28％和18％，水土流失面积占国土面积的37％，可利用草场90％以上不同程度的退化、沙化和盐碱化。耕地污染面积已近2亿亩，单位面积化肥施用量高达西方发达国家的3倍，农药施用量为美国的2.5倍。农村生态环境恶化的成因，有以粗放经营为特征、以牺牲环境为代价的农村工业化引起的点源污染，农业生产引起的面源污染，以及过度开发造成的生态破坏。当前，值得关注的一个问题是，城市工业污染和生活污染向农村转移已成为农村环境恶化的另一大主因。城市的垃圾、污水、废气等污染在"体外循环"，以有序的方式向农村转移，农村被动地成为城市的垃圾场，导致城市环境改善的同时，农村环境急剧恶化。农村环境问题已成为新农村建设的严重阻碍，广大农民要求改变这种状况的要求强烈而迫切！

第四，农村生态环境建设长期没有得到重视，社会共识没有形成。造成农业生态环境持续恶化的重要背景是长期以来对农村环境保护工作的忽视。中国的环保工作从一开始就把重点放在大城市、大工业和大工程上，环保投入主要针对城市，最基层的环保系统是县一级，农村没有环保机构。农村的环境保护长期受到忽视，环保政策、环保机构、环保人员以及环保基础设施均供给不足。相当部分县级环保局没有监测站，环境监测仪器装备陈旧落后，甚至不如中学的实验室。农村环保只能是"污水靠蒸发，垃圾靠风刮"。同时，受小农意识和传统生产习惯的影响，农民对可持续农业生产方式还不能很好地理解和接受。更重要的，一些学者、地方官员出于短视和短期利益，对农村生态建设持反对意见，农业生态建设缺少全社会的理解、响应和支持。

为此，迫切需要把加强农村生态环境建设，作为贯彻落实科学发展观、推进新农村建设的一个十分重要而又紧迫的课题，提升到一个新的高度、一个战略位置上来抓。一是统筹城乡环境保护。要将农村生态环境保护放在和城市环保同等重要的地位，纳入全国环保和生态建设的总体规划，并作为实施的重点，制定和完善相关法律、法规和政策。政府要建立健全农业环境管理体系，充实农村环保机构的力量，加大环保基础设施投入，加大对乡镇企业污染的治理力度，制止城市、工矿企业向农村排放"三废"。二是严防新农村建设导致新一轮的生态环境破坏。在新农村建设规划中要专门编制农村生态环境建设规划，把新农村建设与农村生态建设相结合，使生态建设有"法"可依、有章可循。当前特别值得关注的一个问题，是在新农村建设中，一些地方忽视生态环境保护，存在着"一刀切"的错误倾向，把绿树掩映、小桥流水的农村建成了钢筋水泥的城市居民点，使农村失去了原有的生态优势，这是建设，但从另外一个角度看也是破坏。这种倾向必须防止和克服，绝不能让一些地方以新农村建设的名义破坏农村生态环境。三是发展农业循环经济。加强对农民的教育、宣传和引导，积极开展沼气建设、废弃农用地膜回收加工、秸秆过腹还田和热解气化等循环利用工程，逐步引导广大农村走上农业废弃物资源化综合利用的循环经济道路。四是限制农业盲目开发。科学合理地进行生产布局，总体上做到宜农则农，宜林则林，宜牧则牧，顺应自然规律。稳步推进"退耕还林工程"，扩大草原生态治理工程实施范围，积极实施生态移民、扶贫移民，促进生态保护和恢复。国家已经做出区域功能的规划，对那些不宜发展经济的地方应将人口迁出。各地应在国家区域功能布局的总体框架下做好各自规划，按部就班实施，这是保护农村生态环境的根本大计。

（本文原载于《中国发展观察》2007 年第 11 期）

创造适合民生的草根环境

关注基层民众、扶助弱势群体，促进每个人的平等与发展，渐成当今社会的基本诉求与价值取向。在温饱问题尚未解决之时，"效率"成为首选；当温饱问题基本解决之后，"公平"则成为必须。社会的公平与和谐不仅是社会发展的终极目标，更是促进发展的有效途径和持久动力。维持社会公平的核心是要让全体人民分享改革成果，共同实现发展，而实现社会和谐的关键则应是：使反映民意的草根诉求得到满足，让适合民生的草根环境得以提升。

培育宽松的就业创业环境

（一）现状

就业是民生之本，创业乃就业之源。让基层民众都有稳定的职业，拥有自己的事业是构建和谐社会的基础工程。为公众创造更多的就业机会，提供更好的创业环境是政府推动社会公正责无旁贷的义务。

2006 年末，我国城镇登记失业率为 4.1%，但如果考虑到农民在城乡迁移间的不充分就业、基层企事业单位中的隐性失业等因素，有专家估计，严格意义上我国城乡失业率将高达 20%。在每年城市新增就业岗位与新增劳动力基本持平的客观局面下，在传统农业利润越来越低的发展语境内，在耕地占用愈演愈烈的现实背景中，农村富余劳动力只能面临"就业难，创业更难"的尴尬境地。

一些农民虽然进城实现了就业，但刚刚摆脱传统"工农剪刀差"的困扰，却不得不遭遇新型"城乡剪刀差"的侵害。市场经济条件下的新型剪刀差已不再依靠产品差价获得，而主要通过压低劳动力成本实现。波士顿咨询公司发布的"把握全球优势"报告称：一个中国工人每小时工资不足 1 美元。同时在这样微薄的收入中，城乡之间还存在巨大的不均衡：一是就业机会不平等。农民工大多从事苦、脏、累、险的工作。全国 4 200 万建筑工人中，农民工有 3 200 万。700 多万煤矿工人，绝大多数是农民工；二是同工不同酬。根据中国社科院的调查，2004 年农民工每天工作时间普遍长达十几个小时，但月工资却比城市劳动者少近 800 元。三是权益难保障。据全国总工会不完全统计，仅 2004 年，全国农民工被拖欠工资就超过 1 000 亿元。大多数农民工缺乏相应的福利保障。据报道，目前中国农民工养老、失业、医疗、工伤保险的参保率分别只有 33.7%、10.3%、21.6% 和 31.8%。

在许多城市，蹬三轮、摆小摊、挑水果、卖夜餐，多种多样的自我就业、创业形式既为基层民众摆脱失业困境开辟了途径，也为便利城市生活、繁荣草根经济培植了土壤。但在一些地区、一些部门仍以种种借口对此冷眼相待乃至恶意刁难，折射出对于"城市文明"理解的偏执与狭隘。百姓希望城市管理者能够开放更多的市场，期望城市相关职能部门能够给予城市边缘人群更多的生存空间。

培育中小企业不仅是转移失业人口、促进社会和谐的途径，更是激发经济活力、推进社会发展的源泉。世界银行搜集了 130 多个国家和地区有关商业规范的资料进行分析，得出的结论是："对企业规范多的国家大都贫穷，国家的经济发展都会受到不良影响。"澳大利亚公司注册只要 2 天，而海地要 203 天，丹麦成立公司不交任何费用，柬埔寨则要交比国民收入高 5 倍的费用。调查发现，我国公司注册登记需要耗时几十天。近年来，正是囿于制度、政策等多种因素，我们社会的创业活力不是在增强而是在减弱：有关资料显示，发达国家每千人拥有中小企业 40～60 个，我国是 6 个。拥有 13 亿人口的大国，中小企业总数只有 700 多万，仅比有 1.25 亿人口的日本多百万左右。世界范围内的一个规律是：不论在发达国家还是发展中国家，社会中企业总数的 99.5% 以上是中小企业。可见，我国中小企业的生长环境尚需着力改善。

（二）影响

就业与创业问题，是一个经济问题，也是一个社会问题，更是一个政治问题：在经济增长方面，对具有 13 亿人口的中国而言，将长期受到就业与创业问题的困扰，它一头牵连着生产要素的优化组合，一头关系着国内需求的拓展挖潜。一定程度上，国民经济能否保持平衡较快发展的关键取决于就业问题解决得好坏，受制于创业土壤培育的优劣；在贫困消减方面，若按照联合国每人每天生活消费 1 美元的标准来衡量，我国目前仍有一个规模庞大的贫困群体，贫困人群面临的最主要困难便是就业机会匮乏、从业能力低下、创业环境欠佳，可以说，贫困即是就业机会的贫乏与创业成功的困难。改善就业局面、扩展创业空间对于贫困群体的脱贫解困至为关键；在城市化演进方面，1.2 亿农民工支撑着中国的工业化和城市化，发达国家的发展历程已经充分证明，减少农民是工业化、城市化的必然结果、最终结果。但实现这个结果需要对于农村富余劳动力的就业机会、从业环境和创业空间做出相应改变。否则，农民工永远无法成为产业工人，而只能是生长于城市边缘的"浮萍"，迁移于城乡之间的"候鸟"；在国家竞争力方面，一个国家的竞争力来自它的创新力，它的创新力源自于社会活力，社会活力的直接反映就是社会成员的创业活力充分涌动、创业激情竞相迸发。因此，改善优化基层民众的创业环境是为当务之急。

（三）对策

就业状态包括就业环境、就业能力和就业机会（岗位），城乡基层民众的就业状态是经济社会协调发展的基本标志。就业环境是否好转，就业能力是否提高，就业机会是否增加是衡量民众就业状态是否改善的重要标尺。让广大基层民众充分就业，没有任何神奇的力量可以解决，只有鼓励民众开展积极的自我创业，以主动的自我创业来带动被动的依附性就业，以积极的创业局面来带动就业状态的改变。

创业是就业之本、之基、之源，没有热火朝天的民间创业，广大民众的充分就业便无从谈起。而民间的活力一旦激发，政府便无须再为找资源、找市场、找资金、找项目、找技术、找机遇发愁。为此，发展农村经济、繁荣城市经济，促进农民增收、带动群众致富，必须走发动民间特别是广大基层民众自主创业的道路。应大力倡导和弘扬创业精神，特别是对基层来说，在政策导向上既要"重"招商引资，又要"重"挖掘本地民间资源；既要"重"上大项目，又要"重"发展中小企业；既要"重"引导就业，又要"重"鼓励创业，务必把民众的创业冲动激活到 20 世纪 80 年代初期那样高昂，务必把发展中小企业、民营经济提升到事关"国计"与"民生"根本大计的战略高度，作为增加收入的主渠道、拉动经济的主动力、吸纳就业的主阵地，摆到更加突出的位置，为一切社会生产要素的优化配置创设更加开敞的制度空间、更加开明的政策空间和更加开放的社会空间，真正形成家家忙致富、人人思创业的生动局面。

构筑和谐的人居生活环境

（一）现状

人居环境既关乎民生，更关乎公平。"安得广厦千万间，大庇天下寒士俱欢颜"——拥有自己的栖身之处、安居之所，既是千百年来"天下寒士"的梦想，更是现代社会中人的基本生存权利。

目前城市底层民众的人居生活环境可以用三句话来概括：人均居住面积狭小，基本生活设施紧缺，居住区域向城郊迁徙。统计表明，我国目前城市房价与居民收入之比已达到 7.8，而发展中国家合理的房价收入比应维持在 3～6。上海超过 20 层的建筑已达 4 000 多座（日本东京仅 100 余座），但伴随中心区域房价飞涨，基层民众的居住地域正逐渐边缘化。

农民工作为一个庞大的城市底层社会群体，他们的居住生活环境更加令人担忧。来自北京的调查发现民工中住石棉瓦棚的占 77.7%，住地下室的占 3.8%，住工棚的占 10%。不少人更是一张木板，一叠床被，酷暑寒冬，风吹日晒，拥挤脏乱，蚊叮虫咬，甚至达不到有关法律规定的基本生存条件。2004 年，建设部在重庆的调查显示：农民工所租房屋中有 46％存在不同程度的阴暗潮湿现象和安全隐患，其中，17％没有自来水，57％没有厨房，61％不带卫生间。即使是这样一种居住环境，也随时面临着被城市化大潮吞没、吞噬的可能。

公共资源总量投入不足加之城乡差距过大，使得在我国农村人均居住面积虽能保证，但脏、乱、差的生活环境十分普遍。一些地方的治安环境也很不理想，这首先是由于警力不足，美国警力是万分之六十五，我国只有万分之十二，且多集中于城市，农村仅万分之一二。几万人的乡镇大多只有一个派出所，通常也只有三五名警察。其次是因为青壮劳力外出打工后，"386199"留守人员难以担负起群防群治的任务。在生活环境方面，目前我国仍有 46％的村不通自来水，6％的村不通公路，6％的村不通电话，建设部调查发现 96％的村没有排水设施，89％的村庄垃圾随意堆放，72％的村庄农民住房与畜禽圈舍混杂，几乎所有村庄使用传统旱厕。特别在淮河、长江流域，新村散乱、老村荒芜、乱占耕地建房现象尤为突出。乡村建设普遍滞后、基础设施普遍落后致使不少农村只见新房不见新村，只见新村不见新貌。

（二）影响

"饥寒生盗心"、安居方乐业，解决生活居住问题不光是为底层民众提供一个遮风避雨的场所，更有助于培养个人对于自身的安全感、对于社区的归属感以及对于社会的责任感；破解城市困难群体的居住生活难题，不仅直接关系到弱势群体的生活改善，而且对于城市的建设、管理和发展也具有相当重要的意义。目前城市中，一些困难群体集聚点封闭的生活空间、混乱的社会秩序，导致越轨行为与治安案件频发，已经成为影响城市治理的一个薄弱环节。一些失地农民、务工农民"有路可走、无地生存、举首高楼、无处安身"，只能寻觅角落、聚乡而居，致使"城中村"遍及大中小城市，形成阻滞城市发展的新型二元结构；开展农村人居生活环境治理，既是保证社会稳定、实现长治久安的重要任务，也是推进新农村建设、加快新农民培育的先导条件。当前农村中，滞后的硬设施、落后的软环境直接影响物资、产品的流通，阻碍信息、文化的交流，给农业、农村、农民的现代化转型带来重重障碍。农村基础设施落后，难以调整生产布局、增加乡村发展活力、优化投资消费结构，更难以打造城乡对接平台。农民生活环境欠佳，难以有效疏通信息渠道，革除落后思想观念，树立文明乡风民俗，孕育现代生活方式。

（三）对策

在高楼拔地而起，大厦破茧而出的城市化光彩背后，一些地方底层民众的人居空间被进一步压挤，生活环境被进一步蚕食。而当今世界上成功实现城市化的国家无一不是花上多年时间、动用多种政策、协调多方利益，以充分保障弱势群体权益。"他山之石，可以攻玉"，舶来经验同样值得认真研究、积极借鉴。

在构建和谐社会的进程中逐步改善城乡困难群体的人居生活环境，是政府必须承担的公共职责。一要坚持规划先行：城市政府方面应密切关注草根阶层居住状况的改善、聚居形态的发展，在城市建设规划中将危房改造、城中村治理与实施中的安居工程连通起来，将城市各阶层、各区域的基础设施建设统筹起来，不断奠定人文关怀的空间基础，努力做好公平聚居的总体布局；乡镇政府方面应充分利用新农村建设的良好机遇与政策契机，发挥自身的主导作用，依靠农民的主体力量，以农业生产现代化、农村生活社区化、农民素质文明化为目标，以村民居住点布局、基础设施建设为重点，做好人居生活环境治理的近期规划与长远规划，着力彰显村镇特色风貌，实现与城市的错位发展。二要盘活政策资源：对于城市低收入群体、困难群体，政府要不断加大保障力度，合理施行政策倾斜，注重各种资源的优化配置，探索通过统筹转移安置、供给廉租住房、开发经济适用房、扩大公积金保障范围等多种政策途径妥善解决其基本的人居生活环境问题；在眼下的村庄整治过程中，各级政府、各有关部门应及时加强上下沟通，努力做到部门联动，积极采用物资补贴、以奖代补、项目补助、人力支援等多种方式，使各种支农资金得到整合，使各项惠农政策得以集成，切实提高资金的使用效益，有效发挥政策的整体合力，真正步入"以工促农、以城带乡"的良性发展轨道。

营造健康的大众文化环境

（一）现状

文化是一个民族的根、一个民族的魂，文化需求是基本的需求，文化素养是基本的素养。当前社会中，文化正逐渐蜕去其作为公共产品的光环，成为"少数人的盛筵"，底层民众根植的文化环境愈显贫瘠。

统计数据表明，2006 年我国人均文化事业经费仅为 11.91 元，全国文化事业费仅占财政支出的 0.7%。而其中农村文化事业费仅占到 28.5%，低于城市文化事业费 43 个百分点。近几年，全国 720 个县级图书馆未购买一本书，占全国公共图书馆总数的 26.7%。目前中国人的读书率（每月读书 1 次以上的人数占有读书能力的总人数比例）为 48.7%（1998 年为 60.4%，2003 年为 51.7%），约 40% 的家庭没有藏书，约 30% 的家庭有藏书但只是中小学课本。每年，中国人用于书报消费的纸张人均 10 千克，美国是 146 千克；中国人均购书开支 4 美元，美国为 120 美元；中国人均消费图书 0.7 本，日本则是 30 本。读书少主要是因为广大基层民众文化消费的意愿不强、能力不高。

另据有关农民工文化生活的调查发现："逾八成农民工，主要靠睡觉、闲聊打发工余时光。近六成农民工对文化生活状况表示'不满意'或'很不满意'。超过四成的受访农民工没有一本书。"他们的文化生活基本上处于单位、社区、家庭"三不管"的"孤岛化"状态，有的农民工因此甚至走上赌博、吸毒、偷盗的犯罪道路。

投入不足、引导不力，造成文化事业发育不良、发展无序，基层民众的文化活动单调枯燥、近乎空白。当前在一部分基层民众之中，世界观、人生观、价值观出现迷茫，腐朽文化、封建活动有所抬头，道德失范、诚信缺失屡禁不止，攀比之风、赌博之风愈演愈烈，思想意识、心理结构多元、多变、多样的特点日益明显，健康向上的大众文化环境急需创建。

（二）影响

"文化商品化"的趋向、"文化精英化"的方向和"文化城市化"的走向，带来精神生产与精神消费的失调、文化事业与文化产业的断裂，最终导致草根阶层"文化荒漠化"的状态。全社会都应当清醒地看到：一方面，良好的文化环境可以扩大个体生命内涵，赋予人们理想信念，使人能够更多地了解和更好地遵守自身的社会义务和责任，在人际共融、文明共享之间实现社会和谐。反之，不良的文化环境使人们淡忘角色、漠视规则、迷失信仰，导致社会失序、影响社会和谐；另一方面，健康的文化氛围亦可维持社会结构的均衡稳定、保障社会运行的安全有序、促进社会管理的高效顺畅。而不良的文化氛围则会使异质文化丛生、社会心理失衡、社会隔膜凸显，出现社会紧张、制造社会断裂。影响社会稳定一般有四大风险源：政治风险源、经济风险源、社会风险源和文化风险源，其中文化风险源最具深刻性、持久性和难以逆转性。对于个人来说没有必要的文化修养将无法立足社会，对社会来说没有良好的文化氛围将难以实现健康和谐的运转。

（三）对策

城市化发展的步伐需要精神文明创建活动的持续推动，新农村建设的实践需要健康文明新风尚的有力支撑。改善草根阶层的文化生活环境，需要在扎实推进城乡精神文明创建活动中，充分调动社会多方面力量，唱响主旋律，践行荣辱观，逐步提升底层民众的文化素质和发展能力，逐渐将草根阶层中蕴藏丰富的人力资源、文化资源培育为推动城乡持续发展的人力资本和文化资本。

各类基层组织尤其要发挥联系群众、服务群众、引领群众的先锋模范作用，要主动关心草根阶层的业余文化生活，主动组织他们参与当地的精神文明创建活动，在增加居民认同感、归属感的同时，提升本区域的凝聚力、向心力与亲和力。要坚持从基层民众的实际出发、身边切入，着力发掘、传承传统文化，大力弘扬、倡导现代文化，让蓬勃向上的先进文化在多元中求得主导、多样中求得共识、多变中求得主动、多选中求得优势。有条件的城市社区，要积极培育内容健康向上、形式多姿多彩、风格清新质朴的"广场文化"、"街区文化"，不断充实、丰富和活跃草根群众的文化生活。在新农村建设推进中，则应力戒"重硬件、轻软件"的倾向，以环境治理促进思想教育，用基础设施的完善带动农民素质的提高，破除陈规陋习、倡导文明新风、塑造新型农民；城市机关、企事业单位既要进一步抓好本单位的精神文明建设，融入并壮大文明城市创建声势，也要进一步弘扬扶贫济困的中华民族优良传统，向基层民众、弱势群体广泛开展送温暖、献爱心、"三下乡"活动，融洽阶层关系、统筹城乡资源，不断扩大精神文明建设的参与度和覆盖面；同时各种公共文化休闲场所一方面要降低收费标准、拓展服务范围，杜绝对草根阶层有意或无意的"歧视"与排斥，另一方面要提升文化产品档次，加强文化行业自律，宣扬科学文明健康的现代生活方式，确保先进的思想观念和道德规范真正扎根底层民众，化为文化修养，转为自觉行动。

建立公平的素质教育环境

（一）现状

教育开启人的心智、革新人的天赋、激发人的潜力，教育延续社会的传统、促进社会的进步、孕育社会的和谐。良好的素质教育环境会给草根群体在社会阶层中向上流动搭建阶梯、提供助力，但我们的教育现实却存在不少缺憾。

1993年国家即提出到20世纪末教育投入要达到占GDP 4％的目标，可实际的执行结果是2002年才达到3.2％，2005年又降至2.82％。若按占GDP 4％的水平计算，近10年来在教育投入方面的财政欠账近万亿。国家财政投入不足一定程度上诱发了基础教育领域的乱收费现象：据有关教育专家保守测算，最近10年的中小学教育乱收费已从人们的口袋里搜走了2 000多亿元。与此同时，高等教育领域高昂的收费门槛使得普通百姓的支撑能力已近极限，2007年各大高校公布的学费为4 000至10 000元不等，加上教材费、住宿费、伙食费等，即使收费相对低的冷门专业，一年至少万元以上，而目前我国农民人均纯收入仅为3 200多元，城镇居民可支配收入也只在10 000元上下。在当前的学费水平之上，在求学与生存的双重压力之下，一纸入学录取通知书已经成为一个贫困家庭的"判决书"。

长期以来，城乡之间教育投入的双轨制导致了教育水平的两重天。教育资源基本上是城市人的资源，义务教育更多则是八亿农民的义务。我国每年全社会教育经费总支出中只有 20％用于占全国人口 70％的农村居民。2005 年各级政府用于教育的财政经费，城市中小学生是 96 元，农村中小学生是 28 元，城市初中生是 124 元，农村初中生是 45 元。目前城市高中、中专、大专、本科、研究生所占人口比例分别为农村的 3.5 倍、16.5 倍、55.5 倍、281.55 倍、323 倍。

另据调查统计，全国 3 200 万建筑业的农民工 90％是小学以下文化，90％没经过专业技能培训，巨大的教育素质断层剥夺了农民工享受现代化文明的权利，阻滞了农民工完成市民化转型的步伐；据教育部统计，我国随父母进城的义务教育阶段适龄儿童已达到 640 多万。来自湖南的有关调查显示，有 80％以上的民工表示子女在城市就学依然有困难，其中接近 40％的人认为很困难。公办学校的高昂收费使民工子女不敢问津，而他们上得起的打工子弟学校却依然在体制与政策的夹缝中步履维艰；1.2 亿进城农民的背后是两千余万留守儿童，缺乏爱护、呵护与监护的他们小小年纪便面临着情感空巢和道德危机，致使成绩普遍欠佳，有的甚至走上违法犯罪之路。

（二）影响

美国社会学家英格尔斯指出："发展最终所要求的是人在素质方面的改变，这种改变是获得更大发展的必要方式和先决条件，同时也是发展过程自身的伟大目标。"享受素质教育的权益关系到人的就业权、发展权，关系到社会的文化传承、经济的持续繁荣。教育的缺失是一种终身的缺失，乃至贻患子孙，教育的不公是一种起点的不公，甚至殃及后世。

（三）对策

广大基层民众素质教育的缺失有历史的原因，也有体制的因素。对草根阶层进行补偿教育、保障基础教育、开展公平教育、施行爱心教育不仅是道义要求，更是责任使然。

当前，应将成人再教育和劳动技能培训等补偿教育的基础工作抓实抓好，要把收费门槛放低，培训范围扩大，教学形式搞活。着力建立起一个面向基层、覆盖城乡的，包括职业技校、成人夜校、社区教育、就业辅导以及劳动力转移转岗培训在内的多元教育体系；在农村基础教育方面，国家近来出台了一系列的新政策、新举措。各级政府的当务之急是要以建章立制的方式将政策的成效延续下来，使措施的效果落实到位。目前工作的突破口和着力点应是在"两免一补"中健全教育经费的整合保障机制，在"城乡统筹"中探索师资队伍的对流帮扶机制，在"以城带乡"中构建教学资源的分配转移机制；民工子女上学问题是社会的包袱还是社会的责任？民工子女上学难的问题是囿于"财政经费"还是出于"制度安排"？问题如何破解、困难如何化解，关键还要看我们能否真正将观念转到"以城带乡、以工补农"的科学发展观上来。解决民工子女的公平教育问题，流入地政府应切实承担起责任，要为其提供助学贷款、降低收费门槛、制定相应政策、消除制度障碍，对积极吸纳农民工子女入学的办学机构可给予表彰奖励或优惠政策，对于打工子弟学校要加强管理而非惩罚处理，应尽力帮扶绝非全面取缔；2 000 多万农村留守儿童不能成为爱心教育的盲区，否则遗患无穷。当前的关键是要整合各种社会力量，推动各项机制建设。外出务工的父母要主动履行好主要监护人的义务，加强与留守儿童的联络，把握孩子的思想状况、学习情况和生活境况，给予孩子更多的关心、关爱与关注。学校要切实承担起临时监护人的责任，有条件的地方要建好寄宿制学校，全面加强对留守儿童的引导、辅导与督导。村委会、共青团、妇联等群团组织要努力扮演好辅助监护人的角色，抽调工作人员或发动社会工作者与留守儿童定点、定期、定时联系，建立稳定的关爱关系，增进了解、增进沟通、增进感情。

重构普惠的公共卫生环境

（一）现状

公共卫生环境关系到个人的身体健康、生活质量，影响着社会的良性运行、稳步发展。"普惠的公共卫生",不仅是一项社会理想,更是一条行动准则。2003 年,疯狂的 SARS 病毒带来了一场危机,危机来源于我们长期对于公共卫生体系建设的漠视与忽视,危机过后需要我们对于当前的公共卫生环境展开深入的反思与冷静的审视:

我国在公共卫生事业上的财政投入长期严重不足,中国人口占世界的 22%,但医疗卫生资源仅占世界的 2%。医疗资源不仅总体不足,其中还有不少资源水平不高,多数群众尚不能享受到优质的医疗卫生服务。据有关部门透露,我国近年来卫生支出占财政支出的比例一直在 1.6%～1.7% 徘徊,而发达国家一般为 5%～7%。在世界卫生组织(WHO)进行的成员医疗卫生筹资和分配公平性的排序中,中国位列 191 个成员的倒数第 4 位。

为了弥补政府拨款的不足,医疗卫生机构逐渐走向市场,蜕变为行业垄断的赢利机构。调查显示,从 20 世纪 90 年代至 21 世纪初,我国城镇居民人均收入增长了 544%,农村居民人均纯收入增长 393%,但同一时期,诊疗费和住院费分别上涨 965% 和 998%。经济劣势的草根阶层只能"小病拖、大病挨,重病才往医院送,绝症再往家中抬"。近年来的统计表明,虽然我国人口不断增长,患病率居高不下,但医疗机构的门诊量和住院量却双双下降:2003 年全国城乡居民患病人数高达 50 亿人次,其中就有近一半的人没有就诊。

医疗服务的市场化、卫生资源在城乡之间的投入悬殊,使得"看病难"成为"农家新愁"。在近几年卫生方面的财政支出中,84% 集中于城市,只有 16% 用在农村。改革开放以来城市医院病床增加了 100 多万张,而农村医院病床则减少了 20 多万张。全国平均 15 个行政村拥有 1 个乡镇卫生院,平均 1 000 个农民只拥有 0.79 张病床、1.3 个卫生技术人员。

在这种医疗环境之下,"因贫致病,因病返贫"的恶性循环正演变为中国社会的一个突出问题。国家有关部门做过的一项统计显示,城市贫困人口中有 10% 左右是因病致贫,农村贫困人口中因病致贫的比例则达到 50% 以上。疾病已经成为底层民众脱贫致富中最大的"拦路虎"。人们常说，"住上一次院，一年活白干"，"脱贫三五年，一病回从前"，这绝非危言耸听。同时在疾病防治方面，进入20世纪90年代后期各种流行疾病、地方疾病死灰复燃，迅速蔓延。目前，全国约有500万肺结核患者，居世界第二，乙型肝炎病毒携带者的数量已高居世界第一。20世纪五六十年代已被送走的瘟神血吸虫病又卷土重来，中部地区血吸虫病的流行县有增无减，患者人数上下反复，呈胶着状态。

（二）影响

20世纪80年代之前我们构建了一个相当严密的公共卫生网络。这一体系，尤其是其中的合作医疗制度，曾经得到全世界的认可和赞许。近些年来，在多种因素的作用下，政府在公共卫生领域的影响力与作用力逐渐减弱，医疗机构一步步被推向市场，卫生保健一步步被商品异化，卫生事业的公益性也逐渐被人们所轻视、漠视乃至忽视。从此，"开门创收""效率至上"成为一些医疗机构的目标，"经济手段管卫生""不找市长找市场"成为部分卫生管理者的信条。然而现代社会之中，城市化与工业化的进程增加着人们的相互依赖程度，城市之中各个阶层比邻而居，城乡之间人员物资流动频繁，现代公共卫生必须是一个覆盖全体社会成员的严密体系，为底层民众提供基本的医疗卫生保障，则是保证其平稳运转的关键环节和必要前提。

一场突如其来的非典危机凸显出中国公共卫生的深层次问题，它不光考验了中国政府的危机应对能力，更对当下的公共卫生体系提出了质疑与挑战：由于卫生产品效益的正外部性、医患之间信息的非对称性，在公共卫生领域，市场机制日渐显示出双重的局限性——既不能保证资源分配的公平，也无法提高资源利用的效率。在公共卫生问题上，绝不能将公众与医疗卫生机构完全推向市场，所有社会成员必须在政府的指引和推动下互相扶持、同舟共济。洪昭光教授介绍，2001年我国的卫生资源消耗为6 140亿元，占GDP的6.4%，因病和伤残损失了7 800亿元，占GDP的8.2%，加起来为14 000亿元，占GDP的14.6%。可见健康就是资源和财富，就是生产力。无法保障基层民众的公共卫生体系显然将会成为制约持续发展的"软肋"、影响社会和谐的"短板"。

（三）对策

普惠的公共卫生环境既是实现发展的根本目标，又是加快发展的基本手段。在重建普惠的公共卫生环境过程中，各级政府的主导作用不容回避，必须用宏观政策"看得见的手"管好医疗市场"看不见的手"，确保新一轮医疗卫生体制改革成为惠及全体人民的"民心工程"：一要坚持公共卫生的公益方向，努力为最需要的人提供最基本的医疗服务，不断加大政府投入，继续扩大医疗保障、医疗救助和新型农村合作医疗的覆盖层面，真正为困难群体的健康买单，杜绝贫困和疾病的恶性循环；二要确立公共卫生的需求导向，将市场准入、卫生监督、立法执法、信息提供和教育培训作为政策行为的着力点，加强卫生医疗机构的整顿和规范，在医患之间构筑透明、平等、顺畅的信息沟通渠道，尊重消费者的选择，维护消费者的主权；三要扭转公共卫生的两极分化趋向，利用财政转移、税负调节等行政手段，促进优质卫生资源向落后地区流动，推动医疗服务网络向城乡基层延伸，实现公共卫生政策向基层民众倾斜，逐步建立地区协作、城乡共通、阶层互助的医疗卫生新平台。

古人云，天下顺治在民福，天下和静在民乐，天下可忧在民穷，天下可畏在民怨。只有在推进改革、加快发展的实践中，更多地倾听底层民意、关注草根民生，才能更好地体现"从群众中来，到群众中去"的方针路线，才能更好地实现"发展为了人民、发展依靠人民、发展成果由人民共享"的政治要求；也只有在政策设计、体制健全的过程中，更多地弘扬人文精神、倾注人本关怀，才能更好地走出"一放就乱、一管就死"的两难管理境地，才能更好地避免"见物不见人"的制度管理困局。

（本文原载于《中国发展观察》2007年第8期）

乡村转型与政策取向

　　由传统农业社会向现代工业社会转型，是现代化进程的一般规律。近年来，市场经济的巨大内驱力，工业化和城镇化的强劲推动力，及多种力量的集聚累积，加速改变了乡土中国的经济社会结构和形态，由此引发社会心理结构和价值观念产生相应变化，同时出现农村发展进程中面临与现代化目标不相一致的困境，乡村转型进入任务最艰巨、困难最突出的阶段。在此，必须高度重视转型期农村社会形态和结构发生的深刻变化及其复杂影响，把握好政策取向，尽最大努力减轻转型的"阵痛"，促进中国现代化建设持续健康稳步发展。

转型期农村社会心理结构和价值观念的变化特征

　　转型期农村社会的深刻变化以及与工业化、城市化的融合与异化，不断投射到相关社会主体的思想、观念、意识和行为动机层面，引发社会心理结构发生相应变化，并且呈现出传统性与现代性、多元性与异质性、积极性与消极性并存互动的复杂态势。

　　农民的社会心理发生变化。农民长期形成的稳定心理结构在变革中被打破，传统与现代、历史与现实、同化与拒斥之间的激烈碰撞，引发农民社会心理结构的分裂、重组与嬗变。

　　一是从农民政治心理看，一方面，民主意识、权利意识增强；另一方面，集体精神、公共意识淡化。实行家庭承包经营，使农民从过去的"社员"变成了自主经营的个体，农民的自我意识、主体意识觉醒。推行村民自治，使农民有了当家作主的机会，民主意识、法律意识和权利意识明显增强。特别是农民中的个体工商户和私营企业主等部分先富起来的群体，非常重视提高自己的政治地位，表现出较强的政治参与意识，并且很希望组织起来，扩大话语权。而大多数进城打工的农民，对乡村政治则关注度不高，他们更多地关心自身的维权和生存条件的改善。与此同时，传统小农经济遗留下的村落家族观念、私有意识开始复活，少数地方宗族派性势力干预村民选举。集体观念、公众精神在迅速淡化，部分农民"顾小家、忘大家"，对涉及自身利益的事情，表现出狭隘的功利性热情，对涉及他人和集体利益的事务，则又显得较为冷漠。农民希望发挥群体力量但又缺乏现代公共精神和社区意识，使乡村政治建设和公共管理陷入两难困境。

二是从农民经济心理看，一方面，市场意识、竞争意识增强；另一方面，盲从心理、攀比心理凸现。改革开放以后，农民冲破了来自外界和自身的观念禁锢，商品意识迅速觉醒，发家致富成为农民的最大梦想。市场环境的熏陶，经济利益的驱动，大众传媒的普及等，改变了农民长期以来形成的墨守成规、安于现状的心理，竞争意识、科技意识、信息意识和合作意识不断增强，敢于竞争、敢于拼搏，成了中青年农民的主流心态。但是，面对市场经济的"汪洋大海"，农民产生了"找不到北"的感觉，在生产经营的布局上，普遍带有"老虎吃天，无从下口"的困惑。"谁能告诉我，明年种什么"是全世界农民的共同呼声，但国外在市场经济中生活惯了的农民是自己找答案，而我国的农民则更多地表现出较强的盲目性和从众心理，效仿别人的"随大流"现象比较突出。相当多的农民想致富但没门路、没能力，想创业但门槛高、环境差。随着生活水平的提高，农民与自己过去比"幸福感"增强，但面对日益拉大的贫富差距，与他人比又心态失衡。同时，农民的消费心理也发生了很大改变，传统的节俭观念淡化，炫耀攀比心理增强，红白喜事大操大办。人情礼俗往来已由感情型向排场型快速演变，名目越来越多，礼金越来越厚，频率越来越高，给农民的生产生活带来沉重负担。他们无奈地感叹：不怕没钱，就怕攀比！

三是从农民文化心理看，一方面，开放意识、文明意识增强；另一方面，边缘心理、落后思想并存。伴随农村经济转轨和社会转型，农民的心理空间日趋开放。传统的"安土重迁"观念已经改变，乡土情结逐步淡化，自觉在土地和农村之外寻求发展、开拓生存空间的离土倾向在青年农民中普遍流行。随着大批农民在城乡之间双向流动，工业文化、城市文化不断向农村渗透、传播，农民的文化心理发生嬗变，传统的道德伦理和人生价值观念为多元化、异向性的价值取向所代替，农民对不同生活方式的态度比过去更加宽容。但与此同时，离土离乡后农民的社会归属感普遍下降。大量农民工虽然进了城，但他们中的绝大多数并没有真正融入城市，在城市中没有主人意识，失落感、孤独感、自卑心理和过客心态在他们中间弥漫。同时，对于留守农村的老人和妇女来说，残缺的家庭、落寞的生活使他们负担过重，心态难以稳定，容易产生危机感和孤独感。另外一个不良现象是，近年来，封建迷信、宗教、邪教等争夺农村精神阵地，对部分农民特别是留守老人、妇女影响很大，危及社会的安定与和谐。

乡村干部的社会心理发生深刻变化。农村管理体制、运行机制和利益格局的深刻调整，使乡村干部的心理结构发生变化，催生乡村治理机制的重塑和再造。

一是政治上的失落感与危机感并存。农业税取消后，随着催粮要款、分配资源等"硬权力"的逐步丧失和消退，有的干部感觉不知所为或无所作为。随着乡镇改革加速推进，机构精简和干部分流的力度不断加大，乡村干部被推到改革的风口浪尖上，不知哪天就改到自己头上，有较为强烈的危机意识。

二是工作中消极性与困惑感并存。随着乡镇一级由权责利统一的实体结构变为权小、责大、利微的虚体结构，工作运转失去了内生动力和利益驱动，容易滋生消极应付思想和懈怠厌烦心理。农村改革的深入推进，乡村组织处于由管理型向服务型的艰难转型阶段，工作目标、工作理念、工作思路和工作方法随之发生整体性变化。面对不断变换的历史场景，乡村干部普遍感到困惑，不知该干什么、如何干、干到什么程度。一些乡村干部反映，过去向农民收税是"身累"，现在为农民服务是"心累"。

三是政绩观出现迷茫，价值取向发生变化。乡村干部过去 70% 以上的精力和时间放在"三要"上，完成"三要"任务，表扬、奖励随之而来，因而产生很强的成就感、荣誉感。农业税取消和达标升级逐渐隐退以后，抓手没了，乡村干部失去一个表现政绩、实现自身价值的明确标尺，对价值观、政绩观感到迷茫。

四是权力意识有所弱化，民主合作意识趋于增强。随着农民民主意识、法治意识和市场意识的增强以及民间力量的生长发育，"政府通吃"的格局逐步被打破，"公共权力"的组织和控制功能渐弱，乡村干部逐步放弃过去靠权力、靠压力开展工作的思想观念和工作方式，独断专行、颐指气使已经隐退，正在寻求"还权于民""兴利于民"的路径，努力探索由号召动员型、指标压力型向民主合作型过渡的治理新理念。但在这一过程中，面对"老办法不能用、软办法不顶用、新办法不会用"的现实，不少干部感到茫然和困惑。

社会整体价值观念发生变化。近年来，全社会对"三农"的关注度、认知度不断增强，特别是中央发出建设社会主义新农村的号召，在全社会掀起了一股"三农"热，"三农"问题在各个层面都引起了前所未有的重视。但是同时，在一些消极因素和非正常行为误导下，当前，全社会出现了"三个轻贱""一个忽视"的现象：

一是对土地的轻贱。在经济利益和政治利益的双重驱动下，"以地生财"的观念得以形成和强化，"圈地热""开发区热"风潮迭起，许多地方出现了盲目占用耕地、单纯追求土地收益的现象。全国六千多个开发区占地 3.8 万平方公里，虽已清掉 2/3，但许多土地还在晒太阳。据国土资源部的数据：现在全国城乡建设用地约 24 万平方公里，人均建设用地已经达到 130 多平方米，远远高于发达国家人均 82.4 平方米和发展中国家人均 83.3 平方米的水平。"耕种土地的是穷人，买卖土地的是富人"，这种现象导致农民自己也对土地轻贱，粗放经营，连传统的精耕细作也丢失了。

二是对劳动力的轻贱。农村对农民不论务工还是务农的职业技能培训少而又少、弱而又弱、杯水车薪，远远不能满足需求，更谈不上形成体系，建立制度。城市对农民工只重利用不重培训开发，只重效益不重权益。据国务院发展研究中心 2006 年发布的《中国农民工调查报告》，目前我国农村劳动力中没有接受过技术培训的高达 76.4％。此外农民工"40 岁现象"已经凸显，企业普遍不要 40 岁以上的农民工，在被透支体力和脑力之后，他们又被推回农村。

三是对农业文化的轻贱。经过几千年积淀的农业文化有其合理的内核，比如崇尚节俭、崇尚自然等。但是在工业文化、城市文化的冲击下，奢侈性消费文化代替了节俭性消费文化，过度消耗资源环境代替了对大自然的敬畏，造成自然生态失衡，给人类带来的灾难越来越大、越来越多。

"一个忽视"即对农业多功能性的忽视。当前，全社会对农业的认识大都停留在食品保障的浅层次阶段，对农业的工业原料供应、就业收入保障、度假休闲、生态保持、文化传承等经济、社会、文化和环境保障等多种功能缺乏认知，对农业在促进经济社会全面协调可持续发展中的基础性作用认识不清。这在一定程度上导致对农业的轻视、漠视和忽视，政策对保护农业多功能性的支持乏力，制约了传统农业向现代农业的转型。

转型期农村在发展进程中面临与现代化目标不相一致的困境

从"全耕社会（农耕社会）"演进为"半耕社会（农工社会）"，是一个巨大的社会进步，农村社会发生着诸多积极而深刻的变迁，标志着我国现代化进程进入一个新的历史阶段。同时，这一社会形态带有鲜明的过渡性质，新旧体制交织，特别是由于社会生产力水平的制约，城乡二元社会结构的制约，以及政策实施中的递减效应等，使得这一阶段农村经济社会一些深层次的矛盾和问题凸显，加剧了结构变化的不稳定性，农村经济社会转型进入任务最艰巨、困难最突出的阶段。

农业有了很大发展，但劣质化问题愈演愈烈

农村社会转型和结构变化中，最根本的进步当属农村生产力水平的

提升。作为我国改革开放的先发地，农村以实行家庭联产承包责任制为突破，极大地解放和发展了农村生产力，推动了我国农业发展，取得了举世瞩目的巨大成就。一是主要农产品供求由长期短缺转变为总量大体平衡、丰年有余。改革开放以来，全国粮食产量从 6 000 亿斤增加到 10 000 亿斤，棉花产量从 4 000 万担*增加到 8 000 万担，其他农产品产量也都大幅度增长。我国用不到世界 9％的耕地，养活了世界 21％的人口，取得这个成就的根本支撑是农产品产量大幅度增长。二是农业综合生产能力明显提高。全国农田灌溉面积达 10 亿亩左右，占耕地面积 50％。大江大河经过治理，一般可防范五十年甚至百年一遇的洪水。全国耕种收综合机械化水平达到 36.5％，主要农作物生产机械化水平有较大提高。全国初步形成多学科配套的农业科研体系和覆盖全国的农业科技推广体系，主要农作物良种覆盖率达到 95％以上，科技进步对我国农业的贡献率已达 48％左右。三是农业经济结构明显优化。2005 年和 1978 年相比，种植业产值占大农业（农林牧渔业）总产值比重从 80％降到 51％；种植业内部粮食作物的播种面积由 80.3％下降到 67.1％，农业突破了以种植粮食为主体的单一型结构。

同时，农业发展出现了新的问题，即农业生产要素质量下降，呈现劣质化趋势。

一是农业劳动力质量下降。常年从事农业生产的是"386199"部队。现在，由于种地收入低甚至不赚钱，农村普遍存在着"轻农、厌农、弃农"意识，"农民新生代"很少务农。有些农民认为：农村一等人经商办厂，二等人外出打工，三等人在家种地，尤其是年轻人在家种地更是被人看不起，大部分素质较高的青壮年劳动力外出。据安徽省对 5 个县区调查，平均在家务农的青壮年劳动力不足总劳力的 10％。而青壮年劳动力正是农村素质较高的群体，他们的大量外出造成农业从业人员素质的下降。《中国农民工调研报告》显示，2004 年，在全国农村外出劳动力中，初中文化程度和高中文化程度的比例达到 63.3％和

---

* 1 担＝50 千克。

12.1%，分别比全部劳动力中相应文化程度的比例高 17.6 个百分点和
1.0 个百分点。同时，由于农业劳动力的培训没有跟上，以至于农村劳
动力转移的速度越快，留在农村从事农业生产的劳动力素质下降越快。

二是土地质量下降。一方面，耕地面积锐减。据国土资源部的报告
显示，从 1996 年到 2005 年，我国的耕地面积净减少 1.2 亿亩，约占耕
地总量的 6.6%。同时，到 2004 年底，全国城镇共有闲置土地、空闲
地和批而未供地共计 393.61 万亩，相当于现有城镇建设用地总量的
7.8%。根据国土资源部的统计，截至 2006 年底，我国耕地面积为
18.31 亿亩，人均 1.4 亩，不足世界平均水平的 40%，约相当于美国的
1/8、印度的 1/2。另一方面，耕地质量呈不断下降趋势，由于建设用
地多是好地，导致劣地与好地比上升。我国高产田只占耕地的 28%，
低产田占到 32%。在粮食主产区和商品粮基地湖南省，高产田比例由
1997 年的 34.4%下降到目前的 26.7%，减少了 7.7 个百分点，中低产
田由 1997 年的 65.6%增加到现在的 73.3%。全国耕地污染面积已近 2
亿亩，单位面积化肥施用量高达西方发达国家的 3 倍，农药施用量为美
国的 2.5 倍。沙漠化、荒漠化土地分别占国土面积的 28%和 18%，水
土流失面积占国土面积的 37%，可利用草场 90%以上不同程度的退化、
沙化和盐碱化。我国农业正处于数量型向质量型转变的关键时期，土地
质量下降已成为实现这一转变的瓶颈。

三是农业技术推广难以实施。我国的政府农业技术推广体系是 20
世纪 50 年代按照计划经济模式建立的，目前普遍存在着一些突出问题。
其一是经费不足。发达国家农技推广经费一般占到农业总产值的
1.0%，发展中国家也在 0.5%左右，但我国不足 0.2%，人均经费更
少。其二是体制不顺。欧美国家的投入一方面主要由政府资助，另一方
面各种社会力量为了自身的利益也研究科技。我们采取的一直是计划经
济模式下主要由国家投资科学研究的方式，科研力量主要集中于各科研
院所及大学，进行的主要是以专业为中心的研究和开发，不能满足市场
对新产品和新技术的要求。其三是农业科技成果现状与农民增收需要不
相适应。从全国农业科技成果来看，总量虽然不少，但存在"三多三

少"问题，即增产性技术多，质量效益性技术少；粮食作物方面技术多，经济作物和多种经营方面技术少；产中技术多，加工技术少。随着农业产量与质量的矛盾、农民增产与增收的矛盾愈加突出，传统的农业科技推广从机制、技术上都面临挑战。

农村经济社会有了很大进步，但空心化现象日益突出

农村经济社会的进步主要表现在三个方面：

一是农村工业化快速推进。乡镇企业异军突起，在 10 多年的时间里吸收的劳动力相当于城市大工业 30 多年里吸收劳动力的总和，加快了农村工业化步伐，推动了农村经济的发展，促进了农村社会分化的过程，深刻地影响了农村社会的传统生产生活方式和价值观念的转变。二是农村城镇化快速推进。小城镇迅速发展，成为统筹城乡社会经济发展的强大力量，带动农村经济发展的重要龙头，转移工业文明、城市文明的重要载体。统计显示，我国现有近 2 万个小城镇，吸纳了上亿人就业。小城镇工业的快速发展和第三产业的兴起，为农村剩余劳动力提供了巨大的就业空间。三是农村市场化快速推进。突破了按计划配置资源的经济模式，突破了单一的集体经济所有制结构，突破了"以粮为纲"的单一的农村经济结构，农村市场经济体制构架初步形成。

同时，随着工业化、城镇化、市场化程度的加深，农村"空心化"现象日益突出。特别是从 20 世纪 90 年代以来，农村劳动力、资金、土地三大要素的流失最为严重。一是人才流失。农村学生考上大学的跳出了农门，考不上大学的也大都进城务工经商，有知识、懂技术、会经营的农民所占比例很小。农村优秀人才大量流入城市，导致新农村建设的"主体"无法形成"主力"。二是资金流失。农村金融机构事实上已经成为从农村"抽血"的主渠道。每年约有 7 000 亿元资金通过金融渠道流向了城市，平均每个县高达 3 亿元以上。"财政输血、金融抽血"的局面，使统筹城乡带来的支持效应被大大抵消，各项惠农政策大打折扣。2005 年，国家财政投入农村的总量约 3 000 亿元，不及农村通过金融渠道流向城市资金的一半。现在全国农村资金缺口每年高达 1 万亿元左

右，资金成了农村最稀缺的资源。三是土地流失。有关研究表明，从1996年至今中国耕地10年减少了1.2亿亩，这些土地绝大部分被城市低价征用，每亩最低按照10万元计，农民给改革开放以来的工业化和城市化提供了相当于10多万亿元的土地资产。农村三大生产要素大量流入城市，这是20世纪90年代以来我国"三农"问题日益突出的深层原因所在。

农民生产生活有了很大改善，但弱势化程度不断加深

一方面，亿万农民生产生活条件有了很大改善。农民人均纯收入从1978年的134元提高到2005年的3 255元，增长了23倍多。农村居民恩格尔系数从1980年的61.8％下降到2005年45.5％，农民消费水平呈加快提高趋势。应该说，改革开放以来的几十年，是我国农村经济发展最快、农民生活变化最大的时期。另一方面，农民与城市居民等其他社会阶层的差距在不断拉大，弱势化程度不断加深。虽然大家都一致认识到农民问题始终是中国革命、建设和改革的根本问题，但在事实上，限制农民的一些习惯性思维在制度设计、资源配置等方面都还根深蒂固。经济上，长期形成的工农产品价格"剪刀差"，牺牲了农民的大量经济利益。城乡居民收入的相对差距和绝对差距都在继续扩大。1997年城乡居民收入差距为2.47∶1，2005年这一差距比率高达3.22∶1。与此同时，农民不能享有公正的财产权、融贷权、公平就业权、公平税赋权等正当权利。据世界银行的统计数字，我国的基尼系数超过了国际公认的警戒线，现阶段仍处于上升趋势。政治上，1995年的新选举法把各级人民代表选举中的农村与城市每一代表所代表的人数定为4∶1。2003年全国政协委员共2 238名，其中真正的农民委员只有几个人。同时，农民的知情权、说理权、组织权、自我管理权、受保护权都还远未落实到位。社会上，长期实行的城乡二元结构，造成城乡居民在户籍、身份、待遇、权利、义务等方面的人为分割，农民享受不到平等的国民待遇，享受不到公平的教育、卫生、文化、社会保障等公共产品供给。4 000万人以上的失地农民缺乏最起码的生存保障，政府规定的农民工

最低工资标准成了企业的执行标准，加之农村留守妇女、五保户等特定的弱势群体的扩大，农民的社会地位更加边缘化。

总之，随着"半耕社会"（"农工社会"）的到来，"三农"问题变得更加错综复杂，对此如果不予以足够重视或处理不好，极有可能出现农业逐步萎缩、农村日渐衰退、农民加剧贫困的局面，这是与"发展农业、繁荣农村、富裕农民"的现代化目标不相一致的，这无疑会制约我国整个现代化进程和社会转型的步伐。

关于转型期"三农"政策取向的思考

落实科学发展观，构建社会主义和谐社会，必须高度重视农村社会形态和结构发生的深刻变化及其复杂影响，把握好解决"三农"问题的政策方向和重点，尽最大努力减轻工业化、城市化过程中农村社会转型的"阵痛"，促进中国现代化建设持续健康稳步发展。

从战略思路上，全社会都应认识到：在一个相当长的历史时期，稳步推进城市化的同时，农村依然是解决"三农"问题的主战场

近年来，流行一种观点：要解决"三农"问题，"功夫在农外"；富裕农民，必须减少农民。在这种观念的引导下，我国城市化建设超高速推进。从长期的战略层面看，这无疑是正确的。但在战术层面上却极易将解决"三农"问题从"就农业抓农业""就农村抓农村"的一个极端，导入"跳出农村抓城市"的另一个极端，发生新一轮的"重城轻乡"。

目前，我国城市化发展存在"三个模糊"：一是内涵模糊。城市外延要扩大，毋庸置疑，内涵同时也要提升。但目前的现实是，土地过快城市化，农民过慢城市化，城市急剧膨胀，对进城的农民却不认账。二是路径模糊。是优先发展大中城市，还是优先发展小城镇，抑或发展城市群，路径不明，重点不突出，遍地开花，力量分散，影响城市化进程。三是格局模糊。是按照行政区划设置城镇，还是按经济区域设置城镇，理念不清，不少地方多以行政区划设置，这样推进城市化显然违背经济规律。由此导致城市化航向的偏差，再加上过热过快的行为，城市化目前已经难负"三农"之重。主要表现在：其一，目前的城市基础设施、就业容量、发展空间等，难以承载大规模农民城市化的需求。仅以就业为例，目前全国城镇每年新增劳动力 1 600 万左右，而新增就业岗位大约也是 1 600 万个，另外还有 1 400 万下岗失业人员。劳动力供大于求的基本格局长期内不会改变，就业刚性矛盾十分突出。城市自身尚且如此，更何谈顾及农村。其二，绝大多数农民工无法完成身份和职业转换，至今仍处于"无根生存"状态。大量农民工被排斥在城市制度体系和主流社会之外，长期游离于城乡之间，不仅造成"假城市化"，而且使"农村问题城市化""农民问题市民化""农业问题社会化"。城市化关键是人的城市化，1 亿多农村劳动力进城尚且无法被城市所"化"，农村还有 3 亿多的富余劳动力要想"化"入城市，显然不是一件简单的事。其三，过快过热的城市化，给农业和农村发展带来诸多消极影响。改革开放几十年，我国城市化水平从 1978 年的 17.9%，提高到 2002 年的 39.1%，现在已达 43%，城市化率提高 20 个百分点，英国用了 120 年，美国用了 80 年，日本也用了 30 多年，而我们仅用了二十几年，这个速度显然是超高速的。在超高速推进城市化的背景下，许多地方以市场经济的名义而不是按市场经济的规律廉价攫取农村的优质资源，这不仅没能给农业和农村的发展带来积极效应，反而在某些领域、某些环节、某个阶段上加剧了解决"三农"问题的难度，是导致农业劣质化、农村空心化、农民弱势化等问题的重要根源。

中央一再强调，解决"三农"问题必须坚持科学发展观，统筹城乡经济社会发展。统筹城乡是一个问题、两个方面，或者说一个题目、两篇文章。既要注重在"农"字以外做文章，稳步推进城市化、工业化，更要紧紧围绕"农"字做文章，坚持不懈在农内下功夫。在整个"半耕社会（农工社会）"阶段，在稳步推进城市化的历史进程中，必须把农村作为解决"三农"问题的主战场。只有解决了这个认识问题，才能把全社会该聚焦的目光聚焦到农村，把全社会可能动员的力量集结到农村，新农村建设才大有希望。为此，一是城乡统筹的制度设计要尽快打破只从城市寻求解决"三农"问题办法的思维惯性，在发展理念、舆论导向、政策设计，尤其在资源配置上一定要彻底改变偏向城市而忽视农村的做法；二是正确引导农民做好对未来生活目标的设计和发展方向的定位，想方设法稳定农民的幸福感，而不应该误导农民处处和城里人比；在鼓励农民进城的同时，还要告诉他们应量力而行，城里的世界很精彩，城里的世界也很无奈。三是正确引导舆论，提高全体社会成员对农业多功能性的认识，真正把解决"三农"问题当成全社会必须承担的重大责任，积极营造有利于新农村建设的社会环境。

在政策取向上，应准确把握转型期"三农"重心的演进大势，适时调整社会的关注点和工作的着力点

伴随经济转轨和社会转型，"三农"问题的重心、焦点和任务在不断发展、嬗变，可以概括为"七大演进"，即：从增强发展动力向提升发展能力演进；从成为生产的主人向成为市场的主体演进；从发掘个体能量向发掘群体能量演进；从"无根生存"向"有根生活"演进；从引导就业向激励创业演进；从关注农业向关注农民演进；从改革体制向创新机制演进。

这"七大演进"，体现了转型期"三农"重心的走势，应作为制定政策的重要依据。据此，今后"三农"政策应从以下几个方面着力：一是提升农民自我发展能力。把培育高素质农民作为根本性举措来抓，大力加强农村基础教育和职业培训，切实提高农民的文化知识水平和劳动技能。同时，引导农民增强市场意识、竞争意识、合作意识、现代文明意识，重构农民的生产生活方式。二是推动农村组织制度创新。创新"官办组织"组织模式和运行机制，拓展和规范民办组织的生存和发展空间，强化基层组织的社会调控功能，构筑起适应市场经济要求，结构完整、功能互补的农村组织体系。三是加快农民市民化进程。加快改革附着于二元户籍制度上的一系列不平等制度，加强接纳进城农民的软硬件建设，运用开办农民工夜校等形式，积极营造有利于农民工生存与发展的社会环境，为农民变市民搭建平台。四是激发农民创业潜能。竞争力来自创新力，创新力来自创业活力。弘扬创业精神，培育具有创业能力与活力的创业主体。完善促进农民创业的相关政策，优化农民的创业环境，是激发农民创业活力的关键。五是逐步消解农民的"权利贫困"。改变重物不重人、见物不见人、抓物不抓人的政策模式和工作方式，坚持以人为本，满足农民的诉求，在转移农民、减少农民的同时，进一步解放农民、投资农民、发展农民。六是创新农村基层工作机制。积极探索建立"以县为主"的县乡良性互动机制、"无缝管理"的政策通达机制、农村公共产品多元投入机制、社会活力激发机制和农村基层干部新的绩效考核评价机制，进一步完善乡村治理功能。

在操作层面上，应按照"重点突破、分兵合围"的思路，细化和集束政策，率先解决好具有牵动性、引领性的问题

近几年中央分别以农民增收、农业综合生产能力、新农村建设和发展现代农业为重点，连发四个1号文件，从宏观层面构建起以统筹城乡为根本途径，推动农村建设和发展的基本制度框架。下一步，关键是从战术层面，按照"重点突破、分兵合围"的思路，分清轻重缓急，一个时期围绕一个或几个问题，细化和集束政策，逐一破解，渐次推进，积小胜为大胜。当前，应着力解决好以下三个问题：

谋求建设现代农业的实质性大突破，为新农村建设提供强力支撑。推进现代农业建设，把农业这个弱势产业打造成有生气、有活力的高效产业，是农村内生发展的根本动力，是农民走出"温饱陷阱"的必由之路，是农村全面发展的重要支撑，也是传统农业社会向现代工业社会迈进的关键举措。因此，下一步农村政策的首选着力点应放在建设现代农业上。一是下决心偿还农村基础设施建设的历史性欠账。国家应在财政支农方面迈出更具实质性的步伐，当前应把农田水利建设尤其是小型农田水利建设以及农村道路及公益性公共设施建设作为农村基础设施建设的重点，加大中央财政投入。二是以工业的理念发展农业，按照企业化、规模化、专业化的思路，大力发展农业产业化经营，实现农业工业化。三是重建"鱼鳞册"，推进农村土地流转和适度规模经营。"鱼鳞册"是我国历史上起始于宋，完备于明，延续至清的一种土地管理办法。这种清丈法，详列了土地面积、地形、四至、土质优劣等。目前我国农户承包地户均五块左右，承包书只写农户承包的亩数，每块状况不清，不利于流转。重建"鱼鳞册"，有利于固化、细化农民的土地承包经营权，明晰土地分配状况，以利于在更大的范围内推动土地流转。四是重构和再造支撑现代农业发展的支持保护体系。尽快构建起适应时代发展要求的农业经营体制、行政管理体制、金融体制、社会化服务体系、农业灾害应急机制和政策性农业保险制度等，为推进现代农业建设提供全方位支持和保护。

按照市场化思路倡导新一轮"上山下乡"，促进城市优质资源流入农村。20世纪六七十年代2 000多万知识青年上山下乡，客观上对农村是一个强大的冲击。今天在从根本上调整国民收入分配格局、大幅度增加支农投入的同时，有必要按照市场化的思路，倡导新一轮"上山下乡"，促进城市优质资源流入农村，对"三农"施以"补偿"式输血，进而激活农村自我"造血"功能。一是推动优质人才回流农村。通过制定政策，鼓励和引导高校毕业生到农村就业、创业，鼓励和引导城市党政机关及企事业单位工作人员开展联络帮扶，鼓励和引导城市专业人才到农村工作，逐步建立起人才回流农村的激励约束机制。二是推动城市三产下乡。长期以来，农民亟需的公共服务、科技、信息、中介、文化、教育、医疗卫生等资源都集中在城市，与农村联系松散，资源大量闲置。应把城市部门的服务职能向农村延伸，不单要为城市服务，更要为农村服务，推进城乡服务一体化。三是引导城市工商资本参与新农村建设。新农村建设蕴含着巨大的商机。山东等地已出现了大批企业整村开发和建设新农村的现象。应通过具体的政策和措施，引导企业和各类社会资金参与村镇的改造和整治，为新农村建设注入急需的资本要素。

"新农村建设，小城镇是龙头"，应大力推进农民就地城市化。20世纪80年代，费孝通先生提出"小城镇、大战略"，应是中国城市化发展贯穿始终的理念。在"半耕社会（农工社会）"阶段，既要重视农村的建设和发展，防止农村过快衰败；又要稳步推进城市化，实现向工业社会的转型。而将这两个方面联通起来、互动起来的根本途径，就是发展小城镇，推进农民就地城市化。这是因为：其一，小城镇是农民城市化最可企及的首选地。大中城市有限的承载能力和高昂的生存代价使绝大多数农民工在相当长时期内无法扎根，而小城镇生活成本较低，是农民就近城市化的现实选择。而且，即便是在外发了财的农民，大多都有"衣锦还乡"、回家购房置业的行为，小城镇更是农民的精神家园，千百年来形成的根深蒂固的乡土观念和凝结在农民血脉中的血缘、亲缘、地缘关系，也使他们更愿意在家乡的小城镇发展。可以说，农民实现城市化，由小城镇起步逐步向大中城市过渡应是中国城市化的必经过程。其二，发展小城镇与建设新农村两者具有根本的内在统一性。与城市相比，发展以建制镇和集镇为基础、以农村二三产业为主导、以城市化配套建设为支撑的小城镇，能够更加直接有力地推动、带动农村的建设和发展，使农民就地分享到现代文明的发展成果。从某种程度上讲，发展小城镇与建设新农村的目标是完全一致的，发展小城镇，就是建设新农村。因此：一应在有条件的地方集中发展城市群的同时，把大力发展小城镇作为中国大多数地方城镇化的核心环节来抓，积极推进农民首先实现就地城镇化；二应抓住推进新农村建设和农村综合改革的契机，从省一级层面上打破以行政区划设置小城镇的传统格局，按照区域经济中心所蕴藏的城市扩张能力和经济增长潜力，精心规划、合理设置小城镇，使小城镇能够以最低成本和最优环境来聚集各种生产要素，事半功倍地促进农村经济发展；三应在推进新农村建设中，国家对中西部欠发达的地区安排小城镇建设专项投入，并适度集束政策、整合资金，逐步完善小城镇的发展功能和承载能力。

（本文原载于《中国发展观察》2007 年第 6 期）

问道乡村和美……

应给城乡统筹一个明确的空间定位

　　读了张元林博士《让村庄成为历史——中国城镇化之路的最佳选择》，总体感觉张先生的文章是费孝通先生 20 世纪 80 年代提出的"小城镇大战略"思想的具体化，文章试图为中国目前的城市化道路明晰方向，探索路径。文中有些政策思路颇有新意，有些建议也具有一定的可行性。

　　该文隐含的一个重要命题值得研究。目前，我国在大力度推进城乡统筹发展，其具体措施就是一面高速推进城市化进程，一面着力推进新农村建设。城市化是方向，村庄的衰减是历史的必然，建设新农村的目的主要是为了缓解城市化过程中日益加剧的城乡矛盾。因此，二者之间并非对立关系，应该是统一的协调关系，在空间坐标上彼此之间应该有一个契合点。我们在推进城市化和建设新农村工作中应该找准这个空间结点，这个结点就是我们贯彻落实城乡统筹战略的空间定位。

　　中央提出统筹城乡经济社会发展的内涵十分丰富，牵涉到政治、经济、社会、文化等多个领域，其核心就是逐步消除不合理的城乡二元结构。近几年，城乡统筹的战略思想已经逐步在各个领域被具体化、政策化，但城乡统筹的空间格局一直不甚明朗，致使城市发展和新农村建设两张皮现象比较明显。

　　城乡在空间格局上实现统筹是消除城乡发展两张皮的重要途径，是城乡之间带有根本性的深层次统筹，也是中国推进城市化的必由之路。要使我们这样一个"村庄大国"走向"城市大国"，选择小城镇作为城乡统筹的空间结点，让绝大多数农民走"就地城市化"道路是最现实的首选。一是小城镇具有生存成本低、就业较容易、农民熟悉环境等诸多好处；二是大中城市企业普遍不招 40 岁以上的农民工，老弱病残都要回乡生活，他们要实现城市化，只能在本乡本土；三是还有一个重要的传统文化因素，那就是融化在民族血液中的乡恋情结、光宗耀祖、衣锦还乡等思想，这是中国人特有的民族性。不论在哪里，不论多么显赫，中国人总觉得只有在家乡故土才能找到感觉，只有在宗族家祖中这种效应才能被放大、被提升。如今在外地发了财的农民，绝大多数都在自己家乡的县城或集镇购置房屋。有的甚至打道回府，另起炉灶，在家乡创业，这更是明证。可见中国的城市化道路应该从小城镇起步，城乡统筹的空间选择应该以小城镇为结点。

就城市化发展而言，目前，我们还存在着三个模糊：一是内涵模糊。是只重"城"的建设，还是"城"与"市"并重，思路失偏。城市要发展，外延当然要扩大，但内涵更要及时提升。内涵不提升，徒有其表。有城无市，何谓城市？城市的原始解释就是"城堡＋市场"。目前的现实是，城市急剧膨胀了，对进城的农民却不认账；土地被圈，很快城市化了，而失地的农民却不能马上为城市所"化"。城市化的核心是人的城市化，城市化重点是如何把人"化"入城市。这种土地过快城市化与农民过慢城市化形成强烈反差。二是路径模糊，是优先发展大中城市，还是优先发展小城镇，抑或发展城市群。路径不明，重点不突出，遍地开花，力量分散，影响城市化有序、健康、稳步推进。三是格局模糊。是按行政区划设置城镇，还是按经济规律设置城镇，理念不清，绝大多数地方都以行政区划设置，这样推进城市化显然违背经济规律。上述三个模糊，再加上过快过热的行为，导致城市化方向不清，路数不明。

就新农村建设而言，目前也面临着几个问题。一是容量问题。随着城市化步伐的加快，大量农村人口逐步向城镇集中，由于经济的、社会的、市场的等种种因素的不确定性，我们无法准确预测什么时候能转移多少，农民更难捉摸，新农村建设究竟要建一个多大容量的新农村，这对每家每户、每村每乡都是一个无法把握的现实，投多了造大了带来浪

问道乡村和美……

费，投少了造小了面貌难改。二是布局问题。新农村建设理所当然要与推进城市化遥相呼应，新农村建设与城市化是一个问题的两个方面，同样面临着布局规划问题。目前，一些地方小城镇没能按照以省为单位、村庄以市或县为单位，根据生产力布局，经济聚合能力、交通条件、地理环境、风土民情、历史沿革、文化传统、行政区划等方面，实行城乡统一规划、合理布局，依旧沿袭计划经济时代的区划状况建设。三是重点问题。新农村建设的重点是规划好并着力建设好小城镇和重要的居民点，而不是平均用力，遍地开花，有村必建，建必建好。有些村庄必须让它自然消亡。俄罗斯原有 15.5 万个村庄，现已有一万多个废弃，3.5 万个村庄居民不足十人。我国 20 世纪 80 年代 94 万个村庄，目前已减少到不足 70 万个。国家已经在宏观布局上设计区域发展的定位，作为村镇建设在微观层面上同样需要定准位，不能发展的地方就要坚决放弃。

总之，以发展小城镇作为城乡统筹的空间定位，让推进城市化与建设新农村并驾齐驱，应是落实好城乡统筹的重要基础和深层选择。

（本文原载于《中国发展观察》2007 年第 5 期）

中国农民生存与发展的九大悖论

农民是中国最大的弱势群体,新一届中央领导集体对农民的处境、命运给予高度人文关怀,是巨大的历史进步。应该说,当前是农村政策最好的时期,农村发展空间最大的时期,农民最有用武之地的时期。但主客观因素造成的农民"能力贫困综合征"还严重制约着他们的生存与发展,现阶段农民的弱势与贫困,不是简单的收入低下问题,而是他们实现自己意愿能力的短缺,是他们民主能力的贫困、知识能力的贫困、信息能力的贫困、不受歧视能力的贫困等方面的综合反应。农民生活中仍然存在着诸多的辛酸与无奈、困惑与冲突,生存与发展的悖论常常让他们陷入两难选择的尴尬。新农村建设已经起步,新农村最缺的就是新农民,建设新农村最根本的标志就是培养出一代有知识、懂技术、会经营、善管理的高素质农民。没有理由再让中国农民的这种无奈成为一种历史的无奈。

不上学等着穷,上大学立刻穷——一张大学录取通知书就等于一个贫困家庭的"判决书"。

社会发展到今天,无论在城市还是农村,接受教育已成为一个人安身立足的基本条件,决定着一个公民能否跟上时代,能否发展自己,能否享受现代文明的关键因素。现代农业科技飞速发展,农业的技术含量和知识含量在农业生产中已越来越占据着重要地位,科学种田成为实际的需要,现代农业使农民必须应时代而变,不断强化知识和观念的更新。接受良好的教育也是农村剩余劳动力有效转移的基础。农民离开农业产业,进入其他行业,要有基本的教育背景,否则就只能做每月几百块钱的粗活。现在全国有 4 200 万建筑工人，其中 3 200 万是农民工；700 多万煤矿工人，绝大多数是农民工。他们 90％以上是初中以下文化，90％以上没接受到职业技术培训教育。尽管在改革开放进程中许多农民走上了相对富裕的道路，但是市场化能力还比较弱，需要不断地进行各种知识的学习和能力的训练。不光要会种地，还要会管理，懂经营，才能参与国际市场竞争，融入世界潮流。良好的教育也是农村城市化的需要。农民要成为市民，其就业观念、生活方式、居住方式等许多方面都要进行市民化转化，而这些转化都需要有相应的文化知识和技术技能来支持。中国农村现在 5 亿多劳动力人均受教育时间是 7 年，受教育水平低已成为制约农民改善生存与发展条件的一个根本因素，农民不培养孩子上学就只好等着穷。

正因为如此，中国农民含辛茹苦，省吃俭用地供孩子读书，指望下一代不像父母那样种一辈子地、受一辈子穷，能过上好一些的生活。但上学的费用实在高得很难承受。据有关专家保守估算，10 年来教育乱收费超过 2 000 亿元人民币。过去农村小学的学杂费不超过 10 元，现在已达 100 多元，高中三年花费现在要 15 000 元左右，大学花费四年至少要四五万元，可 2005 年全国农民人均收入才 3 200 多元，一个农民不吃不喝要干上十多年才够得上一个本科大学生四年的花费，干五年才够孩子上高中的花费。有的村子家家重视教育，千方百计供孩子读书，结果几年下来，"状元村"变成了"贫困村"，家家背上了沉重的债务。孩子大学毕业找工作又十分困难。好不容易找到一份工作，又马上面临成家立业、买房子，要想积攒点钱还债不知又要多少年。债务像一块巨石一直压在父母亲身上。农民无奈地说，现在一张大学录取通知书就是一个贫困家庭的"判决书"。农村因此常常出现这样令人心酸的图景：孩子学习好，家长是又喜又愁，既盼孩子考上大学，又怕孩子考上，心里矛盾重重。近些年，我国农民人均纯收入年增幅都在百分之五左右，而人均教育支出却每年增长 15％以上，据国务院发展研究中心对全国 2 000 个农户的访谈，每个家庭的教育开支平均值为 5 975 元，占总收入的 30％，成为农村家庭的最大支出。到 2005 年全国还有 160

多个县的小学，140 多个县的初中人均预算内公用经费拨款为零，维持运转全靠收取学生杂费。世界上只有 7.5% 的国家个人教育支出占家庭消费支出的比例超过 10%。

1993 年国家提出到 20 世纪末教育投入占 GDP 4% 的目标，可实际的执行结果是 2002 年才达到 3.2%，2005 年又下降到百分之二点多。若按占 GDP 4% 的标准计算，十年教育投入财政欠账近万亿。而有限的教育经费又大部分用于城市，广大农村主要依靠农民自己的力量办教育。每年全社会教育经费总支出达五六千亿元，只有百分之二十多用于农村。农村人则要拿出 1/4 的收入供孩子上学。农村教育整体薄弱的状况还没有得到根本改变。到目前，全国还有少数县没能完全"普九"，已经"普九"的部分地区水平还较低、基础还不稳。受教育权的不对等，造成城乡教育差距的拉大。全国不能入学和中途辍学的基本上都是农民子弟，教育的不公是城乡之间最大的不公。必须改变教育政策的"城市取向"，促进教育资源配置的合理化、均衡化，扩大城乡教育公平，把农村义务教育的主要责任由农民承担转移到政府承担，让高等教育的门槛向农民低开。

不打工现在穷，打了工以后穷——新"工农剪刀差"在自然延伸，只是表现形式变了，由工农扩展为城乡，由资金、物资的支持变为活劳动支持。

有人做过一个简单的测算，一个以种粮为主的农民必须耕种 20 亩土地才可以达到 8 000 元的年收入水平。这意味着中国的 18 亿亩耕地只能容纳 9 000 万农业劳动力，加上渔业、牧业、水果种植及其他农副业生产的农民在内，整个农业只能容纳 1 亿多农业劳动力，其余都必须向二三产业转移，向城镇转移。当数以千万计的中国农民背起行囊、坐着火车跨省份、跨区域到经济发达地区通过提供劳务来获取报酬时，"外出打工"这个词在中国经济发展中、在农民生活中就具有了非同寻常的意义和内涵。经过 20 多年的发展，"打工经济"已经成为农民增收的重要渠道，占农民人均纯收入的五分之一以上。

但农民工又是我国由计划经济向市场经济转型过程中形成的一种特

殊的劳动力群体。20 多年来的实践证明，农民工是新中国成立以来用农业积累支持工业化建设道路的自然延伸，是新形势下的"工农业剪刀差"。所不同的是，从过去的资金和物资要素的支持转变为更加鲜活的劳动力要素的支持，而且这个支持由过去的强制征取变为自愿行为；不仅更方便更快捷，规模和力度比以前也大得多。农民工不仅与城镇劳动者同工不同酬，而且劳动定额不合理，劳动时间过长，收入长期基本未增。表面上看，一些农民工的月工资收入几乎达到甚至超过了当地规定的最低月工资标准，但这往往是以农民工每天工作时间高达十几个小时为代价换来的。然而，就是这样可怜的薪酬，还往往被长期拖欠。据全国总工会不完全统计，仅 2004 年，全国进城务工的农民工被拖欠的工资超过 1 000 亿元，而为索回这 1 000 亿元欠薪，整个社会需要付出包括经济成本、时间成本、政府成本、法律援助成本等至少 3 000 亿元。由于农民工大多从事苦、脏、累、险的工作，卫生条件差、生产工作环境恶劣、职业病危害严重、工伤事故比例高、重特大伤亡事故频繁发生。我国每年因工致残人员达数十万，其中农民工占绝大多数。许多乡镇企业存在不同程度的职业病危害，60％的设备缺少必要的防护用品，90％的企业粉尘超标。土法开采的小煤矿，使矽肺病发生率急剧上升，有些民工仅仅二三年就患上矽肺病。在透支了他们的青春、体力、精力之后，往往即意味着打工生涯的终结，用工企业不招 40 岁以上的农民工已成为一种较为普遍的现象。农民通过打工真正成为市民的在现阶段还十分有限，绝大多数还必须回到生他养他的故土。由于打工期间很多企业不为他们缴纳社会保险，打工的积累又十分有限，打工以后的日子可想而知，如再遭遇上伤残或职业病，后果很难想象。长期在城务工，农活荒废了，农业科技知识生疏了，重操旧业已力不从心，随时都有重新返贫的可能。

2000 年，国家财政收入是 1.3 万亿元，2005 年超过 3 万亿元，5 年时间财政收入翻了一番多。而再看工资占 GDP 的比例，1989 年是 16％，2003 年则下降到 12％（发达国家是 35％～45％，中等发达国家是 25％～35％），"水"涨了，"船"却没有高起来。14 年间，劳动收入的增幅非常缓慢，而这其中农民工的收入增长又属最慢。在珠江三角洲，1992 年到 2004 年农民工月工资仅增长了 68 元。切实保障农民工权益，当前最迫切的就是要着力加强法制建设，解决用人单位拖欠或克扣农民工的工资问题；结合我国的现有国力，探索一套更加灵活、更加适合于广大农民工参加的社会保障制度，让他们在过了打工的年龄后能有个基本的生活保障。

因为穷不看病，因为病更加穷——"救护车一响，一头猪白养"，"住上一次院，一年活白干"。

现今医院的医疗服务和药品价格对农民来说都是极端奢侈品。在计划体制内享受医疗保险或者公费医疗的人有能力承担，城市中收入较高的人有能力承担，而广大农民则无能为力。两个不同的群体，面对的是同一个市场，农民的窘境是不言而喻的。农民说"做个阑尾炎，白耕一年田"，"小病拖、大病挨，重病才往医院送，绝症再往家中抬"。农民的经济承受能力成为影响其生命健康权利的决定性因素。农民不敢生病，生不起病，有病也不敢去看已成为突出现象。据权威统计，中国农村人口有近 9 亿，农民用于医疗的费用每人每年不足 10 元，有一半的农民因经济原因看不起病。在必须住院治疗的农村人群中，有近 50％的人因缺钱而放弃治疗。2003 年我国农民的人均收入是 2 622 元（包括实物收入），而从第三次卫生服务调查的结果来看，2003 年农民平均住院费用是 2 236 元。这也就意味着，如果一个农民家庭有一个人住院，可能这一年的收入就全部用到医疗费用上。农村人口拥有的卫生资源少得可怜。从 1982 年到 2001 年城市医院病床增加了 100 多万张，而农村医院病床则减少了 20 多万张。全国平均 15 个行政村拥有 1 个乡镇卫生院，1 000 个农民拥有 0.79 张病床、1.3 个卫生技术人员，乡镇一级卫生院具有本科学历的医务人员只占 1.4％。多数乡镇卫生院，设备都是20 世纪七八十年代购置的，仍靠血压计、听诊器和体温表"老三样"开展工作。在广大农村基本解决温饱后，有人说，"看病难"已成了"农家新愁"。

农民生病后基本得不到救助，只能依靠家庭或亲友的支持。"一人生病，全家不宁，亲朋受累。"虽然现阶段我国的大多数农民已经跨过了温饱的门槛，但农民因病致贫已经成为一个严峻的社会问题。"脱贫三五年，一病回从前。"国家有关部门做过一项统计，我国农村贫困人口中50%属于因病致贫，疾病已成为农民脱贫的最大"拦路虎"。因病致贫的罪魁祸首是大病风险。贫困农户在大病冲击以后，将近要花8年的时间才能恢复到大病前的消费水平，将近要花10年的时间才能恢复大病前的生产经营投入水平，对收入的影响也是长远的。

据有关部门透露，我国现在卫生支出占财政支出的比例这几年在1.6%～1.7%，在这部分财政支出中，84%用在城市，只有16%用在农村，而60%的人口在农村。事实上是城镇40%的人口占用了80%多的卫生资源。农村卫生事业严重滑坡，农村的传染病出现了扩大蔓延趋势，血吸虫病死灰复燃，SARS、艾滋病的暴发更是给我们敲响了警钟。国家应通过立法形式，使各级政府对农村卫生事业的投入逐年增长，并接受各级人大监督落实；积极建立农村合作医疗体系，在财力许可的情况下，探索建立更大力度、更具有可持续性的政府筹资渠道；在宏观调控下发挥市场机制的作用，引导城市过剩的卫生资源向农村转移，加强农村卫生队伍建设，培育农村卫生服务市场。

种田想赚钱，种了田难赚钱——"种田等于自费参加体育运动，锻炼了身体，白贴了一套运动服。"

家庭联产承包责任制以来，中国农民重新成了土地的主人，有了自主经营的权利。作为独立的商品生产者，农民自觉不自觉地适应价值规律的要求，调整自己的产业结构，调整自己的经营内容，国家的政策调控效应在农民身上体现得很明显。近年来，一系列扶农政策特别是免征农业税的实施，使广大农民种田积极性大大提高，开始发展特色农业，开始注重生产投入和田间管理，主动采用新技术提高农产品质量。农民收入也确有较大幅度增加，2004年农民人均纯收入2 936元，2005年达3 200多元，一年增收约300元。

可令农民始料未及的是，政策性增收的果实被种子、化肥、农药等农业生产资料价格上涨一点点吃掉了。媒体报道河南省的例子，由于种子、农药、化肥涨价，农民种植玉米成本每亩增加了 25～27 元。如果包括机耕、机播、机收、灌溉等，每亩生产成本比 2005 年增加了 30 元以上。而给农民的三项补贴，每亩平均只有 15.07 元，只达到所增成本的一半。农民幽默地说："现在种田等于自费参加体育运动，锻炼了身体，还白贴一套运动服。"国家发给农民的补贴和免掉的农业税，全都"转移"给了生产资料企业和经销商。农民即使遇上丰收年，粮食增产了，也并没有得到太多实惠，如果再遇到假冒伪劣生产资料的坑害，不仅不赚钱还会吃大亏。随着农业生产资料市场的放开，一些不法的经营业主为了获得高额利润，经营假冒伪劣产品，严重损害农民切身利益。

农业是弱质产业，面对的是市场、自然和政策三重风险，加之现阶段我国农业的规模化、集约化经营水平还不高，对大多数地方来说，农民靠种田赚钱还很难。当前，亟需依法曝光一批农资违法违章案例，严防伪劣农资流入农业生产领域，净化农资市场主体，扶持一批规范经营、诚信守法的龙头农资经销企业做大做强，提高农资经营者的服务水平。应适当给予财政补贴，让农业保险这一"准公共产品"尽快走进农家，帮助农民规避风险。大力度地推进现代农业建设，采取切实措施，努力使农业逐步走上要素投入集约化、资源配置市场化、生产手段科技化、产业经营一体化的现代农业轨道。

低价买货想便宜，便宜过后吃大亏——假冒伪劣产品"上山下乡"，农民成了消"废"者。

"油盐酱醋找个体，日常用品赶大集，大件商品跑城里。"说的是农村商业布局不合理、规模小、网点少，农民购物很不方便。加上农民买东西受经济条件限制，消费水平较低，"廉价"成了他们购买商品的首选因素。农村市场发育不完善，完整的商店要到镇上才有，那些散布在村落的小商铺，是农民主要的购物渠道，没有太多的选择。这些个体小店大多是从县乡各类批发市场和城乡结合部的一些小作坊进货，同样牌子的饼干，城里超市每市斤的价格要卖到十几块，小店里可能两块钱就能买到；海飞丝、飘柔等品牌的袋装洗发水，里面装的都是同样的蓝色透明液体，城里要几毛钱，小店里只卖几分钱，用的似乎是同一个印刷版，只是字迹有一点模糊。小店销售香烟，为了少交税，大部分进的都是散货，价格当然也便宜。在我国很多地区，仍然沿袭着十里八村农民赶大集的习惯。集市上充斥着堆积如山、来历不明的商品。其背后，隐藏的其实是农民购买力的不足，而这又是中国经济长期实行的工农业非均衡发展、城市和农村非均衡发展的必然产物，是农民负担长期过重、收入增长缓慢的一个必然结果。

在广大农村，由于缺乏龙头商业企业的主导，农村流通领域无序竞争；由于科技知识和法律常识缺乏限制，农民不会辨真识假，在购买商品时又很少索要发票等消费凭证；农村小店大多家庭经营，不像城市商店具有严格的检测准入门槛；农村市场打假力量不足和执法力度不强。以上诱因，导致在城市内遭到消费者抵制的假冒伪劣商品，正以"城市包围农村"的态势大举向农村进攻，农民购买日常生活用品常常遭遇假货，成了消"废"者。山西假酒案、河南有毒大米事件、阜阳假奶粉事件，无不触目惊心，严重危害了农民的身心健康乃至生命安全。毫不夸张地说，这些对于幅员辽阔、人口众多的广大农村而言，仅仅只是冰山一角。

农村商业有效供给不足，导致农村市场萎靡，影响到国家扩大内需政策的推行，阻碍着农民生活水平的提高。20世纪80年代农村消费占全社会的60%多，而目前仅占30%多，下降了一半。占总人口60%的农村，消费水平只占全社会三分之一的份额。有关专家指出，农村人与城市人的消费水平相差15年左右。必须加快农村市场建设，培育新型的农村商业龙头，引进现代化营销理念和方式，构造新型的农村商业网络，以连锁经营的形式，逐步实现统一标识、统一价格、统一结算、统一服务标准，净化农村市场。促进现代流通方式向农村延伸，把发达城市和地区的先进科技文化输送到农村，激活农村蕴藏的各种消费潜力，激发农民的购买力。执法部门应加大对生产和流通领域的执法力度，多向农民宣传鉴别假冒伪劣产品的知识，提高他们的自我保护意识和维权意识。

政策鼓励农民进城，进城之后难成市民——城里的世界很精彩，城里的世界也很无奈。

"城市里的村庄"和"工人中的农民"这一新的二元结构普遍存在。

在强力推进城市化、工业化的宏观战略背景下，国家大力支持、积极鼓励农民进城，广大农村最宝贵的生产要素——年轻力壮的劳动力，投身于城市快速扩张的进程中。在城乡户籍分开管理的条件下，"农民工"成为劳动力与资本和其他生产要素的一种特殊结合方式，具有浓厚的中国特色。从最初发展乡镇企业时"离土不离乡"的"农民工"，到后来形成了一支一亿多人、远离家乡的"农民工"大军。根据国家统计局的初步调查，"农民工"已占整个产业工人的一半以上，是我国城市建设与人民生活中不可缺少的基础性劳务群体。在用汗水和努力实现着自己的希望和价值的同时，"农民工"为城市创造了巨大的财富，创造了20％多的GDP，为城乡的经济发展作出了巨大的贡献，而支付给他们低廉的工资，更是我国制造业和服务业始终保持低成本竞争优势的重要因素。

城里的世界很精彩，城里的世界也很无奈。国家支持鼓励农民进城，农民世代都在追求进城，但进城之后的农民仍受到各种制度性和非制度性限制，农民工的务工环境和生存环境都令人担忧。从劳动权看，虽规定用工单位必须与雇工签订劳动合同，但由于大部分进城打工农民缺少相应法律知识和意识，导致劳动合同或者根本没签订，或者合同条款对雇主有利，对农民不公，农民工劳动权益无从保护。从就业权看，农民就业受到歧视，很多地方都存在优先保障本地户籍人员就业的现象。从安居权看，石棉瓦平房、地下室、工地工棚就是进城打工农民的安身之所。据北京市调查，农民工住石棉瓦棚的占77.7％，住地下室的占3.8％，住工棚的占10％。不少人一张木板，一叠床被，酷暑寒冬，风吹日晒，拥挤脏乱，蚊叮虫咬。从社会保障最核心的失业保险方面看，城市居民在失业期间有失业补助，但农民工却没有，一旦失业就失去了任何经济来源。更值得关注的是，进城农民工子女教育处于财政投入的真空状态，输出地和输入地政府都不愿意出钱，农民工子女上学门槛太高，大多流入办学条件较差的私立打工子弟学校甚至失学。近年来，党中央和国务院及有关部委就农民工进城务工的有关问题先后发布了一系列的文件，但是这些文件执行起来往往被大打折扣。比如，暂住证仍被大多数城市作为对农民工管理的一大依据，并且将子女借读、务工经商，甚至租房、收卫生费等捆绑在一起，缺一不可。

农民工生存状况的改善，可以说是一个漫长而艰巨的任务，其深层次原因还是我国长期实行的城乡二元分割的管理体制，仅仅靠出台某一项政策或措施去解决问题似乎并不现实，应该以系统工程的理念，从立法和法律保护、行政管理和服务、社会舆论宣传和导向等方面入手，逐步为农民工营造一个立体的、全方位的、理性的、健康的生存与发展环境，在可能的领域尽快让农民工享有市民待遇，努力消除"城市里的村庄"和"工人中的农民"这一新的二元结构。当前，对外来工中劳动关系比较稳定的技术工人、技术骨干，其社会保险可以跟城镇当地职工并轨考虑，享受同等待遇；对于短期务工者或者流动性比较大的外来工，可以优先考虑其工伤和大病保险，养老保险可采取"低进低出"的办法扩大覆盖面。民工子女上学一定要纳入当地财政预算，并和市民子女同等对待就近入学。

没有男孩想男孩，有了男孩愁男孩——如性别比失调再延续下去，20 年后可能有四五千万个男性找不到配偶，这是一个无法救助的群体。

中国农村重男轻女一方面是"不孝有三，无后为大"的传统观念作祟，另一方面也是因为农民把男孩作为一种开发潜力最现实的生产力要素来看待，作为他养老的保障依托，更是他在村、族中力量的象征。在各种因素的交织下，农民选择生男孩自有其道理，因此带来我国的男女出生性别比例失调不断攀升，第五次人口普查时已经达到 116.9，海南、广东等省则高达 130 以上。农村的情况更为严重，据在某省农村进行的一项调查显示，如果让农民自行选择，出生性别比将达到 144。照此趋势，到 2020 年实现全面小康之日，全国将有四五千万处于婚育年龄的男青年无女可娶，这将是一个无法救助的群体。失调的出生婴儿性别比严重阻碍着我国人口的和谐、持续和健康发展，并将引发违法犯罪行为以及各种复杂的社会问题。

农民看不到宏观问题上的可怕，他只知道自己生个男孩解决自己的问题，而生了男孩之后别说娶不到媳妇犯难，就是娶到媳妇，那昂贵的彩礼，高不可攀的开支花销，令他倾家荡产都解决不了问题。到了这一步，他才会仰天怅问：我该不该生这个儿子。可是，一切都晚了。为此，农村社会保障制度应及时向农村独生子女户和双女户倾斜，政府应当加大投入，加大宣传教育力度，消除他们的后顾之忧，逐步形成家庭抚养孩子——孩子回报社会——社会赡养老人的良性循环。积极倡导"男到女家落户"等婚育新风尚，把平等意识纳入公民教育，努力促进男女平等。

当家作主想民主，有了民主不作主——从"为民作主"到"民主"的进化过程中，农民有点眩晕，有点找不到"北"的感觉。

人民公社体制解体后，农户的生产经营自主权、产品支配权也得以确立。农民迫切希望成为村庄的政治主体，改革后的一户一田，也需要有一人一票的体制加以保障。推行村民自治，由村民自我管理、自我教育和自我服务，依法行使民主自治权利，有力地推动了乡村基层民主，激活了农村的政治活力。随着农民生活水平的不断提高，农民的思想观念也不断更新，他们不再满足"面对黄土背朝天"和"日出而作、日落而息"的生活方式，"文明、民主、法制、富裕"等愈来愈成为广大农民物质生活和精神生活的主要追求。历史延续下来的一些管理制度和行政方式已不适应现实，他们对办事"不民主，不公开"的官僚主义、形式主义作风非常不满，民告"官"的事不断发生。当前，农民参与政治大多以维护正当经济利益为主要目标。有以个人或集体方式去接近各级组织，反映、说服、建议、批评，以期影响改变他们的决策、决定的接触活动；有通过大众传播或信访手段反映情况、表达利益、实现意志的投诉活动；有不堪忍受不公正待遇和非法压制进行抗议、暴力对抗活动或依法诉讼活动。选举行为也早已突破了举举手、鼓鼓掌的模式，很多地方的候选人需要在公众场合进行演说，发表施政意见，做出具体承诺等。有的还主动参与慈善事业，捐助困难群众，在群众中树立良好形象，以赢得村民的选票。

但客观地说，中国农民民主素质尚处在初始阶段。农民在村级、乡级社会事务中的主人意识、平等意识、自主意识缺乏，依附观念浓厚。农民群众往往不把自己作为权利的主体，而是寄希望于"上级""领导""包青天"。体现在当前的农村选举中，也存在着诸多的不适应之处。选民参选率不高，有些地方只有百分之六七十，选民对选举事务中的各个环节较少参与，既不关心，也不愿花精力，不感兴趣。曾出现过一个选民人数不到600人的小村庄，海选中提名的"两委"候选人竟然多达100多名。经过调查，发现绝大多数的村民是哥哥选弟弟、妻子选丈夫、老子选儿子、自己选自己，令人啼笑皆非。许多村民投票时受人左右，没主见，给包烟、吃顿饭，就投上人家一票，以至于在选举时部分群众形成了"谁给我都要，谁给得多就投谁的票"，没有行使选举权利的神圣感。村民对选举组织者的违规操作，即使知道了也不介意，给一些人做手脚提供了方便。另外，乡镇对村级选举进行干预，插手候选人等环节，也使农民难以真正行使自己的权利。

离开了农民的具体处境、条件和素质，再先进的选举办法也不管用。从总体上看，农民作为受教育程度较低的群体在政治参与中处于不利的位置，他们对现行宪法和法律规定的政治、民主参与形式较难把握和利用，应多提供一些易为最广大农民接受的有效政治参与形式。同时必须重视对农民的教育，特别是法制教育，提高农民参政的基本素质，使农民对民主政治参与的兴趣与实际参与的行为协调起来。针对贿选等不正当选举的处理，应明确界定贿选的行为，制订出如何处理的相关法规或参照执行的法规。总之，从"为民作主"到"民主"需要有一段很长的路要走。

为陈规陋习所累，又为其推波助澜——人情礼份在"自由风长"，雪球越滚越大，成了许多人难以挣脱的枷锁。农民说，不怕没钱，就怕攀比。

中央"多予、少取、放活"的惠农政策正逐步加大力度，尤其从2006年开始结束了几千年来与农民如影随形的"皇粮国税"，农民欢欣鼓舞。但农村中一些愚昧落后的现象大有回潮之势。农村封建迷信沉渣泛起，给农民造成许多额外的负担，诸如什么求神仙、看风水等，花样不断翻新。这些畸形的消费行为，无情地吞噬着农村的资源和资金。丧葬陋习恣肆蔓延。不管有钱无钱，丧事越办越"风光""阔气"起来，祭祀品越来越高档化、工艺化，白白烧了许多血汗钱。此外，挥之不去的人情债也是农民的一大头疼事，特别是大操大办婚姻喜事更是增加了农民的不少负担。时下农村的红白喜事，除了传统的结婚、办丧事外，还有从婴儿出生、满月、百日、周岁到升学、参军、招工、提干、升职、订婚、结婚，从逢年过节到盖房乔迁都要送礼。许多农民平时节衣缩食，就为了这些应酬，一年忙到头，最终又是空空如也。农民无奈地说，不怕没钱，就怕攀比。

应该说，广大农民群众是有觉悟的，他们拥护党在农村的各项方针政策，努力发展，为实现社会主义现代化积极贡献力量。但毋庸讳言，现阶段，在农民中还存在着一些旧的思想和习惯，农民在思想道德和科学文化素质方面还存在着与社会主义现代化建设不相适应的地方，有意无意之间在为各种陈规陋习推波助澜。少数先富起来的农民，人未死便花上万甚至几十万元为自己建坟墓；一些人家里有人生病不去求医，而是烧香请巫婆；农村建房普遍要请"风水先生"看"座财"等，不少受愚昧迷信影响的农民自己把自己逼进了贫穷的死胡同。在一些富人奢侈消费的引领下，一些本不富裕的农民也养成了摆阔气、图虚荣的习气，艰苦奋斗、勤俭持家的优良传统有所淡化。婚姻喜事大操大办，相互攀比，婚礼变成显阔的擂台。赌博之风日益盛行，在农村、集镇、茶馆、红白喜事现场，聚众赌博现象可谓司空见惯。有的因为赌博而放弃生意输掉本钱，甚至倾家荡产，家破人亡。一些生活改善了的农民渴望有个整洁文明的生活环境，可到政府进行乡村规划，集中连片建设新村时，很多人又是故土难离，即便搬进了新居，卫生习惯也很难改。新中国成立以来国家即推行改水改厕，可至今仍有70%多的农民仍然使用旱厕。

究其根源，农民的科学文化素质不高是潜在原因，农村精神文明建设发展不平衡是根本原因。要提倡科学，破除封建迷信；提倡文明，克服愚昧落后；提倡节俭，反对铺张浪费。必须唱响主旋律，用社会主义先进文化占领农村思想文化阵地；在农村积极开展移风易俗活动，坚决抵制腐朽文化和各种错误思想对农民的侵蚀，改善农村社会风气。

"民为邦本，本固邦宁。"一个处于现代化过程中的国家，基本满足大多数人的愿望乃是整个国家社会政治稳定的坚实基础。了解农民的所思所虑，破解农民生活中的各种悖论，需要学点"穷人的经济学"，"如果我们懂得了穷人的经济学，也就懂得了许多真正重要的经济学原理。"从而找到兼顾各阶层利益的、有效系统全面的、能实现全体社会成员物质财富和精神财富总量动态最大化的解决方案，为最终解决农民问题、构建和谐社会提供支持和保证。

（本文原载于《中国发展观察》2006 年第 8 期）